Redewendungen medizinisch erklärt

Maximilian Ledochowski

Redewendungen medizinisch erklärt

 Springer

Maximilian Ledochowski
Innsbruck, Österreich

ISBN 978-3-662-68355-2   ISBN 978-3-662-68356-9 (eBook)
https://doi.org/10.1007/978-3-662-68356-9

Die Deutsche Nationalbibliothek verzeichnet diese Publikation in der Deutschen Nationalbibliografie; detaillierte bibliografische Daten sind im Internet über https://portal.dnb.de abrufbar.

© stock.adobe.com/silhouette-broken-heart close-up-woman-hand-holding-broken-heart-in-the-park

Planung/Lektorat: Renate Scheddin
Springer ist ein Imprint der eingetragenen Gesellschaft Springer-Verlag GmbH, DE und ist ein Teil von Springer Nature.
Die Anschrift der Gesellschaft ist: Heidelberger Platz 3, 14197 Berlin, Germany

Das Papier dieses Produkts ist recyclebar.

Vorwort

Wenn es um die Interpretation von Redewendungen geht, beschäftigen sich vor allem Sprachwissenschaftler damit. Sie gehen davon aus, dass die Ursprünge von Redewendungen in der gemeinsamen Sprachentwicklung oder Kulturgeschichte zu finden sind. Sagen aus dem klassischen Altertum, biblische Erzählungen, Legenden, Mythen oder Märchen werden oft als Wurzel der einen oder anderen Redewendung genannt.[1] In der Tat ist es aber so, dass es viele sehr ähnliche Redewendungen in völlig unterschiedlichen Kulturkreisen gibt.

Viele Redewendungen beziehen sich auf körperliche oder seelische Vorgänge. Dies legt die Vermutung nahe, dass es nicht nur die gemeinsame Geschichte oder kulturelle Wurzeln sind, die zur Entstehung von Redewendungen führen, sondern physiologische Vorgänge im Körper. Physiologische Reaktionen sind meist angeboren und überall auf der Welt gleich. Deshalb können sie in vielen voneinander unabhängigen Kulturen beobachtet werden und sich in ähnlich klingenden Redewendungen niederschlagen. Dies geschieht unabhängig davon, auf welchem Kontinent man lebt, welcher Kultur man angehört und welche Sprache man spricht. Wenn Menschen immer wiederkehrende körperliche Reaktionsweisen beobachten, werden diese in Worte gefasst. So könnte die Sprache gewissermaßen zu einem „diagnostischen" Instrument werden. Dieses Phänomen wird jedoch noch wenig genutzt.

Nehmen wir als Beispiel den Ausdruck „**Hitzkopf**", der auch in anderen Sprachen vorkommt. So spricht man im Englischen von „hothead", im Fran-

---

[1] Essig, R.-B. & Laßmann, T. *Phönix aus der Asche: Redensarten, die Europa verbinden.* (Dudenverlag, 2021).

zösischen von „Tête brûlée" im Spanischen von „calentar la Cabeza" im Ungarischichen von „Forrófejű", im Türkischen von „Ateşli Kafa", im Polnischen „gorąca głowa". Im Russischen gibt es sogar mehrere Formen von Hitzkopf: Eine eher positive „горячая голова" und eine eher negative „вспыльчивый человек".

In meiner Tätigkeit als Arzt war ich nicht wenig erstaunt, wie viele PatientInnen sich ihre Diagnose selbst stellten. Man musste nur mit offenen Ohren zuhören. Da fielen Sätze wie **„mir ist eine Laus über die Leber gelaufen"** oder **„das geht mir an die Nieren"** und **„das bereitet mir Kopfzerbrechen"**. Wenn PatientInnen ihre Beschwerden nicht klar benennen konnten, war es ihre Sprache, die verriet, woran sie litten. Es gibt viele solcher sprachlichen Hinweise auf krankhafte Reaktionen im menschlichen Körper. Einige dieser körperlichen Vorgänge sollen in diesem Buch näher beschrieben werden. Entgegen der bisher üblichen etymologischen Deutung möchte ich versuchen, auf psychosomatische, aber auch auf somatopsychische Vorgänge hinzuweisen.

Dieses Buch wäre nicht möglich gewesen, ohne die Hilfe von Freunden und Bekannten. Sie alle haben mich auf Redewendungen hingewiesen, über deren Bedeutung sie selbst schon einmal nachgedacht haben. Bedanken möchte ich mich bei Dagmar Aicher, die mir eine Sammlung von Redewendungen zusammengestellt hat, und bei Dorothy Butters, die mit wertvollen Hinweisen aus dem Englischen wesentlich zu diesem Buch beigetragen hat. Mein besonderer Dank gilt meiner Frau Esther und meinem Bruder Wladimir sowie dem Springer-Team, die mir bei der Überarbeitung und Vervollständigung des Manuskripts geholfen haben.

Hinweis: In Anbetracht der vielen althergebrachten Redensarten wurde auf eine gendergerechte Sprache in diesem Buch absichtlich verzichtet[2]

Innsbruck, Österreich   Maximilian Ledochowski

---

[2] Eine nicht gendergerechte Sprache soll kein Ausdruck einer Geringschätzung des einen oder anderen Geschlechtes sein. Bisher hat sich die deutsche Sprache nicht gendergerecht entwickelt. Jeder „gewaltsame" Umbau der Sprache führt zu einer Zerstörung sprachlicher Feinheiten. Wenn man will, dass die deutsche Sprache wirklich gendergerecht wird, so muss man Geduld aufbringen und warten, bis sie sich in diese Richtung entwickelt. So wie sich in der Natur nur stabile Mutationen durchsetzen, sollte es auch bei der Sprache sein. Wenn man nicht abwarten kann, wie sich eine Sprache von selbst entwickelt, läuft man Gefahr, dass aus einer anmutigen Sprache eine grobschlächtige Rede wird. Viele Nuancen und Feinheiten gehen dabei verloren. Gewissermaßen ist es wie in der Medizin: oft braucht es abwartende Geduld, um zu einem heilsamen Ergebnis zu kommen. Diese Geduld bei der Entwicklung einer harmonisch klingenden Sprache vermisse ich bei vielen Medien, Zeitschriften und Verlagen.

Einleitung

Krankheiten beginnen in der Regel nicht plötzlich, sondern schleichend. Sie kündigen sich durch Befindlichkeitsstörungen an, die oft dem „Wetter" zugeschrieben werden. Hinzu kommt, dass frühe Krankheitsstadien für den Arzt nur sehr schwer zu erkennen sind oder spontan ausheilen und deshalb nicht diagnostiziert werden. So kommt es, dass der Übergang vom gesunden über den „normal gestörten" zum kranken Menschen fließend ist. Bei einem Unfall ist dieser Übergang abrupt.

Wo aber liegen die Schwachstellen (loci minores reistentiae) eines Menschen? Wo sind die wunden Punkte, die letztlich zur Krankheit führen können? Hier kann die Beobachtung der Sprache wertvolle Dienste leisten. Durch bloßes Zuhören kann man nicht nur Einblicke in die Physiologie des Menschen gewinnen, sondern auch im Gespräch erkennen, welche seelischen Vorgänge gerade mit körperlichen Belastungen zusammenhängen könnten. So kann einem etwas **„schwer im Magen liegen"** oder **„auf dem Herzen liegen"**. Die Worte, die jemand benutzt, weisen bereits auf das Organsystem hin, das im Rahmen von psychosomatischen Vorgängen am meisten belastet ist. Ein positiver Nebeneffekt ist, dass allein durch das aufmerksame Zuhören eine heilende Wirkung eintritt. Allein dadurch, dass sich betroffene Menschen ihre Probleme **„von der Seele reden"** können, kommt es zu einer **„Entlastung"**. Ein großer Teil der Psychotherapie baut auf diesem Effekt (Katharsis) auf und erzielt damit erstaunliche Erfolge.

Achtet man in einem Gespräch auf sprachliche Ausdrücke, so findet man oft „versteckte" Hinweise auf physiologische Vorgänge im Körper. Vorgänge, die viele Menschen in der Vergangenheit unbewusst wahrgenommen haben und die sich deshalb in Redewendungen niederschlagen. Leider gibt es nur wenige wissenschaftliche Untersuchungen über die Zusammenhänge zwischen psychosomatischen Reaktionen und ihrem Ausdruck in der Sprache.

Inhaltsverzeichnis

Teil II Redewendungen die sich auf den ganzen Körper, die Psyche oder Krankheiten beziehen

Teil I

Redewendungen die sich auf Körperregionen beziehen

1

Wie sich die regionale Temperaturregulation in der Sprache äußert (wenn man ein „Hitzkopf ist" oder „ins Schwitzen kommt")

Die Körpertemperatur trägt wesentlich zum subjektiven Wohlbefinden des Menschen bei. Wenn man an einem schwül-heißen Sommertag mit einem verschwitzten Hemd, das auf der Haut klebt, und mit Schweißperlen auf der Stirn herumläuft, fühlt man sich nicht sehr wohl. Könnte man sich in dieser Situation ausziehen und in einen kühlen See springen, würde sich die Stimmung innerhalb von Sekunden deutlich verbessern.

Es gibt zahlreiche Untersuchungen, die solche Stimmungsänderungen auch objektivieren. Man kann tatsächlich eine Veränderung der Gehirnfunktion bei verschiedenen Temperaturen feststellen. So hat der österreichische Automobilclub (ÖAMTC) in einer Studie festgestellt, dass die Zahl der Verkehrsunfälle bei Hitze um 25 % steigt. Während in den Wintermonaten durchschnittlich 90 Unfälle pro Tag registriert werden, sind es in den Sommermonaten (Mai bis September) 123 Unfälle pro Tag und an besonders heißen Tagen mit Temperaturen > 30 Grad rund 150 Unfälle pro Tag.[1] Die Hitze beeinflusst also die Hirnfunktionen[2] wie Reaktionsfähigkeit, Aufmerksamkeit und Aggressivität.[3] In südlichen Ländern gibt es deutlich

---

[1] ÖAMTC: Bei Hitze steigt die Zahl der Verkehrsunfälle um 25 % | ÖAMTC. (2022, August 09). Retrieved from https://www.oeamtc.at/presse/oeamtc-bei-hitze-steigt-die-zahl-der-verkehrsunfaelle-um-25-prozent-52722331.

[2] Lo YC, Su WP, Mei SH, Jou YY, Huang HB. Association between ambient temperature and cognitive function in a community-dwelling elderly population: a repeated measurement study. BMJ Open. 2021 Dec 7;11(12):e049160. doi: 10.1136/bmjopen-2021-049160. PMID: 34876421; PMCID: PMC8655549.

[3] Anderson CA. Temperature and aggression: ubiquitous effects of heat on occurrence of human violence. Psychol Bull. 1989 Jul;106(1):74–96. doi: 10.1037/0033-2909.106.1.74. PMID: 2667010.

© Der/die Autor(en), exklusiv lizenziert an Springer-Verlag GmbH, DE, ein Teil von Springer Nature 2024
M. Ledochowski, *Redewendungen medizinisch erklärt*,
https://doi.org/10.1007/978-3-662-68356-9_1

mehr „**hitzige Gemüter**", während es in kälteren Ländern leichter fällt, „**cool zu bleiben**". Die Temperaturregulation wirkt sich so stark auf das Gemüt aus, dass das Gehirn im Laufe der Evolution ein eigenes „Kühlsystem" entwickelt hat. Dieses Kühlsystem ist selbst Medizinern kaum bekannt, die Sprache kennt es aber seit Jahrhunderten.

1.1   Der „*Hitzkopf*" oder wie die Sprache auf das Kühlsystem des Gehirns hinweist

Obwohl das Gehirn nur 2–3 % der Körpermasse ausmacht, verbraucht es mehr als 20 % der gesamten Energie.[4] Bei komplexen Aufgaben können sogar bis zu 70 % des Kalorienverbrauchs auf das Gehirn entfallen. Man kann sich also gut vorstellen, dass bei diesem hohen Energieverbrauch durch die damit einhergehende höhere Durchblutung viel Wärme entsteht. Zudem ist bekannt, dass das Gehirn besonders empfindlich auf schädigende Reize reagiert. Es ist daher nicht nur sinnvoll, sondern absolut notwendig, für das Gehirn eigene Schutzsysteme zu schaffen, um es vor Schädigungen zu bewahren. Eines dieser Schutzsysteme ist ein eigenes Kühlsystem des Gehirns.[5] Es dient dazu, das Gehirn vor Überhitzung zu bewahren.

Mit einem sogenannten Positronen-Emissions-Tomografen (PET) können die biochemischen Stoffwechselvorgänge im Gehirn sehr genau untersucht werden. Es hat sich gezeigt, dass bei gewissen Denkaufgaben bestimmte Teile des Gehirns eine erhöhte Durchblutung und Stoffwechselaktivität aufweisen. Auf dem Bildschirm eines PET-Gerätes kann man dann sehr eindrucksvoll das „Aufleuchten" der stoffwechselaktiven Hirnareale sehen.[6] Je schwieriger die Denkaufgabe ist, desto stärker wird dann die Farbe in dem betroffenen Gehirnabschnitt dargestellt. Das Gehirn wird also bei vermehrter Beanspruchung stärker durchblutet und „*erhitzt*". Diese „*Erhitzung*" ist wörtlich zu verstehen und äußert sich tatsächlich in einem Anstieg der Hirntemperatur. Wenn also jemand ungewöhnliche oder nicht sehr intelligente Reaktionen zeigt, so kann das tatsächlich daran liegen, dass dieser Mensch „*hirnverbrannt*" ist. Nach einer sehr „*aufgeheizten Stimmung*" verließ 2022 der

---

[4] Eder, M. (2012). Grundlagen der Physiologie von Nervenzellen. In: Gründer, G., Benkert, O. (eds) Handbuch der psychiatrischen Pharmakotherapie. Springer, Berlin, Heidelberg. https://doi.org/10.1007/978-3-642-19844-1_4.

[5] Baker MA. A brain-cooling system in mammals on JSTOR. Sci American Vol 240 No.5 (1979). (2023, April 25). Retrieved from https://www.jstor.org/stable/24965201.

[6] Raichle ME, Mintun MA. Brain work and brain imaging. Annu Rev Neurosci. 2006;29:449–76. doi: 10.1146/annurev.neuro.29.051605.112819. PMID: 16776593.

Außenminister eines bekannten Landes, nach seiner Rede beim G-20-Gipfel außerordentlich *verärgert* den Saal, mit „*hochrotem Kopf*". Die Überhitzung war im Fernsehen für jeden Menschen sichtbar. Allein diese Beobachtung lässt darauf schließen, dass damals keine „*kühl berechnende Entscheidung*" getroffen werden konnte.

Wenn man davon ausgeht, dass der Bauplan des Menschen aus der Urzeit stammt, stellt sich die Frage, bei welchen Gelegenheiten der Urzeitmensch sein Gehirn besonders gefordert hat. Der Intellekt war damals weniger gefragt, sodass sich die Funktion des Gehirns hauptsächlich auf die Planung und Ausführung motorischer Aktivitäten beschränkte. Das bedeutet, dass das Gehirn stärker durchblutet wurde, wenn es beim Kampf, bei der Flucht oder bei der Jagd besonders gefordert war. Jedenfalls ging eine gesteigerte Hirnaktivität mit einer erhöhten körperlichen Aktivität einher und umgekehrt. Dabei tritt bei jeder Bewegung ein besonderes Phänomen auf: Man spürt den „Wind", der einem ins Gesicht bläst. So unbedeutend uns dieser Umstand erscheint, so wichtig ist er für die Evolution der blutversorgenden Gefäße des Gehirns. Sowohl Tiere als auch Menschen haben ein eigenes „*Kühlsystem für das Gehirn*" entwickelt, das ähnlich wie ein Autokühler den Fahrtwind nutzt, um das Gehirn zu kühlen.

Exkurs: „Das Gehirn hat ein eigenes Kühlsystem"

Die Anatomie lehrt uns, dass die Halsschlagader, die das Gehirn mit Blut versorgt, vor dem Eintritt in das Gehirn ein Venengeflecht durchquert. Dort wird sie von venösem Blut umspült, das die Mediziner als Sinus cavernosus bezeichnen. Dieses Venengeflecht erhält sein Blut aus den Gesichtsvenen, sozusagen dem „Kühler". Kühler deshalb, weil der Fahrtwind ins Gesicht bläst und das Blut in den Gesichtsvenen kühlt. Die Verdunstungskälte des Fahrtwindes über dem Gesicht wird genutzt, um die Temperatur des Blutes in den Gesichtsvenen zu senken. Das „gekühlte" Blut fließt dann von der Gesichtshaut zum Gehirn und bildet dort einen kalten „Blutsee", den sogenannten „**Sinus cavernosus**". Hier wird das Blut aus der Halsschlagader kurz vor dem Eintritt ins Gehirn abgekühlt. Um diesen Kühleffekt zu verstärken, macht die Halsschlagader genau an dieser Stelle einen sifonartigen Bogen, um möglichst lange mit dem kühlen Blut in Kontakt zu bleiben. Die Mediziner nennen diesen Wärmeaustauscher „**Carotissifon**". Auf diese Weise wird das Gehirn umso stärker gekühlt, je mehr es sich anstrengt. Nirgendwo sonst im Körper gibt es ein so ausgeklügeltes „Kühlsystem". Daraus lässt sich schließen, dass die Aufrechterhaltung einer konstanten Temperatur für das Gehirn von besonderer Bedeutung ist. Sonst hätte sich im Laufe der Evolution kein so aufwendiges Kühlsystem entwickelt.[7]

---

[7] Baker, Mary Ann. "A brain-cooling system in mammals." Sci. Am., vol. 240, no. 5, May. 1979, pp. 130–9, www.jstor.org/stable/24965201.

Das Kühlsystem des Gehirns wurde für den Steinzeitmenschen entwickelt. Doch wie sieht es beim modernen Menschen aus? Hier ist die Nutzung des Gehirns immer mehr von der motorischen Aktivität entkoppelt. Der geistig aktive Mensch kann also sein Kühlsystem nicht mehr so gut nutzen, wenn er sich nicht gleichzeitig bewegt. Durch die mangelnde Bewegung kommt es leicht zu einer Überhitzung des Gehirns. Wir sprechen deshalb von „**rauchenden Köpfen**", wenn jemand anstrengende geistige Arbeit leistet. Bei Kindern kann man oft beobachten, dass sie bei anstrengendem Lernen *rote Wangen* bekommen und ihre Stirn heiß wird. Sie bekommen richtig gehend eine „**heiße Birne**" bzw. „**Glühbirne**".

Welche Folgen hat eine Überhitzung des Gehirns? Es passiert genau das Gleiche wie bei einem Computer, der überhitzt wird: Die Rechenleistung nimmt zunächst ab und dann „**brennt er durch**" oder „**die Sicherungen brennen durch**". Das Gehirn brennt natürlich nicht durch, aber wir merken, dass die betroffenen Personen anfangen, *eigenartig* zu reagieren. Der Laie mag es „**hirnverbrannt**" nennen, Ärzte oder Psychologen reden von *neurotischer Reaktion. Das ist praktisch das erste Stadium eines Hitzschlages.* Der betroffene Mensch wird reizbarer, er fühlt sich nicht mehr wohl, reagiert „**hitziger**" und trifft falsche Entscheidungen. So kann es z. B. dazu kommen, dass ein Liebespaar einfach „**durchbrennt,**" um seine Liebschaft zu retten, und unüberlegt davon läuft.

Wenn das Kühlsystem nicht gut ausgebildet ist oder die Außentemperatur sehr hoch ist, kommt es dauerhaft zu aggressiveren Reaktionen und man spricht von einem Menschen mit einem „**hitzigen Gemüt**". Hitze führt aber nicht nur zu Verhaltensänderung in Bezug auf aggressives Verhalten eines Einzelnen, sondern auch in der Gruppe. Im Rahmen des Klimawandels kommt es bereits jetzt zu merkbaren Veränderungen des Gruppenverhaltens mit erhöhter Gewaltbereitschaft.[8,9] Auch die Auswahl des Sexualpartners ist temperaturabhängig.[10] Mit dem Ausdruck eines „**heißblütigen Südländers**" wird nicht nur das *hitzige Gemüt*, sondern auch ein verändertes *Sexualverhalten* bezeichnet (s. unten). Es gibt auch Hinweise, dass aggressives Verhalten

---

[8] Levy BS, Sidel VW, Patz JA.Climate change and collective violence. Annu Rev Public Health. 2017 Mar 20;38:241–257. doi: 10.1146/annurev-publhealth-031816-044232. Epub 2017 Jan 11. PMID: 28125385; PMCID: PMC6098709.

[9] Chersich MF, Swift CP, Edelstein I, Breetzke G, Scorgie F, Schutte F, Wright CY. Violence in hot weather: Will climate change exacerbate rates of violence in South Africa? S Afr Med J. 2019 Jun 28;109(7):447–449. doi: 10.7196/SAMJ.2019.v109i7.14134. PMID: 31266566.

[10] García-Roa R, Garcia-Gonzalez F, Noble DWA, Carazo P. Temperature as a modulator of sexual selection. Biol Rev Camb Philos Soc. 2020 Dec;95(6):1607–1629. doi: 10.1111/brv.12632. Epub 2020 Jul 20. PMID: 32691483.

und Gewalt zunehmen, je näher man am Äquator lebt.[11] Jedenfalls hat die Umgebungstemperatur einen Einfluss auf aggressives Verhalten.[12,13]

Menschen, die leicht zur Überhitzung des Gehirns neigen, bezeichnen wir gerne als „**Hitzköpfe**". Umgekehrt schätzen wir die Fähigkeit von Menschen, deren Hirnleistung offenbar nicht so sehr von der Temperatur abhängt und die auch in Notsituationen „**einen kühlen Kopf bewahren**" können. Solche Menschen bezeichnen wir auch als „**coole Typen**". Wenn jemand ein besonders gutes Kühlsystem hat, kann er diesen Vorteil aber auch missbrauchen und zu einem gefühllosen, „**eiskalten**" Menschen werden oder noch schlimmer zu einem „**eiskalt berechnenden**" oder „**kaltblütigen**" Menschen.

> **Exkurs „Hitzkopf"**
>
> Interessant ist der Umgang mit dem Begriff Hitzkopf in der russischen Sprache. Hier gibt es für „**Hitzkopf**" zwei Bedeutungen: Eine eher positive „горячая голова" und eine eher negative „вспыльчивый человек". Der positive Hitzkopf „горячая голова" lässt sich schnell für etwas begeistern, ist ein abenteuerlicher Mensch, ein Glücksritter. Demgegenüber ist ein „вспыльчивый человек" sehr aufbrausend und cholerisch. Er explodiert sofort und „verteilt" Schläge, ohne nach dem Schuldigen zu fragen.[14]

Das Wissen um die Bedeutung der Temperaturregulation des Gehirns kann auch von Nutzen sein, wenn man sieht, dass sein Gegenüber Zeichen der Überhitzung zeigt. Auch kann man daraus lernen, dass es besser wäre, die Umgebungstemperaturen in Schulen, Universitäten, Lehrveranstaltungen und Behörden möglichst zu senken. Insofern hat die Energiekrise einen Vorteil, denn die Konflikte in öffentlichen Gebäuden werden mit großer Wahrscheinlichkeit abnehmen, wenn man die Raumtemperatur nicht mehr über 19 Grad aufheizen darf. Angst davor, sich zu „verkühlen" braucht man nicht zu haben. Denn die Häufung der Ansteckungen in der kalten Jahreszeit sind nicht auf die kalte Außentemperatur zurückzuführen, sondern darauf, dass sich die Menschen bei Kälte häufiger und länger in engen Räumen aufhalten und damit die Aerosole von anderen Menschen vermehrt einatmen.

---

[11] Van Lange PAM, Rinderu MI, Bushman BJ. Aggression and violence around the world: A model of CLimate, Aggression, and Self-control in Humans (CLASH). Behav Brain Sci. 2017 Jan;40:e75. doi: 10.1017/S0140525X16000406. Epub 2016 May 23. PMID: 27210865.

[12] Anderson CA. Temperature and aggression: ubiquitous effects of heat on occurrence of human violence. Psychol Bull. 1989 Jul;106(1):74–96. doi: 10.1037/0033-2909.106.1.74. PMID: 2667010.

[13] Kim SE, Kim Y, Hashizume M, Honda Y, Kazutaka O, Hijioka Y, Kim H. Positive Association of Aggression with Ambient Temperature. Yale J Biol Med. 2023 Jun 30;96(2):189–196. doi: 10.59249/ RXZX5728. PMID: 37396982; PMCID: PMC10303254.

[14] Persönliche Mitteilung von Mariia Barenth-Gurina.

Wenn es nicht möglich ist, die Raumtemperatur zu senken, kann man sich das Gesicht mit kaltem Wasser waschen und so die Gesichtsvenen abkühlen. Auf jeden Fall ist es klüger, keine wichtigen Verhandlungen zu führen, wenn einem selbst heiß ist und/oder der Gesprächspartner mit hochrotem Kopf signalisiert, dass sein Kühlsystem offensichtlich schon auf Hochtouren läuft und überlastet ist.

Redewendungen, die auf die Temperaturregulation des Gehirns hinweisen

- Eiskalt berechnend (nur auf den eigenen Vorteil bedacht sein; Englisch: *coldly calculating*).
- Ein kaltblütiger Mensch, ein eiskalter Mensch (ein Mensch ohne Gefühle; Englisch: *cold-bloodedness*).
- Einen kühlen Kopf bewahren (einen klaren Kopf bewahren, vernünftig handeln).
- Ein cooler Typ, cool bleiben (englisch: *to stay cool*).
- Ein heißblütiger Mensch (eine schnell erregbare Person; Englisch: *hot-blooded*).
- Die Sicherungen brennen durch (wenn jemand eine verrückte Handlung setzt).
- Jemand ist hirnverbrannt (jemand ist verrückt).
- Ein hitziges Gemüt haben (jemand, der sich schnell aufregt; Englisch: *hot-tempered*).
- Einen rauchenden Kopf bekommen (Beim Nachdenken einen heißen Kopf bekommen).
- Sich die Köpfe heißreden (leidenschaftliche Diskussionen führen).
- Eine Glühbirne bekommen (einen sehr heißen Kopf bekommen).
- Rote Backen bekommen (rote Wangen bekommen).

1.2 Wie die Sprache auf die Kühlung der Kopf-Hals-Region hinweist (wenn jemand „rot anläuft")

Wir haben gesehen, dass das Gehirn so empfindlich auf Überhitzung reagiert, dass es über ein eigenes Kühlsystem verfügt. Dieses Kühlsystem des Gehirns wird durch ein weiteres Kühlsystem ergänzt, das in Notfallsituationen ohne schnelle Bewegung, also bei fehlendem Fahrtwind, zum Einsatz kommt. Gerade in sozialen Notsituationen steigen die Anforderungen an das Gehirn sprunghaft an. Die Kühlung des Blutes bei fehlendem Fahrtwind erfolgt durch Erweiterung der oberflächlichen Hautgefäße. Dadurch färbt sich die Haut rot: Man „**errötet**". Die Körpertemperatur liegt bei etwa 37 Grad. Die Umgebungstemperatur ist meist deutlich niedriger. Wie bei einem Wärmetauscher kann durch Erweiterung der Gefäße Wärme an die Umgebung abgegeben werden. Je wärmer die Umgebungstemperatur ist, desto größer muss die Oberfläche der errötenden Hautfläche („des Wärmetauschers") sein. Dieses Kühlsystem funktioniert jedoch nur, wenn die Umgebungstemperatur unter der Körpertemperatur liegt. Steigt die Umgebungstemperatur, z. B. im Zuge des Klimawandels, über 36 Grad, muss eine zusätzliche Kühlung durch Schwitzen erfolgen (siehe nächstes Kapitel).

Exkurs „Elefanten"

Afrikanische Elefanten haben größere Ohren als *Indische Elefanten*. Der Grund dafür ist die höhere Umgebungstemperatur in Afrika. Durch die größere Oberfläche der Ohren kann mehr Wärme an die Umgebung abgegeben werden. So kann der Elefant mit den großen Ohren seine Körpertemperatur auch in wärmerer Umgebung besser regulieren. Er muss nur die Ohrgefäße weiten, um Wärme abzugeben, oder zusammenziehen, um Wärme im Körper zu halten. Ähnlich funktioniert der Wärmeaustausch beim Menschen. Während man beim Elefanten die Weitstellung der Gefäße nicht sehen kann, erscheint die Haut des Menschen bei Weitstellung der Gefäße gerötet.

Die Wärmeregulation ist für den Körper so wichtig, dass Menschen und Tiere mehrere voneinander unabhängig funktionierende Kühlsysteme haben. Die englische Sprache hat hier eine eine genauere Terminologie indem sie zwischen blushing und flushing unterscheidet. Blushing entspricht dem „**holden Erröten**" oder „**es treibt jemandem Schamröte ins Gesicht**". Flushing beschreibt eine Situation der plötzliche auftretenden Blutfülle des gesamten Kopfes, der Halsregion und des Oberkörpers. Nicht nur die Wangen, die Nase und die Stirn „**laufen rot an**", sondern auch der Hals und der Brustbereich „**erröten**". Möglicherweise ist die modische Entwicklung eines Dekolletés nicht nur der zur Schaustellung weiblichen Rundungen geschuldet sondern hat auch den funktionellen Zweck, der Besserung Kühlung im Brustbereich.

Wenn etwas peinlich ist oder man gelogen hat, muss die Gehirnleistung schlagartig erhöht werden. Damit das Gehirn nicht überhitzt, errötet man. Man sagt, jemand wird „**rot bis über beide Ohren**". Im Deutschen haben wir für dieses Phänomen den englischen Ausdruck „flush" übernommen. Früher gab es im Deutschen Ausdrücke wie „**Rotschädel**" und „**Zornesröte**". Die „**Röte im Gesicht**" zeigte bereits an, dass das Gehirn verstärkt arbeiten musste, sei es aus Wut als Vorbereitung zum Kampf oder aus Scham als Vorbereitung zur Flucht. Schauspieler, die vor vielen Menschen auftreten müssen und damit auch einer sozialen Notsituation ausgesetzt sind, bekommen „**Lampenfieber**", wobei dieser Ausdruck noch auf die erhöhte Umgebungstemperatur durch die starke Beleuchtung hinweist. Auch „**hitzige Debatten**" sind durch einen erhöhten Hirnstoffwechsel gekennzeichnet. Kommen dann noch Emotionen hinzu, spricht man oft von „**erhitzten Gemütern**".

Redewendungen, die auf die Temperaturregulation der Kopf-Hals-Region hinweisen
- Hitzige Debatten führen (emotional aufregende Diskussionen führen).
- Überhitzte Gemüter (in Aufregung oder Streit geratene Personen).
- Lampenfieber bekommen (vor einem öffentlichen Auftritt Angst bekommen).
- Rot anlaufen (wenn in peinlichen Situationen die Kopf-Hals-Region errötet).
- Die Schamröte ins Gesicht treiben (Wenn das Gesicht in peinlichen Situationen rot wird).
- Holdes Erröten (wenn man in Verlegenheit gerät und ein rotes Gesicht bekommt).
- Bis über beide Ohren rot anlaufen (Wenn man ertappt wurde und der gesamte Kopf rot wird).
- Rotschädel (jemand, der ständig einen roten Kopf hat, Plethora).
- Hitzkopf, Feuerkopf (jemand, der leicht erregbar ist).
- Die Zornesröte ins Gesicht treiben (jemand, der bei Ärger errötet).

1.3 Wie die Sprache auf den Effekt der Verdunstungskälte hinweist (wenn man „ins Schwitzen kommt")

Was passiert, wenn die Kapazität des Gehirn-Kühlsystems nicht mehr ausreicht und auch die Weitstellung der Gefäße keine ausreichende Abkühlung des Blutes bewirkt? In diesen Situationen muss die gesamte Körpertemperatur heruntergefahren werden. Das geschieht durch Schweißbildung, denn Schweiß entzieht dem Körper durch die entstehende Verdunstungskälte viel Wärme. „**Man kommt ins Schwitzen**" und ist schließlich „**schweißgebadet**". In weiterer Folge bereitet sich der Körper auch auf eine Fluchtreaktion vor. Das geschieht, indem die Fußsohlen und Handflächen feucht werden. Damit wird nämlich die Haftung am Boden oder beim Klettern auf einen Baum verbessert. Man „**bekommt schweißnasse Hände und Füße**" oder „**holt sich kalte Füße**", wenn die Fluchtreaktion nicht mehr möglich ist.

Redewendungen, die sich auf vermehrte Schweißneigung beziehen

- Schweißgebadet sein (sehr starkes schwitzen).
- Ins Schwitzen kommen (sich körperlich oder psychisch sehr anstrengen, unsicher werden).
- Sich kalte Füße holen (einen Misserfolg haben).
- Schweißnasse Hände bekommen (starkes Schwitzen der Handflächen, bei Angst).

2

Redewendungen, welche die Nase betreffen (wenn man „auf jemanden verschnupft ist")

Die Nase hat im Wesentlichen drei Funktionen. Die erste Funktion besteht in der Aufbereitung der Atemluft, indem sie gefiltert, befeuchtet, erwärmt und mit Stickstoffmonoxid (NO) angereichert wird. Die zweite Funktion ist die eines Riechorgans. Diese Funktion ist wichtig, um sich einerseits vor Vergiftungen, aber auch vor herannahenden Gefahren zu schützen. Darüber hinaus dient sie auch der Orientierung. Schließlich hat die Nase die Besonderheit, dass sie prominent aus dem Gesicht herausragt und so zusammen mit der mimischen Muskulatur eine Signalwirkung auf die Umwelt ausübt. All diese Funktionen haben in vielen Sprachen zu Redewendungen geführt, die sich auf die Nase beziehen.

2.1 Redewendungen welche die Atmungsfunktion der Nase betreffen (wenn man „die Nase voll hat")

Die Luft, die wir einatmen, wird durch die Nase gewissermaßen „aufbereitet". Die Härchen am Naseneingang filtern grobe Partikel wie z. B. Insekten heraus. Danach wird die Atemluft durch die nassen Schleimhäute angefeuchtet. Dabei werden Staubpartikel im Schleim „gefangen gehalten". Der Nasenschleim wird anschließend durch die Flimmerhärchen in die Mundhöhle abtransportiert und schließlich verschluckt oder ausgespuckt. Dieser Vorgang kann beschleunigt werden, indem man „die Nase hochzieht". Während des Vorganges der Luftbefeuchtung wirkt die Nase aber auch als eine Art Wärme-

© Der/die Autor(en), exklusiv lizenziert an Springer-Verlag GmbH, DE, ein Teil von Springer Nature 2024
M. Ledochowski, *Redewendungen medizinisch erklärt*,
https://doi.org/10.1007/978-3-662-68356-9_2

austauscher. Einerseits wärmt sie die Atemluft an, andererseits kühlt sie gleichzeitig das Gehirn ab. Je schneller man atmet, desto besser wird das Gehirn gekühlt. Was immer zur Steigerung der Atemfrequenz führt, sei es Flucht, Kampf, Angst, Aufregung oder einfach nur Ärger, führt damit auch zu einer besseren Kühlung des Gehirns: So kann es dazu kommen, dass „jemand vor Wut schnaubt".[1]

Eine Besonderheit ist das Zusammenspiel von Auge und Nase. Überschüssige Tränenflüssigkeit wird über den sogenannten Tränenkanal in die Nase abgeleitet. Wenn man sehr heftig weint, kommt es deshalb zum Phänomen, dass „**jemand Rotz und Wasser heult**". Dadurch wird auch das Gehirn besser gekühlt. So sorgt der Körper dafür, dass bei seelischem Leid – „**wenn man sich die Augen ausweint**" – gleichzeitig die Gehirnfunktion verbessert wird. Möglicherweise ist das einer der Gründe, warum Weinen Erleichterung bringt. Der Ratschlag „**Ein Indianer weint nicht**" mag einer veralteten Vorstellung von Tapferkeit entsprechen, ist aber kein besonders kluger Rat. Jedenfalls sind „**rotzfreche Buben**" im Überlebenskampf sicher erfolgreicher als tapfere Indianer, die nicht weinen.

Bei der Aufbereitung der Atemluft spielen die Nasennebenhöhlen eine wichtige Rolle. Einerseits wirken sie durch ihre zusätzliche Oberfläche als Wärmeaustauscher, andererseits reichern sie die Atemluft mit Stickstoffmonoxid (NO) an. Dieser Stoff hat eine sehr starke Wirkung auf die glatte Muskulatur der Bronchien und der Blutgefäße. In den Bronchien bewirkt Stickstoffmonoxid eine Erweiterung, die das Atmen erleichtert. An den Blutgefäßen bewirkt Stickstoffmonoxid (NO) ebenfalls eine Erweiterung und damit eine bessere Durchblutung, und zwar genau an den Stellen der Lunge, wo die Atemluft ankommt. Beides führt zu einer verbesserten Sauerstoffaufnahme. Bei Stress, Angst, Ärger, körperlicher oder seelischer Belastung sorgt die Nase für eine bessere Atmung, eine erhöhte Sauerstoffaufnahme und gleichzeitig für eine bessere Kühlung des Gehirns.

Wird das Gehirn beispielsweise bei Ärger zu warm, werden nicht nur die Gefäße im Gesicht erweitert, sondern auch die Gefäße in der Nase. Damit wird die Kühlung des Gehirns verbessert und es kommt nicht nur zum Phänomen, dass man „*rot anläuft*" oder „*rot wird um die Nase*", sondern dass man auch „*die Nase voll hat*". Diese Redewendung wird verwendet, wenn man sich über etwas oder jemanden über längere Zeit ärgert. Während sich akute Belastungssituationen eher in der Weitstellung der Gefäße im Gesicht äußern („**erröten**"), führen chronische Belastungen eher zu einer verstopften

---

[1] Im Englischen ist der Ausdruck Schnauben (*snort*) weiter gefasst: *One can snort with laughter* (vor Lachen schnauben).

Nase. Das darf natürlich nicht verwechselt werden mit der verstopften Nase bei Infekten oder allergischer Reaktionen. Aber auch eine volle Nase kann ein Zeichen dafür sein, dass man **„auf etwas allergisch reagiert"**. Erst 2014 konnte in einer Studie gezeigt werden, dass chronischer Stress einen Risikofaktor für das Krankheitsbild einer *chronischen Rhinosinusitis* darstellt.[2] Offenbar wurde dieser Zusammenhang schon viele Jahrzehnte früher beobachtet, wenn man davon sprach, dass „jemand die Nase voll hat". Dauert der Ärger nur kurze Zeit an, reicht es offensichtlich, wenn man lediglich *„verschnupft ist"*, die Schleimhautgefäße reversibel anschwellen und man eine rinnende Nase bekommt. Damit kann das Gehirn vorübergehend besser gekühlt werden, bis schließlich eine Lösung eintritt und man wieder *„einen klaren Kopf bekommt"*. Interessanterweise gab es am deutschen Markt sogar ein Schleimhaut abschwellendes Medikament mit der Bezeichnung *„Clarinase*™"

Hat man die Nase andauernd voll, deutet dies auf Dauerstress, bei der das Gehirn ständig vermehrt gekühlt werden muss. In diesem Fall kommt es auch zur Schwellung der Schleimhäute in den Nasennebenhöhlen. Das führt aber unangenehmer weise auch dazu, dass das Sekret der Nasennebenhöhlen ständig in den Rachen rinnt (*postnasal drip syndrome*). Die Betroffenen halten als Folge davon den Kopf leicht nach hinten gebeugt und werden dann als *„hochnäsig"* bezeichnet. Dabei kommt es auch zu der Eigenart, eine nasale oder *„hochnäsige Sprache"* zu entwickeln. Die **„versnobte Sprache"** von Aristokraten lässt sich möglicherweise so erklären.

Menschen mit einem gut funktionierenden Wärmeaustauscher können *„einen kühlen Kopf bewahren"*. Sie reagieren weniger emotional und werden manchmal auch als kaltblütig oder eiskalt berechnend gesehen. Man bezeichnet sie dann oft auch als *„kaltschnäuzig"*.

Exkurs: „Warum Hunde eine nasse Schnauze haben"

Hunde mit nasser und kalter Schnauze gelten als gesund. Sie sind besonders auf das Kühlsystem der Nase angewiesen, da sie nicht schwitzen können. Um ihre Körpertemperatur zu regulieren, müssen sie vermehrt hecheln und geben dabei vermehrt Wärme über die feuchte Zunge ab bzw. können ihre Körpertemperatur über die nasse Nase regulieren. Einerseits befeuchten sie mit ihrem Speichel die Nase und kühlen sie damit ab, andererseits liefern die Nasendrüsen einen großen Teil der Feuchtigkeit in der Schnauze. So kommt es, dass die Nase beim gesunden Hund immer nass ist.

---

[2] Tomljenovic D, Pinter D, Kalogjera L. Perceived stress and severity of chronic rhinosinusitis in allergic and nonallergic patients. Allergy Asthma Proc. 2014 Sep-Oct;35(5):398–403. doi: 10.2500/ aap.2014.35.3774. PMID: 25295807.

Redewendungen, welche die Nasenschleimhaut betreffen
- Die Nase hochziehen (starkes Einatmen, um den Nasenschleim hochzuziehen).
- Sich die Augen ausweinen (heftig weinen).
- Vor Wut schnauben (äußerst wütend sein).
- Auf etwas allergisch reagieren (etwas gar nicht mögen).
- Verschnupft sein (verärgert oder gekränkt sein).
- Hochnäsig sein (eingebildet sein).
- Einen kühlen Kopf bewahren (trotz Schwierigkeiten klar denken).
- Kaltschnäuzig sein (rücksichtslos und gefühllos sein).
- Von jemandem oder etwas die Nase voll haben (von jemandem oder etwas genug haben).
- Die Schnauze voll haben (sehr verärgert sein).
- Von etwas die Nase vollkriegen (einer Sache überdrüssig werden).
- Die Nase hochtragen (eingebildet sein).
- Hochnäsig sein (eingebildet sein).
- Eine rinnende Nase haben, jemandes Nase läuft (einen Schnupfen haben).
- Eine hochnäsige Sprache haben (nasale Sprache haben, eingebildete Art zu sprechen).
- Eine große Schnauze haben (angeberisch sein).
- Einen klaren Kopf haben (vernünftig sein, trotz Schwierigkeit klare Gedanken haben).
- Rotz und Wasser weinen (heftig weinen).

2.2   Redewendungen, die den Geruchssinn betreffen (wenn man „jemanden nicht riechen kann")

Der Geruchssinn wird nicht zu Unrecht auch als „*Tor zur Seele*" bezeichnet. Geruchsstoffe gelangen in die Nase, werden dort an der feuchten Schleimhaut in Lösung gebracht und anschließend über den Riechnerv (Nervus Olfaktorius) ins Gehirn geleitet. Das Besondere dabei ist, dass diese Geruchsimpulse ungefiltert direkt ins Zentrum der Gefühle geleitet werden. Durch die fehlende Filterung der Geruchseindrücke durch das Großhirn können Gerüche nicht mit dem Intellekt kontrolliert werden. Man ist deshalb den Emotionen, die mit den verschiedenen Gerüchen einhergehen, machtlos ausgeliefert. So kommt es, dass jemand sagt **„das stinkt mich an"** oder von einem **„Wohlgeruch"** spricht.[3]

Der Geruchssinn dient dazu, Informationen über die „*nahe Entfernung*" zu liefern. Personen, von denen Gefahr ausgeht, setzen mit dem Schweiß

---

[3] Englisch: *he comes up smelling of roses* (er riecht nach Rosen).

Hormonabbauprodukte frei, die dafür sorgen, dass sie „**einen üblen Geruch verbreiten**".[4] Das kann dazu führen, dass sie damit sogar Aggressionen auslösen können.[5,6] Von solchen Personen sagt man, dass man „*jemanden nicht riechen kann*".[7] Interessanterweise wirken solche Geruchsstoffe auf Frauen und Männer völlig unterschiedlich. So kann z. B. der Geruchsstoff Hexadecanal bei Männern Aggressionen hemmen und bei Frauen Aggressionen auslösen.[8] In einem Raum, in dem gerade gestritten wird, herrscht deshalb oft „**dicke Luft**". Wenn man lügt, stellt das für die betroffene Person ebenfalls eine Stresssituation dar und sie beginnt zu riechen. Man spricht hier vielleicht von einer „**üblen Person**". Über falsche Aussagen sagt man auch „**etwas ist erstunken und erlogen**" oder „**etwas stinkt zum Himmel**".

Der Geruchssinn hat auch die Funktion, uns vor giftigen Substanzen zu schützen. Wenn etwas stinkt, ist es in der Regel giftig. Wenn etwas faulig riecht, ist es ungenießbar und wird unwillkürlich gemieden. Das schützt uns vor Vergiftungen. So sagt man „**etwas ist (ober)faul**" und meint damit, dass etwas sehr verdächtig ist oder „**etwas ist anrüchig**", wenn man einer Sache nicht so recht traut. So wird in Shakespeares Hamlet der Ausdruck verwendet „*da ist etwas faul im Staate Dänemark*".[9]

Umgekehrt verbreiten Menschen eine liebevolle Atmosphäre, indem sie keine Ausdünstung von Stresshormonen absondern. Es kann sogar sein, dass sie sexuelle Lockstoffe, sogenannte *Pheromone* abgeben, sodass man zu dem Entschluss kommt, dass man „*jemanden gut riechen kann*". Findet man jemanden ganz toll, spricht man auch von einem „*duften Typ*". Nachdem Geschmackssinn und Geruchssinn eng miteinander gekoppelt sind, ist es in manchen Dialekten üblicher, die Redewendungen „*jemanden nicht schmecken können*" oder „*jemanden gut schmecken können*" zu gebrauchen.

---

[4] Englisch: *what a stinker* (was für ein Stinker!).

[5] Mutic S, Parma V, Brünner YF, Freiherr J. You Smell Dangerous: Communicating Fight Responses Through Human Chemosignals of Aggression. Chem Senses. 2016 Jan;41(1):35–43. doi: 10.1093/chemse/bjv058. Epub 2015 Oct 9. PMID: 26453051.

[6] Mutic S, Brünner YF, Rodriguez-Raecke R, Wiesmann M, Freiherr J. Chemosensory danger detection in the human brain: Body odor communicating aggression modulates limbic system activation. Neuropsychologia. 2017 May;99:187–198. doi: 10.1016/j.neuropsychologia.2017.02.018. Epub 2017 Feb 28. PMID: 28254652.

[7] Englisch: *someone gets up my nose* (jemand geht mir auf die Nerven).

[8] Mishor E, Amir D, Weiss T, Honigstein D, Weissbrod A, Livne E, Gorodisky L, Karagach S, Ravia A, Snitz K, Karawani D, Zirler R, Weissgross R, Soroka T, Endevelt-Shapira Y, Agron S, Rozenkrantz L, Reshef N, Furman-Haran E, Breer H, Strotmann J, Uebi T, Ozaki M, Sobel N. Sniffing the human body volatile hexadecanal blocks aggression in men but triggers aggression in women. Sci Adv. 2021 Nov 19;7(47):eabg1530. doi: 10.1126/sciadv.abg1530. Epub 2021 Nov 19. PMID: 34797713; PMCID: PMC8604408.

[9] Original: *there's something rotten in the state of Denmark*.

Wenn die Verwendung von Duftstoffen übertrieben wird und künstliche Pheromone oder Parfums in zu hoher Konzentration verwendet werden, wie es in
Bordellen oder bestimmten Bars der Fall sein mag, werden diese Etablissements auch als „**anrüchig**" bezeichnet. Frauen, die in solchen Etablissements
arbeiteten oder Mädchen, die zu viel Sex-Appeal ausstrahlten, bezeichnete
man früher gerne als „*anrüchige Person*" oder man sagte, „*jemand hat etwas
Anrüchiges an sich*".

Der Geruchssinn meldet nicht nur Gefahr oder sexuelle Ausstrahlung, sondern ganz allgemein Informationen über die Umgebung. Der Geruchssinn
dient auch zur Information über potenzielle Nahrungsquellen. So kommen
Ausdrücke zustande wie „**etwas liegt in der Luft**" oder „**jemand hat Wind
von etwas bekommen**". Jemand, der einen gut ausgeprägten Geruchssinn
hatte, konnte herannahende Gefahren früher erkennen. Von solchen Personen sagte man, dass sie „*einen guten Riecher haben*", oder „**eine gute Nase
für etwas haben**".[10] Menschen mit einem guten Riecher haben früher auch
gezündete Sprengstoffe eher gerochen und konnten die herannahende Gefahr
noch rechtzeitig erkennen. So ist der Ausdruck zu erklären „**jemand hat
Lunte gerochen**".

Im Tierreich kann man vor allem bei Schmetterlingen beobachten, dass sie
einander folgen oder sich zuhauf auf einer Blüte niederlassen. Auf manche
Blüten gibt es einen regelrechten Ansturm von Schmetterlingen. Das kommt
dadurch zustande, dass diese Pflanzen Lockstoffe bilden, welche die Schmetterlinge anziehen, „**sie fliegen auf etwas**" nämlich nektarreiche Blüten.
Schmetterlinge haben auch die Fähigkeit, selbst Lockstoffe abzugeben, um
potenzielle Partner anzulocken. Jede Schmetterlingsart hat ihre einzigartige
Duftnote, die ihren Artgenossen signalisiert, dass sie bereit sind, sich zu paa-
ren. So kommt es, dass sie „**aufeinander fliegen**".

Die Riechleistung des Menschen und einiger Tiere wird durch „schnüffeln"
verbessert. Dabei wird der Luftstrom stärker mit dem Riechepithel am Nasen-
dach in Kontakt gebracht und man kann Gerüche besser wahrnehmen. Menschen, die einen guten Riecher haben, bezeichnet man deshalb gerne auch als
„**Schnüffelnase**". Es gibt aber auch negative Gefühle, die gegen jemanden
entwickelt werden, der „**seine Nase überall hineinstecken muss**".[11] So jemand wird auch gerne als „**Schnüffler**" bezeichnet.[12]

---

[10] Englisch: *he's got a nose for that* (er hat eine Nase dafür).

[11] Englisch: *Stick your nose in where it's not wanted* (die Nase hineinstecken, wo es nicht erwünscht ist).

[12] Im Englischen werden neugierige Schnüffler auch als *nosy* bezeichnet. Herumschnüffeln heißt auf englisch auch *nosing around* oder *sniffing around*.

Gerüche sind Informationsträger. Neugierige Menschen, die sich um Angelegenheiten kümmern, die sie nichts angehen, „**stecken ihre Nase in fremde Sachen**". Mit Gerüchen kann man aber auch „**eine falsche Fährte legen**" und somit *jemanden an der Nase herumführen*"[13] oder im Extremfall „**jemandem auf der Nase herumtanzen**" oder „**jemanden etwas auf die Nase binden**", wenn man ständig falsche (Geruchs-)Informationen liefert. Umgekehrt muss man „**jemandem alles aus der Nase ziehen**", wenn die betroffene Person keine Information von sich geben will. Will man dagegen jemandem eine gewisse Information „vorwerfen" oder „vorhalten" und diesen Vorwurf verstärkt zum Ausdruck bringen, spricht man davon, dass man „**jemandem etwas unter die Nase reibt**". Wenn aber jemand einen „**guten Riecher**" hat und Umweltbedingungen frühzeitig erkennt, kann es sein, dass er sich „**eine goldene Nase verdient**".

Exkurs „Gefährliche Aromatherapie"

Duftstoffe sind schon seit langem bekannt. Wenn jemand ohnmächtig wurde, war es früher üblich, ein „Riechfläschchen" zu holen und es dem Betroffenen unter die Nase zu halten. In unserer Zeit hat sich aus dieser Behandlungsmethode die Aromatherapie entwickelt. Die vermeintlich harmlose alternativmedizinische Therapie mit Duftstoffen ist aber gar nicht so ungefährlich, wie sie immer dargestellt wird. Nachdem die Reaktionen auf Gerüche nicht kontrolliert werden können, kann es zur Auslösung von unangenehmen Emotionen und Erinnerungen – sogenannten Flashbacks – kommen, die oft nicht mehr therapierbar sind.

Ich kann mich an eine Patientin erinnern, der unmittelbar nach einer großen Operation von einer Krankenschwester Duftstoffe unter die Nase gehalten wurden. Sie war noch nicht wach genug, um sich gegen diese für sie unangenehmen Duftstoffe wehren zu können. Die Folge davon war ziemlich dramatisch: Jedes Mal, wenn sie in ihrem späteren Leben diesen Duftstoff gerochen hat, hatte sie Flashbacks und eine Wiederholung der traumatischen Erlebnisse, die mit der Operation einhergegangen waren. Diese gut gemeinte Aromatherapie hat zu einer „posttraumatischen Belastungsstörung" geführt, die kaum kontrolliert werden konnte. Die Gerüche waren immer wieder gegenwärtig und konnten durch Verhaltenstherapie nicht beeinflusst werden. Düfte sind eben nicht mit dem Intellekt kontrollierbar. Seitdem trifft für sie der Satz zu „**man kann etwas nicht mehr riechen**".

---

[13] Englisch: *led someone by the nose.*

Redewendungen, welche die Riechfunktion betreffen

- Den richtigen Riecher haben (eine richtige Vorahnung haben).
- Einen guten Riecher haben (etwas im Voraus ahnen).
- Eine gute Nase für etwas haben (ein gutes Gespür für etwas haben).
- Jemanden gut riechen können (jemanden gernhaben).
- Jemanden nicht riechen können (jemanden unsympathisch finden).
- Etwas riechen (eine Vorahnung haben).
- Etwas stinkt Meilen gegen den Wind (etwas ist skandalverdächtig).
- Einen üblen Geruch verbreiten (Wenn jemand stinkt).
- Etwas stinkt zum Himmel („volatile organic compounds", die bei Stress vermehrt gebildet werden, sind leicht flüchtig).
- Etwas ist erstunken und erlogen (etwas ist eine ausgesprochene Lüge).
- Eine Schnüffelnase haben (eine feine Nase haben).
- Ein dufter Typ (ein attraktiver Mensch).
- Jemanden nicht schmecken können, jemanden gut schmecken können (Jemanden nicht mögen; jemanden mögen).
- Jemand hat Lunte gerochen (jemand hat eine Gefahr rechtzeitig erkennen).
- Etwas nicht mehr riechen können (von etwas genug haben).
- Jemand hat etwas Anrüchiges an sich (jemand wirkt unehrlich).
- Den Braten riechen (rechtzeitig eine Gefahr vorhersehen).
- Auf etwas/auf jemanden fliegen (etwas oder jemanden besonders mögen).

2.3 Mimik und Signalwirkung der Nase (wenn jemand „die Nase rümpft")

Die Nase ragt wie ein Zeiger aus dem Gesicht hervor und hat damit auch Signalwirkung auf die Umwelt. Wenn man jemanden nach dem Weg fragt, kann es sein, dass man zur Antwort bekommt: *„immer der Nase nach"*[14]. Diese Redewendung zeigt, dass sich Menschen und Tiere über Gerüche (Chemotaxine) orientieren. So sollen Eisbären ihre Beute über eine Entfernung von 30 km riechen und damit auch finden können. Man kann aber auch bildlich gesprochen *„um eine Nasenlänge voraus sein"* oder *„die Nase vorn haben"*,[15] wenn man sich unter den Ersten befindet.

Wird etwas ständig wiederholt, spricht man von Vorgängen, die *„alle naselang"* zu finden sind. Wenn man über etwas nicht sehr begeistert ist, kann man das der Umwelt zum Ausdruck bringen, indem man *„die Nase rümpft"*. Dies geschieht über einen Muskel mit der schönen Bezeichnung *„Musculus levator labii superioris alaeque nasi"*, ein Muskel, der gleichzeitig den Nasen-

---

[14] Englisch: *Allways follow your nose* (Folge immer deiner Nase, immer der Nase nach).
[15] Englisch: *Won by a nose* (mit einer Nasenlänge gewinnen).

flügel und die Oberlippe anhebt. Durch das gleichzeitige Anheben der Oberlippe werden auch die Eckzähne sichtbar. Damit kommt nicht nur Abscheu und Verachtung, sondern auch eine gewisse Drohung zum Ausdruck.

Die Haltung der Nase hat auch Signalwirkung auf die Umwelt. Überhebliche wirkende Menschen werden oft als *„hochnäsig"* bezeichnet. Offenbar hat die Beobachtung dazu geführt, dass es nach altdeutschem Recht die eigenartige Aufforderung des Richters gab, *„sich an der eigenen Nasen zu ziehen"*, wenn man seine Schuld eingestehen sollte. Die verachtende, hochnäsige Reaktion wurde damit zu einer demütigenden Geste, wenn der Verurteilte nicht mehr **„hochnäsig"**, sondern *„gebeugten Hauptes"* den Saal verlassen musste. Heute noch hört man die Redensart, *„sich selbst an der Nase zu fassen"*, wenn man zum Ausdruck bringen will, dass jemand, der einen Fehler begangen hat und diesen auch eingestehen soll. Eine Aufforderung für eine Demütigungsgeste.

Schließlich hat die Prominenz der Nase auch einen Nachteil. Bei Stürzen oder Raufereien wird sie oft verletzt. So spricht man davon, dass *„jemand auf die Nase gefallen ist"* oder *„sich eine blutige Nase geholt hat"*.[16] Kinder, die sich im Vorteil sehen, *„zeigen jemandem die lange Nase"* oder *„drehen jemandem eine lange Nase"*.

Redewendungen, die sich auf die Nase beziehen
- Hochnäsig sein (eingebildet sein).
- Immer der Nase nach (geradeaus).
- Sich selbst an der Nase fassen (seine eigene Schuld eingestehen).
- Jemanden an der Nase herumführen (jemanden in die Irre führen).
- Jemand ist auf die Nase gefallen (jemand hat Misserfolg geerntet).
- Jemand hat sich eine blutige Nase geholt (jemand hat Schaden erfahren)
- Jemandem eine lange Nase drehen (jemanden eins auswischen)
- Jemanden die lange Nase zeigen (jemanden verspotten).

---

[16] Englisch: *He got a bloody nose* (erholte sich eine blutige Nase).

3

Redewendungen, die das Ohr betreffen (wenn einem „etwas zu Ohren kommt")

Die Ohren haben mehrere Funktionen. Sie dienen nicht nur dem Hören, sondern auch der Orientierung im Raum und der Aufrechterhaltung des Gleichgewichts. Der Hörsinn kann nicht abgeschaltet werden. So können selbst während des Schlafens herannahende Gefahren wahrgenommen werden. Aus der Zeitdifferenz, mit der ein Schall am linken und rechten Ohr eintrifft, kann die Richtung bestimmt werden, aus welcher der Schall kommt. Damit ist die räumliche Lokalisation von herannahenden Gefahren möglich.

3.1 Die Ohren als Hörorgan (wenn jemand „auf einem Ohr taub ist")

Wenn das Hören eingeschränkt ist, spricht man von Schwerhörigkeit. Es gibt verschiedene Ursachen von Schwerhörigkeit. Die bekanntesten Formen sind die Mittelohrschwerhörigkeit und die Innenohrschwerhörigkeit. Dabei kommt es im Rahmen einer Erkrankung des Mittelohrs bzw. des Innenohrs zu Hörminderung. Es gibt aber noch weitere Formen einer Hörstörung, wenn nämlich die Verarbeitung von Gehörtem nicht mehr funktioniert. Viele Redewendungen beziehen sich gerade auf diese letzte Form der Hörstörung, die oft psychische Ursachen hat.

Etwas gehört zu haben, heißt noch lange nicht, dass man es auch verstanden hat. Das Gehörte muss erst im Gehirn weiter verarbeitet werden. Und hier streikt das Gehirn manchmal. So kann es vorkommen, dass man

© Der/die Autor(en), exklusiv lizenziert an Springer-Verlag GmbH, DE, ein Teil von Springer Nature 2024
M. Ledochowski, *Redewendungen medizinisch erklärt*,
https://doi.org/10.1007/978-3-662-68356-9_3

etwas hört, aber eigentlich gar „nicht hören will" und deshalb die Wahrnehmung einfach ausblendet. Oder es kann vorkommen, dass man Gesprochenes nicht mehr gut von Hintergrundgeräuschen unterscheiden kann. Solche Sprachdiskriminierungsstörungen kommen vor allem dann vor, wenn mehrere Menschen „**durcheinander reden**".

Bei den psychisch bedingten Hörstörungen hört man zwar Gesprochenes, kann oder will es aber nicht mehr weiter verarbeiten. So spricht man davon, dass „**sich jemand taub stellt**", wenn die Person etwas nicht mehr hören will. Wenn man bestimmte Dinge nicht mehr hören will, sagt man „**jemand ist auf einem Ohr taub**".

Bestimmte Formen des Nichthörens können durch Beharrlichkeit überwunden werden. So kann man durch wiederholtes Ansprechen einer Person „**sich Gehör verschaffen**". Das kann bis zur Distanzlosigkeit ausarten, sodass es zu Ausdrücken fallen wie „**jemandem in den Ohren liegen**", wenn man etwas erreichen will. Ist die betreffende Person so genervt ist, dass sie das Gehörte gar nicht mehr verarbeitet, „**stößt man auf taube Ohren**".

Tritt eine selektive Wahrnehmungsverweigerung bei zwei Menschen gleichzeitig ein, kann es dazu kommen, dass diese Personen „**aneinander vorbeireden**". Das führt dann häufig zu Meinungsverschiedenheiten oder sogar zu Streit. Oft hört man als Arzt von Patienten über solche Streitsituationen, Aussagen wie „**ich verstehe ihn nicht**".

Bei älteren Menschen kann es wegen der zunehmenden Schwerhörigkeit zu Verständigungsschwierigkeiten kommen, die dann zu Konflikten führen: „**man versteht sich nicht mehr**". Dies dürfte auch der Grund für viele Streitigkeiten älterer Ehepaare oder hörgeschädigter Menschen sein. Kommunikationsabbruch oder Kommunikationsreduktion sind wesentliche Faktoren, die zur Eskalation von Konflikten beitragen. In der Betriebswirtschaftslehre spricht man sogar von Kommunikationskonflikten. Die Redewendung „**man versteht sich nicht**" hat diese Erkenntnis schon lange vorweggenommen.

Droht eine unabwendbare Gefahr, kann es passieren, dass die Wahrnehmung des Seh- und Hörsinns einfach ausgeschaltet wird. Dieses innerliche Abschalten ist eine häufige Notfallreaktion. Möglicherweise handelt es sich dabei um eine dissoziative Störung, die immer dann eintritt, wenn eine seelische Belastung so groß ist, dass sie nicht mehr verarbeitet werden kann. So kommt es dann zu Ausdrücken, wie „**jemand vergeht hören und sehen**".

Es gibt tatsächlich eine Wahrnehmungsverweigerung. Wenn jemand etwas nicht mehr hören will oder **„nicht mehr hören kann"**, kommt es vor, dass das Gehirn die Verarbeitung des Gehörten versagt.[1] Die Betroffenen geben dann an, nur mehr schlecht oder gar nichts mehr zu hören.[2] Man kann heute mit technischen Geräten sehr gut feststellen, ob bei einer untersuchten Person ein Geräusch oder Ton gehört wird und im Gehirn ankommt oder nicht. Wenn das Gehör und die Hörnerven intakt sind, das Hörsignal auch im Gehirn ankommt, aber subjektiv nichts gehört wird, muss man von einer dissoziativen Störung ausgehen. In solchen Fällen kann durch rein psychologische Maßnahmen eine Besserung erreicht werden. Andere Bezeichnungen für diese Störung sind funktioneller Hörverlust, nicht organischer Hörverlust, dissoziative Sensibilitätsstörung mit Hörverlust, Pseudohypakusis oder hysterische Taubheit. Psychogene Hörstörungen kommen gehäuft in Kombination mit anderen psychiatrischen Erkrankungen vor wie Autismus, Impulskontrollstörungen, ADHS, Depressionen, Angststörung und insbesondere bei Sozialphobie.[3] Viele dieser Krankheiten wurden von der Volksseele schon vor langer Zeit erkannt und in Redewendungen verpackt.

Dadurch, dass man den Hörsinn nicht abschalten kann, kommt es leicht zu einer Überreizung und zum Symptom *„Lärmempfindlichkeit"*. Wie gesagt kann man sich gegen Lärm, Geräusche oder Gesprochenes nur schwer zur Wehr setzen. Wenn man die Ohren zuhält, leiten die Schädelknochen den Schall trotzdem weiter. Das Gehirn hat jedoch einen Schutzmechanismus gegen akustische Reizüberflutungen eingerichtet. Es filtert Geräusche heraus oder es adaptiert sich an Geräusche. Dazu ein Beispiel, damit man sich einen Adaptationsprozess vorstellen kann: Wenn es beispielsweise zu regnen beginnt, nimmt man das Geräusch des Regens wahr. Wenn es aber 14 Tage unterbrochen regnet, nimmt man das Geräusch nicht mehr wahr oder nur noch, wenn man besonders „hinhört". Auf diese Weise schützt sich das Gehirn vor unnötiger Reizüberflutung. Manche Verkäufer, die in ihren Geschäften stundenlange Beschallung mit Hintergrundmusik ertragen müssen, sagen, wenn sie darauf angesprochen werden „ich höre die Musik schon gar

[1] Diab KM, Sapozhnikov YM, Naumova IV, Sokolova VN, Kapelyush NV, Balakireva OA. Psikhogennoe narushenie slukha u detei i podrostkov [The psychogenic hearing disorders in the children and adolescents]. Vestn Otorinolaringol. 2017;82(5):77–79. Russian. doi: 10.17116/otorino201782577-79. PMID: 29072671.

[2] Ban JH, Jin SM. A clinical analysis of psychogenic sudden deafness. Otolaryngol Head Neck Surg. 2006 Jun;134(6):970–4. doi: 10.1016/j.otohns.2005.11.045. PMID: 16730540.

[3] Bailly D, Dechoulydelenclave MB, Lauwerier L. Déficience auditive et troubles psychopathologiques chez l'enfant et l'adolescent [Hearing impairment and psychopathological disorders in children and adolescents. Review of the recent literature]. Encephale. 2003 Jul-Aug;29(4 Pt 1):329–37. French. PMID: 14615703.

nicht mehr". Das ist ihr Glück, andere Verkäufer und Kunden, die nicht so gut „**abschalten können**" werden durch die Reizüberflutung krank. Ärgerlich, dass es hier noch keine Gesetzgebung gibt, die diese Menschen vor unnötiger Reizüberflutung und daraus resultierenden Erkrankungen schützt. Wie stark die akustische Reizüberflutung zu schaffen macht, kann man an der Redewendung „**man hat viel um die Ohren**" sehen. Hier wird der Schall im übertragenen Sinn für Überlastung durch Arbeit oder Reizüberflutungen gesehen.

Ein Krankheitsbild, das mit einer selektiven Lärmempfindlichkeit zu tun hat und gar nicht so selten vorkommt, ist die sogenannte Misophonie (*selective sound sensitivity syndrome*). Dabei wird die Toleranzschwelle gegenüber gewissen Geräuschen gesenkt. Die Betroffenen halten das schmatzende oder quietschende Geräusch nicht mehr aus. Kratzt jemand mit einem Löffel an einem Glas, „**geht es dem Betroffenen durch Mark und Bein**".

Schließlich dienen die Ohren nicht nur dazu, Schall zu hören, sondern auch dazu, die damit verbundenen Informationen aufzunehmen. So kann jemandem „**etwas zu Ohren kommen**", und man erfährt etwas, was gar nicht für einen bestimmt war. Eine Bitte mag unerwartet „**auf offene Ohren stoßen**", wenn jemand wohlwollender gegenüber steht oder „**auf taube Ohren stoßen**", wenn jemand von etwas nichts hören will. Hört man etwas unerwartet Interessantes, mag diese Person „**große Ohren bekommen**". Belauscht jemand gerne andere Menschen, sagt man „**jemand hat große Ohren**".

Exkurs „Der Cocktail-Effekt"

Haben Sie sich schon einmal gefragt, warum es bei einer Cocktail-Party immer lauter wird, so laut, dass man irgendwann „sein eigenes Wort nicht mehr versteht"? Wenn man zu einer Versammlung geht, geht es zu Beginn meist noch recht ruhig zu und jeder spricht mit normaler Lautstärke, zumindest so lange nur wenige Personen anwesend sind. Mit zunehmender Teilnehmerzahl wird es jedoch immer lauter. Am Ende einer solchen Versammlung geht man mit dröhnenden Ohren nach Hause, obwohl gar keine laute Musik gespielt wurde. Wie kommt es dazu?

Der Grund dafür liegt in der akustischen Wahrnehmungsschwelle. Um verstanden zu werden, muss die Sprache etwa doppelt so laut sein wie der Umgebungslärm. Solange sich nur wenige Menschen an einem Ort aufhalten, ist die Verständigung kein Problem. Wenn aber viele Menschen doppelt so laut sprechen wie der Umgebungslärm, wird die Geräuschkulisse größer. Wer sich verständlich machen will, muss lauter sprechen. Je mehr Menschen „ihre Stimme erheben", desto lauter wird der Umgebungslärm. So kommt es, dass sich „der Lärm aufschaukelt" und schließlich unerträglich laut wird. Schließlich müssen sich die Menschen „anschreien", bis „sie sich nicht mehr verstehen". Die Wahrscheinlichkeit von „Missverständnissen" steigt.

Redewendungen, welche den Hörsinn betreffen

- Etwas zu Ohren bekommen (von etwas Kenntnis erlangen).
- Auf offene Ohren stoßen (von jemandem mit seinen Anliegen angenommen werden).
- Auf taube Ohren stoßen (von jemandem mit seinen Anliegen abgelehnt werden).
- Mit halbem Ohr hinhören[4] (jemanden nur mit geringer Aufmerksamkeit zuhören).
- Aneinander vorbeireden (sich missverstehen).
- Sein eigenes Wort nicht verstehen können (wenn es zu laut ist).
- Sich nicht verstehen (wenn man jemanden nicht mag).
- Man versteht sich nicht mehr (wenn man mit jemanden nicht mehr kann).
- Die Welt nicht mehr verstehen (den Glauben an etwas verlieren, fassungslos sein).
- Sich blind verstehen (gut miteinander auskommen, ohne viel sagen zu müssen).
- Jemandem etwas zu verstehen geben (etwas andeuten).
- Einen Dreck von etwas verstehen (überhaupt keine Ahnung haben).
- Etwas versteht sich von selbst (etwas ist unstrittig und braucht nicht erklärt zu werden).
- Etwas kann sich hören lassen (es hört sich gut an).
- Von etwas nichts mehr hören wollen (etwas nicht wahrhaben wollen).
- Etwas nicht mehr hören können (von etwas genug haben).
- Auf einem Ohr taub sein (etwas nicht hören wollen).
- Sich taub stellen (wenn man etwas nicht hören will).
- Jemanden in den Ohren liegen (jemanden zu überreden versuchen).
- Sich Gehör verschaffen (dafür sorgen, dass man angehört wird).
- Jemandem Gehör schenken (jemanden zuhören).
- Jemand vergeht hören und sehen (jemand fühlt sich überfordert).
- Ich bin ganz Ohr (sehr aufmerksam zuhören).
- Jemandem sein Ohr schenken (jemandem Aufmerksamkeit schenken)[5]
- jemanden aushorchen (jemanden ausfragen)[6]
- Große Ohren bekommen (neugierig werden)[7]
- Ein Geräusch geht durch Mark und Bein (ein unangenehm durchdringendes Geräusch)
- Viel um die Ohren haben (sehr beschäftigt sein).
- Sich aufs Ohr legen (sich zum Schlafen hinlegen).

---

[4] Englisch: *Listen with half an ear.*
[5] Englisch: *He has the ear of the president.*
[6] Englisch: *to hear someone out.*
[7] Englisch: *big ears (= nosy).*

3.2   Die Ohren als Werkzeug zur Orientierung und Aufmerksamkeit (wenn jemand „die Ohren spitzt")

Um eine räumliche Orientierung und das Richtungshören zu ermöglichen, hat die Natur die Ohren mit Muskeln versehen. Damit wurde es möglich „**die Lauscher aufzustellen**" oder die „**Ohren zu spitzen**". Vor allem Fluchttiere haben besonders bewegliche Ohren, denn für sie ist die frühzeitige Wahrnehmung von Gefahren besonders wichtig. Beobachtet man Pferde, die zu den Fluchttieren gehören, so kann man sehen, dass sie jedes Ohr um fast 180 Grad drehen können. Damit können sie sich einen „akustischen Rundumblick" verschaffen. Die Beweglichkeit ihrer Ohren ist so ausgeprägt, dass sie sogar „**mit den Ohren schlackern können**", um sich damit lästige Insekten von den Ohren fernzuhalten.

Auch der Mensch besitzt noch solche Muskeln, mit denen er die Ohren bewegen könnte (Musculi auriculares). Diese Muskulatur ist aber kaum mehr in Verwendung. Die Bewegungsreflexe der Ohren sind beim Menschen nur mehr in rudimentärer Form vorhanden. Sie können aber in Redewendungen gefunden werden. So gibt es Ausdrücke wie „**die Ohren aufmachen**", wenn jemand aufgefordert wird zuzuhören. Kommt man dieser Aufforderung nach, hat man „**offene Ohren für jemanden oder etwas**".

Da die Ohrenmuskulatur beim Menschen nicht mehr so gut funktioniert, wird die Funktion des Richtungshörens beim Menschen von der Halsmuskulatur übernommen. Dabei wird der Kopf in Richtung der Schallquelle gedreht oder geneigt. Durch diese „**Zuwendung**" können Geräusche besser lokalisiert und gehört werden. Hat jemand ein „**geneigtes Ohr**" wird damit Interesse an dem Anliegen eines Gesprächspartners signalisiert.

Es gibt eine Reihe von Redewendungen, die sich auf das Orientierungshören beziehen. So kann man jemanden „**zuhören**", auf etwas „**hinhören**" oder „**jemanden anhören**". Vielleicht bittet man jemanden „**die Ohren offenzuhalten**" und sich „**umzuhören**", was so viel bedeutet wie aus allen Richtungen Informationen zu sammeln.

Redewendungen, welche sich auf das Richtungshören und die Ohrmuskulatur beziehen
- Mit den Ohren schlackern (verwundert sein, erschreckt sein).
- Große Ohren bekommen (neugierig hinhören).
- Die Ohren aufstellen, die Ohren aufspannen (aufmerksam sein).
- Die Ohren spitzen (jemandem aufmerksam zuhören).[8]
- Hinhören (in eine Richtung hören).
- Ein geneigtes Ohr haben (jemandem wohlwollend zuhören).
- Sich umhören (in alle Richtungen hören).
- Die Ohren offen halten (aufmerksam sein, sich umhören).
- Die Ohren aufsperren (zuhören, aufmerksam sein).
- Die Ohren aufspannen (zuhören).
- Die Ohren auf Durchzug stellen (nicht zuhören).
- Halt die Ohren steif! (sei tapfer, halte durch).[9]
- Die Ohren hängen lassen (mutlos sein).

3.3 Akustische Halluzinationen, Hörzwänge und Emotionen (wenn man „das Gras wachsen hört")

Es können auch Geräusche gehört werden, die gar nicht da sind. Psychiater sprechen in solchen Fällen von akustischen Halluzinationen, die vor allem bei Personen mit Psychosen, aber auch vielen anderen Krankheiten auftreten können. Menschen mit psychotischen Erkrankungen neigen manchmal dazu, in allem einen Sinn zu sehen oder eine bedrohende Gefahr zu sehen, obwohl diese gar nicht vorhanden ist. Mitunter können diese Symptome krankhafte Ausmaße annehmen. Die Betroffenen sehen in allem ein Zeichen (Omen) und erahnen geheime Dinge. Eine Redewendung, die diesen Zustand in etwa beschreibt, ist **„jemand hört das Gras wachsen"**. Verschwörungstheoretiker gehören gewissermaßen auch in diese Kategorie. Das Zusammenleben mit solchen Menschen kann sehr anstrengend werden, sodass die Redewendung **„der hört ja sogar das Gras wachsen"** abfälligen Charakter angenommen hat.

---

[8] Englisch: *he picked up his ears* (er spitzte seine Ohren).

[9] Englsich: *Keep your eyes peeled and your ears skinned; keep your ears on the ground.*

Zwangsstörungen zeichnen sich unter anderem dadurch aus, dass man (sinnlose) Handlungen durchführen muss oder Gedanken nicht mehr loswerden kann. So kommt es immer wieder dazu, dass Gedanken ständig um ein Thema kreisen, ohne dass man dies unter Kontrolle bringen kann. Man muss warten, bis man durch eine Ablenkung von seinen Zwangsgedanken „erlöst" wird. Die meisten Menschen kennen diese Eigenart des Gehirns. Wenn sie beispielsweise die Wohnung verlassen und wieder zurückgehen, um nachzusehen, ob der Herd ausgeschalten ist, so ist dieses Verhalten als normal anzusehen. Wenn sie jedoch 3-mal zurückgehen müssen, um nachzusehen, ob der Herd wirklich ausgeschaltet ist, so würde das schon an eine Zwangsstörung denken lassen. Auch gedankliche Zwänge hat jeder schon einmal erlebt: Wenn beispielsweise eine **„Musik ins Ohr geht"** und dieses Lied dann **„nicht mehr aus dem Kopf gehen will"**. Die ständig im Kopf vorhandene Musik ist einer Zwangsstörung sehr ähnlich. Handelt es sich dabei um Worte oder um Gedanken, die im Kopf kreisen, sagt man **„etwas geht einem nicht aus dem Sinn"**.

Kommt es zu einer akustischen Reizüberflutung, kann man Ausdrücke vernehmen wie **„jemandem hängt etwas zu den Ohren heraus"** oder **„man kann etwas nicht mehr hören"**. Auch eine Reizüberflutung mit Informationen wird oft den akustischen Reizen zugeschrieben. So sagt man **„jemanden in den Ohren liegen"** oder **„jemandem die Ohren volljammern"**, wenn man das Gefühl hat, dass langsam aber sicher zu viel über etwas gesprochen wird.

Exkurs „Ohrwürmer"

Auch heute noch kann man als HNO-Arzt erleben, dass Patienten mit einem Insekt im äußeren Gehörgang in die Notfallambulanz kommen. In einer indischen Studie über Fremdkörper im äußeren Gehörgang waren 18 % davon Insekten.[10] Bewegt sich so ein Insekt im äußeren Gehörgang und findet nicht mehr seinen Weg ins Freie, ist das für die betroffene Person ein fürchterliches Gefühl, an das man ständig denken muss. Man hat sozusagen einen „Ohrwurm". Manche Insekten legen sogar ihre Eier in den Ohrschmalz. Wenn die Larven schlüpfen, hat man tatsächlich ein Insekt (oder Ohrwurm) in den Ohren. Die sogenannten Ohrenwürmer (Dermaptera)[11] kriechen angeblich nie in den äußeren Gehörgang. Diese Annahme dürfte aber nicht ganz richtig sein. Es gibt jedenfalls einzelne Fallberichte, in denen beschrieben wird, dass ein Ohrwurm

---

[10] Yadav R, Yadav DK. Foreign Bodies in Ear: A Descriptive Study. Indian J Otolaryngol Head Neck Surg. 2022 Dec;74(Suppl 3):4077–4080. doi: 10.1007/s12070-021-02826-z. Epub 2021 Aug 25. PMID: 36742603; PMCID: PMC9895142.

[11] Englisch: *earwig*; französisch: *perce-oreille*.

(Dermaptera) doch im äußeren Gehörgang gefunden werden konnte.[12] Das ist jedoch so selten, dass es unwahrscheinlich erscheint, dass die Bezeichnung „Ohrwurm" deshalb den Weg in die Sprache gefunden hat. In der Antike wurden Ohrwürmer (Dermaptera) in pulverisierter Form gegen Ohrenkrankheiten verwendet;[13] ob der Name Ohrenwurm daher rührt, ist aber auch ungewiss.

Redewendungen, welche die akustische Verarbeitung im Gehirn betreffen
- Das Gras wachsen hören (etwas frühzeitig erkennen, sich wichtig machen).
- Einen Ohrwurm haben (eine Melodie, die einem nicht mehr aus dem Kopf geht).
- Etwas geht nicht aus dem Sinn (man muss ständig an etwas denken).
- Etwas nicht mehr aus dem Kopf bekommen (ständig an etwas denken müssen).
- Jemandem hängt etwas zu den Ohren heraus (etwas nicht mehr hören können).
- Etwas klingt wie Musik in meinen Ohren (etwas gefällt mir).
- Jemandem die Ohren volljammern (jemandem in lästiger Art und Weise seine Sorgen erzählen).
- Jemandem die Ohren vollschwätzen (jemanden in den Ohren liegen).[14]

3.4 Die Ohren als Gleichgewichtsorgan (wenn jemand „ins Wanken kommt")

Es gibt viele Redewendungen, die sich mit dem Gleichgewicht befassen. Zur Erhaltung des Gleichgewichts brauchen wir Informationen aus dem Innenohr, den Augen, den Muskeln und Sehnen sowie aus der Haut. Alle diese Informationen werden über verschiedene Nervenbahnen ins Gehirn geleitet, wobei Kleinhirn und Stammhirn wesentlich an der Verarbeitung all dieser Informationen teilhaben. Die Summe der verarbeiteten Signale führt dann zu Gefühlen wie *Standfestigkeit, Ausgeglichenheit,* aber auch *Schwindel, Übelkeit* oder *Unsicherheit* und vielen anderen Empfindungen, die oft stark emotional gefärbt sind. All diese Empfindungen finden sich in zahlreichen Redewendungen wieder. Vor allem das Symptom Schwindel wird häufig in Redewendungen gefunden.

---

[12] Fisher JR. Earwig in the ear. West J Med. 1986 Aug;145(2):245. PMID: 3765607; PMCID: PMC1306897.

[13] Gundolf Keil: Die Bekämpfung des Ohrwurms nach Anweisungen spätmittelalterlicher und frühneuzeitlicher deutscher Arzneibücher. In: Zeitschrift für deutsche Philologie. Band 79, 1960, S. 176–200.

[14] Englisch: *to bend someone's ears, to give someone an earful.*

Es gibt verschiedene Arten von Schwindel. Bei einigen Schwindelformen kann eine Richtung angegeben werden (gerichteter Schwindel), bei anderen nicht (ungerichteter Schwindel). Bei gerichtetem Schwindel kann die betroffene Person angeben, ob es sich um *Drehschwindel* (alles dreht sich), *Schwankschwindel* (alles schwankt wie in einem Boot bei starkem Seegang) oder *Liftschwindel* handelt. Unter Liftschwindel versteht man ein Gefühl, das beim schnellen Anfahren eines Aufzugs oder einer Achterbahn auftritt. Redewendungen, welche *Drehschwindel* beschreiben, lauten beispielsweise „**jemandem dreht sich alles im Kopf**" oder „**alles dreht sich im Kreis**". Die Redewendung „**die ganze Welt dreht sich um mich**" beschreibt weniger einen Schwindel als das unrealistische Gefühl, „**im Mittelpunkt zu stehen**" (siehe Kap. 16). *Schwankschwindel* wird etwa mit der Redewendung „**jemand ist ins Wanken geraten**" oder „**den Boden unter den Füßen verlieren**" beschrieben. Das Symptom *Liftschwindel* wird etwa mit dem Ausdruck „**etwas ist ein erhebendes Gefühl**" oder „**sich fallen lassen**" beschrieben. Der *ungerichtete Schwindel* wird meist als unangenehm erlebt und ist oft mit Angstgefühlen verbunden. Angst kann ihrerseits auch ungerichteten Schwindel hervorrufen, sodass sich Angst und Schwindel einander verstärken können. Das ist bei Höhenangst oft der Fall und wird treffend mit dem Ausdruck „**schwindelerregende Höhen**" umschrieben.

Interessant ist auch der Zusammenhang zwischen dem medizinischen Symptom Schwindel und dem Schwindel als Ausdruck der Unehrlichkeit. Hier ist die unbewusst erlebte Angst eine Erklärung, wenn es sich um „**einen Schwindel**" oder „**eine schwindelige Angelegenheit**" handelt und die Gefahr besteht, entdeckt zu werden.

Redewendungen, die sich auf das Gleichgewichtsorgan und Schwindel beziehen

- Ins Wanken kommen (unsicher werden).
- Jemanden ins Wanken bringen (jemanden verunsichern).
- Alles dreht sich um jemanden (jemand steht im Mittelpunkt).
- Jemandem dreht sich alles im Kreis (Ausdruck von Drehschwindel).
- Jemandem dreht sich alles im Kopf (jemand ist unsicher oder verwirrt).
- Ein erhebendes Gefühl haben (ein beglückendes Gefühl haben).
- Sich fallen lassen (sich entspannen).
- Vom Schwindel übermannt (einen Schwindelanfall haben).
- Schwindelerregende Höhen (Höhen mit einem steilen Abgrund).
- Eine schwindelige Angelegenheit (eine nicht ganz saubere Angelegenheit).
- Der ganze Schwindel (eine Summe von Unsauberkeiten).
- Etwas erschwindeln (sich etwas unredlich aneignen).
- Eine schwindelige Angelegenheit (eine unsaubere, nicht ganz ehrliche Angelegenheit).

4

Redewendungen, die sich auf die Stimme und Stimmung beziehen (wenn „etwas auf die Stimmung schlägt")

Die Stimmbänder werden von feinsten Muskeln gesteuert. Ihr Spannungszustand bestimmt den Klang und die Tonhöhe. Bei *„Anspannung"* wird die Stimme höher, bei *„Entspannung"* tiefer. Bei Angst bekommen die Stimmbänder eine höhere Grundspannung und man bekommt eine „hohe, eventuell sogar piepsende Stimme". In so einer Situation ist die Steuerung der Stimmbandmuskulatur nicht mehr optimal. So kann es bei Angst dazu kommen, dass man mit **„zittriger Stimme spricht"**. Es kann sogar passieren, dass **„sich die Stimme überschlägt"**. Bei lang anhaltendem Stress funktioniert die Steuerung der Stimmbänder immer schlechter, **„man wird heiser"** oder bekommt eine **„krächzenden Stimme"**.

Auch der Lebensstil hat einen Einfluss auf die Stimme. Raucher, die ihre Stimmbänder durch die ständige Inhalation von Zigarettenrauch geschädigt haben, bekommen eine **„Raucherstimme"** oder eine tiefe **„Reibeisenstimme"**. Nach Alkoholexzessen kann es zu einer **„Katerstimme"** kommen. So ein Zustand geht meist mit einer schlechten Gemütslage einher, sodass man auch von einer **„Katerstimmung"** spricht. Schließlich kann eine Veränderung der Stimme auf verschiedene Krankheiten hinweisen.

Exkurs: „Stimme und Stimmung"

Während die Stimmhöhe vermutlich durch die Wirkung von Katecholaminen (Adrenalin, Noradrenalin) bestimmt wird, scheint Heiserkeit vor allem auf die Wirkung des Stresshormons Cortisol zurückzuführen zu sein. Dies ist zu vermuten, da Heiserkeit nicht nur bei Stress, sondern auch bei der Behandlung mit kortisonhaltigen Medikamenten auftritt. Dabei spielt es keine Rolle, ob diese

© Der/die Autor(en), exklusiv lizenziert an Springer-Verlag GmbH, DE, ein Teil von Springer Nature 2024
M. Ledochowski, *Redewendungen medizinisch erklärt*,
https://doi.org/10.1007/978-3-662-68356-9_4

Medikamente als Asthmasprays inhaliert oder in Tablettenform eingenommen werden.

Auch Geschlechtshormone können zu einer Veränderung der Stimme führen. So erleben vor allem männliche Jugendliche in der Pubertät eine Veränderung der Stimmlage. Durch den Einfluss von Testosteron vergrößert sich der Kehlkopf und die Stimme wird tiefer. Diese Veränderung kann so rasch vor sich gehen, dass die feine Steuerung der Stimmbandmuskulatur nicht mehr nachkommt. Die Steuerung der Stimmlage muss gewissermaßen neu gelernt werden. Es ist die Zeit, die man auch als „**Stimmbruch**" bezeichnet.

Insgesamt kann man aus der *Stimmlage*, der *Klarheit der Stimme* und dem *Redefluss* auf die emotionale Lage, die „**Stimmung**", in der sich ein Sprechender gerade befindet, schließen. Diese Beobachtung führte dazu, dass mittels Stimmanalyse von Smartphone-Anrufen psychische Störungen mit einer Treffsicherheit von 80–97 % diagnostiziert werden konnten.[1] Was durch moderne Forschung im 21. Jahrhundert „herausgefunden" werden konnte, hatte sich in zahlreiche Redewendungen schon vor langer Zeit niedergeschlagen.

4.1   Wie die Stimmbänder auf Emotionen reagieren (wenn man mit „gebrochener Stimme spricht")

Wenn man niedergeschlagen ist, spricht man „**mit gedämpfter Stimme**". Musste ein Mensch große Trauer oder Demütigen erfahren, kann es sein, dass er mit „**gebrochener Stimme**" spricht, denn bei Trauer oder chronischem Stress wird die Stimme zittrig.

Die Stimme kann aber auch einen befehlenden Charakter annehmen. Solche Menschen „***bestimmen***" dann gerne, was zu tun ist und wirken auf die Umgebung „**be-stimmend**" oder „**Ton angebend**". Ist man mit etwas nicht zufrieden oder möchte man sich Gehör verschaffen „**erhebt man seine Stimme**". Dabei redet man etwas lauter als gewöhnlich.

Auch Glaubwürdigkeit und Kompetenz können durch die Stimme zum Ausdruck kommen. So glaubt man eher einem Menschen, der Sicherheit ausstrahlt, klar und deutlich, eben mit „**mit sicherer Stimme**" spricht. Eine „**unsichere Stimme**" hingegen zeichnet sich durch einen leisen Tonfall sowie undeutliches Nuscheln oder evtl. zittriger Stimme aus. Alles Anzeichen für Angst.

Schließlich spielt auch der **Tonfall** einer Stimme eine wichtige Rolle. Trifft man den nicht richtigen Tonfall, empfindet man das als unangenehm. Ist jemand feinfühlend, sagt man, dass er „**den richtigen Ton findet**". Wohl-

---

[1] Flanagan O, Chan A, Roop P, Sundram F. Using Acoustic Speech Patterns From Smartphones to Investigate Mood Disorders: Scoping Review. JMIR Mhealth Uhealth. 2021 Sep 17;9(9):e24352. doi: 10.2196/24352. PMID: 34533465; PMCID: PMC8486998.

erzogene Menschen wissen, was „**zum guten Ton gehört**". Wenn jemand in einer unangenehmen Situation nicht den richtigen Tonfall findet, mag diese Person zu hören bekommen, dass „**sie sich im Ton vergreift**". Ein Chef, der sich über seine Belegschaft ärgert, mag die Drohung von sich geben „**ab jetzt werde ich einen anderen Ton anschlagen**". Mit dem Tonfall werden Emotionen wie Angst, Wut oder Gelassenheit des Sprechers hörbar. Auch die Mitteilung von Emotionen gehören zur Verständigung. Sie können beim Empfänger mitunter mehr Gefühle auslösen als die ausgesprochenen Worte. Der Tonfall kann aber auch verführerisch klingen. Spricht jemand „**mit honigsüßer Stimme**" wird damit eine einschmeichelnde Rede assoziiert, die nicht unbedingt ganz ehrlich gemeint ist.

Wenn jemand „**seiner inneren Stimme folgt**", wird damit zum Ausdruck gebracht, dass sich jemand bei Entscheidungen stark von seinen Gefühlen leiten lässt. „**Folgt jemand der Stimme seines Herzens**", lässt sich die betreffende Person von Emotionen leiten. „**Folgt sie der Stimme ihres Gewissens**", wird sie durch ihr Pflichtgefühl geleitet. Der Übergang von „**gefühlter Stimme**", die man als innere Stimme bezeichnet, zum „**Hören einer inneren Stimme**" ist fließend und kann krankhaften Charakter annehmen.

Exkurs „Innere Stimme"

Menschen mit Psychosen hören manchmal tatsächlich eine „innere Stimme". Diese kann so ausgeprägt sein, dass sie in einem Befehlston spricht oder sogar Befehle erteilt. Dieses Phänomen wird auch als „**imperative Stimme(n)**" bezeichnet. Bei schizophrenen Schüben kann es auch dazu kommen, dass man mit seiner „inneren Stimme" regelrecht spricht. Psychiater sprechen dann von „**dialogisierenden Stimmen**".

Vor allem in der Bibel gibt es viele Fälle, in denen die Stimme Gottes oder eines Engels Befehle erteilt (imperative Stimmen). Oder es gibt Geschichten, in denen sich Gott oder ein Engel mit einem Menschen unterhält (dialogisierende Stimmen). Früher galten diese Phänomene als ein Zeichen, auserwählt zu sein. Heute würde man solche Erlebnisse als Symptom einer psychotischen Erkrankung werten.[2]

Beispiele für den Tonfall in der Sprache lassen sich leider nicht zu Papier bringen, da es für unterschiedliche Tonfälle keine verschiedene Zeichen gibt. Selbst die Lautschrift kann den Tonfall nicht ausreichend beschreiben. Zusammenfassend kann man sagen: „**Der Ton macht die Musik**", eine Aussage, die gut beschreibt, wie man mit dem Tonfall Unterwürfigkeit, Aggression, Entschlossenheit, Einfühlungsvermögen usw. ausdrücken kann.

---

[2] M. Ledochowski: Die Wunder der Bibel medizinisch erklärt. Springer Heidelberg 2023. ISBN 978-3-662-66473-5.

Redewendungen, die sich auf die Stimme beziehen
- Eine Reibeisenstimme haben (eine tiefe heisere Stimme haben).
- Raucherstimme (eine raue Stimme, wie sie bei Rauchern häufig vorkommt).
- Die Stimme verlieren (nicht mehr reden können).
- Jemandem verschlägt es die Stimme (die Stimme versagt).
- Es versagt einem die Stimme (man möchte einen Ton herausbringen, kann es aber nicht).
- Eine heisere Stimme haben (eine Stimme haben, die keinen reinen Klang hat).
- Es ist stimmig (es passt gut).
- Es stimmt (es ist richtig).
- Jemand ist im Stimmbruch (Stimmwechsel bei männlichen Jugendlichen in der Pubertät).
- Jemandem eine Stimme geben (jemanden Gewicht geben, jemanden wählen).
- Seine Stimme erheben (sich öffentlich zu Wort melden).
- Mit einer Stimme sprechen (wenn mehrere Menschen einer Meinung sind).
- Mit gebrochener Stimme sprechen (mit trauriger Stimme reden).
- Mit honigsüßer Stimme sprechen (mit einer Stimme sprechen, die Falschheit signalisiert).
- Mit leiser Stimme reden (mit einer leisen und unterwürfigen Stimme sprechen).
- Mit gedämpfter Stimme reden (leise und zurückhaltend reden).
- Mit polternder Stimme sprechen (mit einer lauten, dominierenden Stimme sprechen).
- Mit sich überschlagender Stimme sprechen (mit einer hohen, aufgeregten Stimme sprechen).
- Mit zittriger Stimme reden (mit einer ängstlichen Stimme sprechen).
- Seiner inneren Stimme folgen (seinen eigenen Gefühlen folgen).

4.2 Wenn das Sprechen blockiert wird (wenn man „sprachlos ist")

Jeder kennt Redewendungen, wie „**es verschlägt mir die Sprache**" oder „**ich bin sprachlos**". Wenn man von einer völlig unerwarteten Situation oder Aussage überrascht wird, „**verschlägt es einem die Sprache**". Erleidet jemand ein schweres Schicksal und man weiß nicht so recht, was man dieser Person sagen soll, fallen Ausdrücke wie „**es fehlen mir die Worte**". Bei der im Alltag vorkommenden „**Sprachlosigkeit**", kommt es zu einer kurzen Sprechhemmung, in der Regel findet man aber dann doch noch Worte und es besteht die

Möglichkeit, „**sich herauszureden**". Kurze Verzögerungen in der Gesprächsführung werden oft gar nicht bemerkt. Schlimmer ist es, wenn es zu „**Gedankenabrissen**" kommt. Mitten im Satz wissen die Betroffenen dann nicht mehr, „**was sie eigentlich sagen wollten**". Eine solche Störung des Redeflusses kann auch ein Symptom für bestimmte psychiatrische oder neurologische Erkrankungen sein.

Der Redefluss kann auch gesteigert sein. Manche Menschen „**quasseln anderen Menschen die Ohren voll**". Sie „**reden ohne Luft zu holen**", „**reden wie ein Wasserfall**" oder „**reden ohne Punkt und Komma**". Von der Umwelt wird ein gesteigerter Redefluss oft als unangenehm empfunden und als „**Sprechdurchfall**" oder „**Redesucht**" bezeichnet. Mediziner sprechen von *Logorrhö* und sehen dies als Symptom für manche psychiatrische Erkrankungen wie Manie, ADHS, Psychosen etc. Der Übergang von normalem beschleunigtem Redefluss, wie es beispielsweise bei Angst vorkommen kann, zu krankhafter Logorrhö ist fließend. Davon abzugrenzen ist die „**Schlagfertigkeit**". Dabei kommt es zu einer ungewöhnlich schnellen und passenden Antwort auf verbale Angriffe.

Eine *Sprechhemmung*, kann so ausgeprägt sein, dass es jemanden tatsächlich die Sprache verschlägt und diese Person wirklich sprachlos wird. Dabei kann die Art der Sprachlosigkeit sehr unterschiedlich ausfallen. Das kann man beispielsweise bei Kindern sehen, die sich hinter ihren Eltern verstecken und fremden Menschen gegenüber kein Wort herausbringen. Wenn dieser Zustand stärkere Ausmaße annimmt und Kinder mit gewissen Menschen gar nicht mehr reden, spricht man von „*selektivem Mutismus*".[3] Gleiches gibt es auch bei Erwachsenen. Manche Menschen hören nach einem psychischen Trauma auf zu sprechen, es kommt zu einer psychogenen Afonie, mit vollkommener Sprachlosigkeit. Allen Formen des Mutismus gemein ist, dass die Sprechwerkzeuge eigentlich intakt sind, aber eben nicht gesprochen werden kann. Dabei kann die Sprechstörung nur kurzfristig andauern, z. B. kurzfristiges Verstummen durch Schreck („**es verschlägt einem die Sprache**") oder länger anhaltend sein („**man wird sprachlos**").

Wortfindungsstörungen stellen gewissermaßen auch eine Sprechstörung dar. Auch hier findet man Redewendungen, wie z. B. „***das Wort liegt mir auf der Zunge***", aber man kann es eben nicht finden. Das ganze Gebiet rund um

---

[3] Rozenek EB, Orlof W, Nowicka ZM, Wilczyńska K, Waszkiewicz N. Selective mutism – an overview of the condition and etiology: is the absence of speech just the tip of the iceberg? Psychiatr Pol. 2020 Apr 30;54(2):333–349. English, Polish. doi: 10.12740/PP/OnlineFirst/108503. Epub 2020 Apr 30. PMID: 32772064.

Wortfindungsstörungen, Sprachstörungen und Sprechstörungen ist so komplex, dass es eigene Forschungszweige gibt, die sich damit beschäftigten: Patholinguistik und Psycholinguistik sind nur einige Vertreter davon. Mit der Behandlung solcher Störungen beschäftigen sich Logopäden. Es soll mit den angeführten Redensarten nur gezeigt werden, dass „Vorstufen" von krankhaften Sprachstörungen relativ oft gesehen werden und sich deshalb in der Sprache wiederfinden.

Redewendungen, welche sich auf die Sprachlosigkeit beziehen
- Jemandem verschlägt es die Sprache (jemand ist so überrascht, dass er keine Worte mehr findet).
- Es versagt die Stimme (so überrascht oder gekränkt sein, dass man nicht mehr reden kann).
- Ich bin sprachlos (erstaunt sein, keine Worte finden).
- Mir fehlen die Worte (jemand ist unbeschreiblich bestürzt).[4]
- Wenn einem ein Wort auf der Zunge liegt (man sucht nach einem Wort, findet es aber nicht).[5]
- Mit der Sprache nicht herauskommen wollen (etwas verheimlichen).
- Zur Sprache kommen (etwas besprechen).
- Die Sprache auf etwas bringen (etwas thematisieren).
- Heraus mit der Sprache! (Aufforderung, endlich zu reden).
- Jemand ist nicht auf den Mund gefallen (jemand ist schlagfertig).
- Eine böse Zunge haben (jemand findet immer böse Bemerkungen).

4.3 Wenn die Stimme zur Stimmung wird (wenn man „guter Stimmung ist")

Launische Menschen bezeichnet man auch als Menschen mit „**Stimmungsschwankungen**". Ist jemand schlecht gelaunt, sagt man „**jemand ist schlechter Stimmung**". Wird jemand beleidigt, so ist er „**verstimmt**". Überträgt sich schlechte Laune auf andere Menschen, sagt man, dass „**jemand die Stimmung vermiest**". Es tritt „**Missstimmung**" oder eine „**fürchterliche Stimmung**" ein. Umgekehrt wird eine wohlige Atmosphäre als „**gute oder angenehme Stimmung**" bezeichnet. Wenn etwas psychologisch gesehen

---

[4] Englisch: *to be lost for word*.
[5] Englisch: *It's on the tip of my tongue* (es liegt mir auf der Zunge).

harmonisch ist, spricht man von „**stimmig**". Wenn etwas sachlich gesehen richtig ist, sagt man einfach „**es stimmt**".

Die Steuerung der Stimme und Stimmung erfolgt auch durch das Zusammenspiel vieler Neurotransmitter und Hormone. Während Art, Klang und Höhe der Stimme hauptsächlich durch Stresshormone gesteuert ist, wird die Stimmung durch Hormone mit sozialer Wirkung wie z. B. Oxytocin und Serotonin gesteuert. Aus dem bunten Cocktail dieser Wirkungen entstehen dann gewisse Verhaltensweisen und damit auch verschiedene Redewendungen zu diesem Thema.

Exkurs: „Stimmverlust, ein Fall aus der Weltpolitik"

Am 13.3.2019 verlor Teresa May eine „**Abstimmung**", als es um den BREXIT ging. Nachdem sie viele „**Stimmen verlor**" und damit keine Unterstützung in ihrer eigenen Partei hatte, „**verlor sie nicht nur ihre Stimme als Premierministerin**", sondern „**es versagte ihr auch die Stimme**" und sie konnte ihre Rede im Parlament kaum mehr zu Ende bringen.

Redewendungen, welche die Stimmung betreffen
- Eine aufgeheizte Stimmung, eine geladene Stimmung (drohender Streit).
- Guter Stimmung sein, gehobener Stimmung sein (guter Laune sein).
- Katerstimmung haben (lustlos sein, schlechter Laune sein, Stimmung nach übermäßigem Alkoholgenuss).
- Schlechter Stimmung sein (schlecht gelaunt sein).
- Stimmung machen (zu etwas motivieren).
- Die Stimmung vermiesen (Unmut verbreiten).
- Stimmungsschwankungen haben (launisch sein).
- Unstimmigkeiten (unterschiedlicher Ansicht sein).

5

Redewendungen, die den Mund betreffen (wenn jemand „nicht auf den Mund gefallen ist")

Der Mund hat im Wesentlichen 3 Funktionen: Er dient der *Nahrungsaufnahme*, der *Kommunikation* und der *Atmung*.

Für die **Nahrungsaufnahme** erfassen die Lippen zunächst die Nahrung. Dabei wird die Nahrung mit dem sehr ausgeprägten Tastsinn der Lippen abgetastet. Anschließend prüft die Zunge die Nahrung auf chemische Signale und Konsistenz. Die Zähne zerkleinern die Nahrung und tasten sie dabei ebenfalls auf harte Nahrungsbestandteile, etwa unverdauliche Nussschalen oder Haare ab und entscheiden, was geschluckt werden kann oder wieder „**zum Ausspucken ist**". Schließlich wird mit dem im Mund gebildeten Speichel die Verdauung der Nahrung eingeleitet.

Für die **Kommunikation** spielt der Mund eine wesentliche Rolle. Dabei dient er nicht nur der Lautbildung zur verbalen Verständigung, sondern auch der Mimik. Somit ist der Mund auch für die nonverbale Kommunikation von Bedeutung. Wenn jemand besonders aufmerksam zuhört, sagt man auch, dass „**jemand an jemandes Lippen hängt**". Damit wird zum Ausdruck gebracht, dass er nicht nur den Worten lauscht, sondern auch der nonverbalen Kommunikation Aufmerksamkeit schenkt. Wie bedeutend die Lippenbewegungen für die Kommunikation ist, kann man an der Gebärdensprache sehen, die ohne Mundbewegungen nicht auskommt. Dabei werden die Mundbewegungen oft übertrieben eingesetzt, was für Zuschauer, welche die Gebärdensprache nicht verstehen „unnatürlich" wirkt. Auch die moderne digitale Fernsehtechnik, bei der Ton und Bild über verschiedene Kanäle übertragen werden, zeigt uns, wie wichtig Mundbewegungen für das Verständnis der Sprache sind. Kommt es zu einer zeitlichen Verzögerung von Ton und Bild, passen die Mundbewegungen

M. Ledochowski, *Redewendungen medizinisch erklärt*, https://doi.org/10.1007/978-3-662-68356-9_5

nicht mehr zur Sprache. Das wird im Allgemeinen als sehr unangenehm empfunden. Vor allem ältere Menschen, die nicht mehr so gut hören, können dann die Berichte nicht mehr gut verstehen. Der Mund und seine Bewegungen sind jedenfalls wichtig für die Kommunikation. So ist auch der Ausdruck „**jemandem aufs Maul schauen**" zu verstehen. Kann jemand gut reden, und hat auf alles eine Antwort parat, so sagt man, „**der ist nicht auf den Mund gefallen**" oder man bemerkt, dass diese Person „**ein freches Mundwerk hat**". Mag jemand ganz und gar nicht sprechen, „**kriegt er den Mund nicht auf**". Möchte man jemand dazu auffordern nichts zu sagen „**legt man den Finger auf den Mund**". Bei Erstauntheit „**bleibt einem der Mund offen**". Gerüchte werden „**von Mund zu Mund weitergegeben**" in so einem Fall spricht man auch von „**Mundpropaganda**". Dann gibt es Menschen, die alles aussprechen, was sie sich denken und „**sich kein Blatt vor dem Mund nehmen**". Alle diese Ausdrücke zeigen, dass der Mund nicht nur für die verbale, sondern auch für die nonverbale Kommunikation da ist. Manche Menschen können auch ohne Worte „**einen Wunsch vom Mund ablesen**".

Schließlich spielt der Mund auch bei der **Atmung** eine gewisse Rolle. Wenn die *Nasenatmung* nicht mehr ausreicht, den Sauerstoffbedarf zu decken, und einem sprichwörtlich „**die Luft ausgeht**", setzt die *Mundatmung* ein. So bekommt man auch bei verstopfter Nase (z. B. Allergie, Infekt etc.) oder bei erhöhtem Sauerstoffbedarf (z. B. Laufen, schwere Arbeit etc.) noch ausreichend Luft, wenn man den Mund zum Atmen öffnet. Für die Atemfunktion des Mundes gibt es kaum Redewendungen.

Redewendungen, die sich auf den Mund beziehen
- Jemandem aufs Maul schauen (zusehen wie jemand etwas bewerkstelligt, was jemand sagt).
- Ein freches Mundwerk haben (jemand, der ohne Hemmungen antwortet und schlagfertig ist).
- Jemand ist nicht auf den Mund gefallen (redegewandt sein).
- Jemand kriegt den Mund nicht auf (jemand schweigt).
- Jemandem bleibt der Mund offen (jemand ist erstaunt).
- Von Mund zu Mund weitergeben (herumerzählen).
- Den Finger auf den Mund legen (ein Zeichen zu schweigen oder leise zu sein).
- Jemandem den Mund stopfen (jemanden zum Schweigen bringen).
- Jemandem das Wort aus dem Mund nehmen (jemanden unterbrechen oder schneller reden, sodass die andere Person nicht mehr reden kann).
- Sich den Mund verbrennen (sich durch Äußerungen in eine peinliche Situation bringen).

5.1 Redewendungen, die die Lippen betreffen (wenn jemand „etwas nicht über die Lippen bringt")

Die Lippen haben eine so hohe Nervendichte, dass man mit ihnen fast besser tasten kann als mit den Fingern. Das ist auch der Grund, warum kleine Kinder, wenn sie einen neuen Gegenstand bekommen, diesen meist sofort an den Mund führen. Sie ertasten den Gegenstand mit den Lippen, um ihn zu „**begreifen**". Erst später wird die „**Funktion des Begreifens**" durch die Hände und Finger übernommen.

Liebespaare küssen sich auf den Mund und testen damit den potenziellen Sexualpartner. Mit einem anderen Körperteil kann man nie so viel sinnliche Erfahrung sammeln wie mit den Lippen.

Schließlich haben die Lippen nicht nur eine Tastfunktion, sondern gemeinsam mit der mimischen Muskulatur auch **Signalfunktion.** Ein „*Schmollmund*", wie er bei Kleinkindern vorkommt, hat gemeinsam mit großen „*Kulleraugen*" und „*Pausbacken*" eine aggressionshemmende Wirkung. Dadurch sind wehrlose Kleinkinder, aber auch Jungtiere vor aggressiven Übergriffen zu einem gewissen Grad geschützt.[1] Das ist mit ein Grund, warum wir Kinder als „*herzig*" und besonders schützenswert empfinden. Gewalt gegen Kinder wird viel schlimmer empfunden als Gewalt gegen Erwachsene, da der Täter die angeborenen aggressionshemmenden Mechanismen der kindlichen Mimik überwinden muss. Kuscheltiere aus Plüsch werden gerne mit diesen aggressionshemmenden Zeichen (Schmollmund, Pausbacken und Glupschaugen) ausgestattet. Wenn jemand beleidigt ist und „**einen Schmollmund zieht**", zielt er möglicherweise unbewusst darauf ab, Aggression von sich fernzuhalten. Die Lippen spielen auch bei Liebe, Sex und Partnerwahl eine wichtige Rolle (siehe dazu Kap. 18).

Auf der inneren Seite der Lippen befinden sich, ebenso wie in den Wangen und unter der Zunge Speicheldrüsen. Der Speichel dient dazu, die Nahrung vorzuverdauen und Mikroorganismen abzutöten. In Notfallsituationen wird die Speichelproduktion eingestellt, mit der Folge, dass sich der Mund trocken anfühlt: „**Es bleibt einem die Spucke weg**". Das Gleiche gilt für Überraschungssituationen.

---

[1] Irenäus Eibl-Eibesfeldt: Liebe und Haß, Seite 114, R. Piper & Co Verlag, München 1970; ISBN 3-492-01809-2.

Exkurs „Sozialphobie"

Bei Ansprachen sieht man oft, dass auf dem Rednerpult ein Glas Wasser bereitgestellt wird. Als Erklärung für diese Gewohnheit wird meist angegeben, dass man bei einer Ansprache durch das viele Reden einen trocknen Mund bekommt. Tatsächlich wird der Mund aber nicht durch das viele Reden trocken, sondern durch die Angst, welche die meisten Vortragenden haben: Steht jemand vor hunderten Zuhörern, die gespannt auf einen Vortag warten, stellt das für Menschen mit Sozialphobie, eine Notfallsituation dar. Damit stellen die Speicheldrüsen ihre Funktion ein und bilden nicht mehr ausreichend Speichel. Der Vortragende bekommt einen trockenen Mund, „ihm bleibt die Spucke weg". Nachdem sehr viele Menschen eine latente Sozialphobie haben, wurde es zur Gewohnheit, den Rednern ein Glas Wasser hinzustellen.

Eine weitere wichtige Funktion der Lippen besteht in der Bildung von Lippenlauten. Damit sind sie für die Sprache unerlässlich. Dementsprechend gibt es Ausdrücke, die sich auf die Sprechfunktion der Lippen beziehen. So „**kommen Worte leicht über die Lippen**", wenn jemand geschwätzig ist. Wenn jemand etwas partout nicht aussprechen will „**beißt er sich auf die Lippen**" bevor ihm auch nur „**ein Wort über die Lippen kommt**". Hört jemand plötzlich auf zu sprechen, dann „**stirbt ihm das Wort auf den Lippen**" oder „**jemand bringt ein Wort nicht über die Lippen**", wenn er etwas nicht sagen will. Kann jemand ein Geheimnis für sich behalten „**sind seine Lippen versiegelt**".

Redewendungen, die sich auf die Lippenfunktion beziehen
- An jemandes Lippen hängen (aufmerksam zuhören).
- Die Worte kommen jemanden leicht über die Lippen (sprechen, ohne viel nachzudenken).
- Das Wort stirbt auf den Lippen (wenn jemand etwas auszusprechen begonnen hat, aber dann abrupt abbricht).
- Sich auf die Lippen beißen (nichts sagen).[2]
- Jemandes Lippen sind versiegelt (jemand ist schweigsam, kann Geheimnisse bewahren).
- Sinnliche Lippen haben (sexy Lippen haben).
- Einen Schmollmund ziehen (die Lippen wie zu einem Kuss nach außen wölben).
- Da bleibt einem die Spucke weg (man ist überrascht).

---

[2] Englisch: *Bite your lip* (seine Gefühle verbergen).

5.2 Redewendungen, die die Zunge betreffen (wenn man „eine böse Zunge hat")

Die Zunge dient sowohl der Nahrungsaufnahme als auch der Sprache. Ohne Zunge kann man nicht sprechen. Die Bedeutung der Zunge für das Sprechen ist so groß, dass in manchen Sprachen die Begriffe Zunge (Lingua die Zunge) und Sprache (Lingua die Sprache) gleichgesetzt werden.

Die Zunge ist aber nicht nur für die Sprache, sondern auch für die Nahrungsaufnahme von besonderer Bedeutung. Sie hilft, die aufgenommene Nahrung im Mund so zu bewegen, dass sie zerkaut und eingespeichelt werden kann. Durch das Kauen werden die in der Nahrung enthaltenen Pflanzenteile zerrissen. Dabei werden aus der aufgenommenen Pflanze Substanzen freigesetzt, die dann von der Zunge chemisch analysiert werden können. Diese chemische Analyse von Nahrung bezeichnet man auch als Geschmackssinn. Damit kann der Organismus erkennen, ob eine Nahrung gefährlich (z. B. bitter) oder wertvoll ist. So zeigt die Geschmacksempfindung *süß* eine wichtige Kohlenhydratquelle. Der Geschmack *„Umami"* steht für eine wertvolle Eiweißquelle. „Salzig" gibt Auskunft, ob sich in der Nahrung lebensnotwendiges Salz befindet. Die Geschmacksrichtung sauer gibt an, wie hoch der Säuregehalt einer Nahrung ist. Das ist von Bedeutung, um den Säure-Basen-Haushalt ausgeglichen zu halten. Den Geschmackssinn für „scharf" gibt es eigentlich nicht, obwohl jeder weiß, was damit gemeint ist. Scharf ist nämlich kein Geschmacksreiz, sondern ein Schmerzreiz. Genauso wie Hitze kein Geschmacksreiz, sondern ein Schmerzreiz ist. Natürlich muss der Körper auch davor geschützt werden, zu heiße Nahrungsmittel zu sich zu nehmen. Deswegen werden heiße Nahrungsmittel sofort ausgespuckt. Diese Abwehrreaktion vieler Tiere haben sich manche Pflanzen zunutze gemacht. Um nicht gefressen zu werden, bilden sie scharfe Substanzen wie z. B. Capsaicin, welches die Schmerzrezeptoren reizt. Frisst ein Tier beispielsweise eine Chilischote, wird es sofort aufhören, an dieser Pflanze weiterzufressen. Nur wir Menschen essen so etwas weiter, weil Schmerzreize zu einer Endorphinausschüttung und damit zu Stimmungsaufhellung führen kann.

In der englischen Sprache wird interessanterweise gar nicht zwischen den beiden Begriffen „heiß" und „scharf" unterschieden. Die Bezeichnung „hot" umfasst sowohl das Eine als auch das Andere. Die Unterscheidung kann nur durch den Kontext erfolgen. Auch im Deutschen wird oft nicht zwischen heiß und scharf unterschieden. So sind die Redewendungen **„jemand ist *heiß* auf etwas/jemanden"** und **„jemand ist *scharf* auf etwas/jemanden"** gleichbedeutend.

Exkurs „Pflanzen wollen nicht gefressen werden"

Da Pflanzen nicht flüchten können, haben sie als Abwehrstrategie Gifte gegen Fressfeinde entwickelt. Diese Gifte werden vor allem freigesetzt, wenn sie angebissen werden. So setzten beispielsweise Zwiebel beim Anschneiden (oder Anbeißen) Thiopropanol-S-Oxide frei. Diese Substanzen brennen auf der Zunge und führen in den Augen zu Tränenbildung. Damit werden Tiere daran gehindert, die Zwiebel weiterzufressen, wenn sie hineinbeißen. Menschen waschen und kochen Zwiebeln, bevor sie sie essen. Damit werden sie etwas verträglicher.

Aber auch alle anderen pflanzlichen Nahrungsmittel haben giftige Substanzen in sich. Diese befinden sich vor allem in der Schale in relativ hohe Konzentrationen. Mancherorts werden diese Substanzen auch als sekundäre Pflanzenstoffe bezeichnet und damit schöngeredet. Trotzdem handelt es sich dabei meist um giftige Substanzen. Durch Kochen und Schälen können diese Gifte vermindert werden. Rohkost ist, mit wenigen Ausnahmen, nie gesünder als gekochte Nahrungsmittel. Auch das Essen mit der Schale ist kein guter Ratschlag. Zwar nimmt man damit mehr Vitamine zu sich, aber auch viel mehr giftige Substanzen. Vitaminmangel ist bei uns kein wirkliches Problem, Nahrungsmittelunverträglichkeiten schon. Wenn sich immer mehr Menschen vegetarisch ernähren, sollte man sich dessen bewusst sein. Die Engländer gaben ihren Soldaten den Befehl „*cook it, peel it, or leave it*". Dieser Spruch der britischen Armee hat vermutlich mehr Menschenleben gerettet, als auf den Schlachtfeldern verloren gingen.

Wenn „**man sich etwas auf der Zunge zergehen lässt**" ist das nicht nur Ausdruck des genussvollen Essens. Das genaue Prüfen der zerkauten Nahrung ist überlebenswichtig!

Neben der Rolle in der Nahrungsaufnahme spielt die Zunge auch bei der Sprachbildung eine wichtige Rolle. Wie schon gesagt, ohne Zunge kann man nicht sprechen, deshalb ist auch zu erwarten, dass es zahlreiche Redewendungen gibt, welche die Zunge betreffen. So gibt es Ausdrücke wie „**hüte deine Zunge**" und meint damit, man soll vorsichtig sein, was man sagt. Ist jemand sarkastisch „**hat er eine spitze Zunge**", ist jemand angriffslustig, sagt man „**jemand hat eine scharfe Zunge**". Menschen, die immer wieder schlecht über andere Personen reden, „**haben eine böse Zunge**". Redet jemand „**mit gespaltener Zunge**" oder „**mit falscher Zunge**" wird damit zum Ausdruck gebracht, dass diese Person nicht immer die Wahrheit sagt. Möchte jemand etwas gerne sagen, dann „**trägt man etwas auf der Zunge**". Gefühlsbetonte und geschwätzige Menschen „**tragen ihr Herz auf der Zunge**". Ist jemand unkontrolliert, dann „**lässt er seiner Zunge freien Lauf**". Möchte jemand unbedingt etwas sagen, dann „**brennt ihm etwas auf der Zunge**". Es gibt zahlreiche Redewendungen, die sich auf die Zunge in ihrer Sprachfunktion beziehen. Immer wieder lässt sich dabei hören, dass die Zunge nicht immer ganz der willentlichen Kontrolle unterliegt. Man hört dann „**jemand kann seine Zunge nicht im Zaum halten**".

Redewendungen, die sich auf die Zunge beziehen
- Sich etwas auf der Zunge zergehen lassen (etwas aufmerksam aufnehmen).
- Seine Zunge nicht im Zaum halten können (unbeherrscht reden).
- Seine Zunge hüten (aufpassen, sich nicht zu verplappern).
- Das Herz auf der Zunge tragen (alles erzählen, was einem am Herzen liegt).
- Eine böse Zunge haben (über andere Menschen schlecht reden).
- Etwas brennt auf der Zunge (etwas, was man unbedingt aussprechen will).
- Etwas auf der Zunge tragen (etwas aussprechen wollen).
- Mit falscher Zunge sprechen (Lügen).
- Mit gespaltener Zunge sprechen (nicht die Wahrheit sagen).
- Eine spitze Zunge haben (schlagfertige, nicht immer nette Antworten parat haben).
- Eine scharfe Zunge haben (aggressive Art des Redens).

6

Was haben die Zähne mit der Sprache zu tun (wenn jemand „bissig" ist)?

Es ist kaum zu glauben, aber die Zähne und der Kauapparat sind eigentlich ein sehr sensibles Tastorgan. Es ist so fein gesteuert, dass man sogar ein Haar, welches zwischen den Zähnen liegt, spüren kann. Zähne können gewissermaßen eine „**Haaresbreite**" erspüren. Wenn etwas zwischen den Zähnen stecken bleibt und man es nicht entfernen kann, wird das meistens als ziemlich unangenehm empfunden. Neben dieser äußerst fein gesteuerten Funktion des Kauens, werden Zähne auch bei Kampfsituationen eingesetzt. Damit wird das Zeigen der Zähne auch zu einem Zeichen von Aggressionen. Diese finden sich wieder in Ausdrücken, wie *„jemanden die Zähne zeigen"*, die *„Zähne fletschen"* oder *„mit den Zähnen knirschen"*. So wird auch verständlich, dass sich viele psychische Vorgänge, die sich in minimalen Veränderungen der Kaumuskulatur äußern, in der Sprache wiederfinden.

Redewendungen, die sich auf die Zähne beziehen
- Etwas zwischen die Zähne bekommen (etwas zu essen bekommen).
- Die Zähne nicht auseinander kriegen (nicht sprechen wollen).
- Jemandem die Zähne zeigen (sich gegenüber jemanden zur Wehr setzen).
- Etwas zähneknirschend hinnehmen (sich etwas widerwillig beugen).
- Die Zähne fletschen (drohen).

M. Ledochowski, *Redewendungen medizinisch erklärt*, https://doi.org/10.1007/978-3-662-68356-9_6

6.1   Zähne haben viel mit Sensibilität zu tun (wenn man jemandem „auf den Zahn fühlt")

Jeder, der schon einmal Zahnschmerzen gehabt hat, weiß, wie empfindlich Zähne sein können. Das ist ein Hinweis dafür, dass Zähne mit einem ziemlich empfindlichen Nervengeflecht ausgestattet sind. So kommt es, dass man *„jemandem auf den Zahn fühlt"*, wenn man wissen will, ob jemand etwas kann oder welche Meinung er zu einem Thema hat. Diese Redewendung ist aber weniger aus der Physiologie, sondern eher aus der Geschichte der Zahnmedizin zu verstehen. Als es noch keine Zahnärzte gab, ging man zum Bader oder Schmied, um sich einen Zahn ziehen zu lassen. Dieser tastete sich an den schmerzhaften Zahn heran und **„fühlte auf den Zahn"**, um herauszufinden, welcher Zahn gezogen werden musste. Zog er den Zahn, stellte sich manchmal Schmerzlinderung ein. Heute sagt man noch **„einer Sache den Zahn ziehen"**, wenn man eine Schwierigkeit gemeistert hat. Ist jemand gestorben, dann **„tut ihm kein Zahn mehr weh"**.

Redewendungen, die sich auf den Zahnschmerz beziehen
- Jemandem lange Zähne machen (jemandem Lust auf etwas machen).
- Jemandem auf den Zahn fühlen (jemanden überprüfen, ausfragen).
- Einer Sache den Zahn ziehen (einer Sache das Hauptproblem lösen).
- Lange Zähne kriegen (begierig werden).
- Jemandem tut kein Zahn mehr weh (jemand ist verstorben).
- Jemandem den Zahn ziehen (jemandem Illusionen nehmen).

6.2   Was haben Zähne mit Antrieb zu tun (wenn man „Biss bekommt")?

Menschen mit Depressionen werden häufig mit Medikamenten behandelt, die in den Serotoninstoffwechsel eingreifen. Neben der erwünschten Hauptwirkung, den allgemeinen Antrieb zu steigern und die Stimmung aufzuhellen, kann man bei diesen Medikamenten eine interessante dosisabhängige Nebenwirkung beobachten: Die Medikamente aus der Gruppe der Serotonin-Wiederaufnahme-Hemmer (SSRI) führen bei vielen Menschen dazu, dass sie die Zähne fester zusammenbeißen. **„Sie haben Biss bekommen"** ist eine

Redewendung, die starken Antrieb und Schaffenskraft ausdrückt. Der medikamentöse Eingriff in das Serotoninsystem kann also zu einer Erhöhung des Muskeltonus der Kaumuskulatur führen. „**Ich bin wieder eine Beißerin**", sagte mir einmal eine Patientin, nachdem sie mit Antidepressiva aus der SSRI-Gruppe behandelt worden war.

Menschen, die sich durch einen starken Antrieb (bzw. durch eine hohe Serotoninwirkung) auszeichnen, bezeichnet man auch als „**Menschen mit Biss**". Ist der Antrieb jedoch zu stark, kann es vorkommen, dass man sich „**an einem Problem verbeißt**". „**Verbissene Menschen**" können von ihren Problemen oft nicht mehr loslassen. Der Antrieb bleibt zwar erhalten, aber die Stimmungslage verschlechtert sich, sodass diese Personen oft als „**bissig**" bezeichnet werden.

Sprache ist aber nicht immer Ausdruck von psychosomatischen Vorgängen. Es können auch umgekehrt sprachliche Aufforderungen dazu führen, dass somatopsychische Vorgänge ausgelöst werden. So fordert man jemanden auf, „**die Zähne zusammenzubeißen**", um jemandem zu vermehrtem Durchhaltevermögen anzuspornen. Durch eine willkürlich gesteuerte körperliche Maßnahme, nämlich die Erhöhung des Muskeltonus der Kaumuskulatur, können serotoninabhängige psychische Leistungen wie z. B. die Erhöhung der Ausdauer beeinflusst werden. Das dürfte auch der Grund dafür gewesen sein, dass man früher bei schmerzhaften operativen Eingriffen ohne Narkose den Betroffenen einen Beißkeil zwischen die Zähne gesteckt hat.

Redewendungen, die sich auf den „Biss" beziehen
- Die Zähne zusammenbeißen (Aufforderung durchzuhalten oder sich zusammenzunehmen).
- Sich auf die Zähne beißen (sich beherrschen, sich zurückhalten).
- Sich die Zähne an etwas ausbeißen (sich vergeblich um die Lösung eines Problems bemühen).
- Jemand ist bissig (jemand ist aggressiv, vor allem mit Worten).
- Sich an einem Problem verbeißen (übertrieben beharrlich an einer Sache arbeiten).
- Sich etwas verbeißen (etwas nicht aussprechen).
- Jemand ist ein Beißer (jemand, der trotz aller Widrigkeiten durchhält).
- Sich durchbeißen (eine Schwierigkeit überwinden).
- Jemand ist eine Beißzange (jemand, der immer bissige Bemerkungen von sich gibt, meist sind damit Frauen gemeint).

6.3   Was haben Zähne mit Aggressionen zu tun (wenn man „Zähne zeigt")?

Aggressionen werden unter anderem auch dadurch ausgedrückt, dass die mimische Muskulatur die Oberlippe anhebt und so die Eckzähne sichtbar macht. So kommt es zu Ausdrücken wie **„jemandem die Zähne zeigen"**, wenn man seine Wehrhaftigkeit zum Ausdruck bringen will. Andere damit verbundene Redewendungen sind Aussagen wie **„die Zähne fletschen"** oder **„mit den Zähnen knirschen"**. Während das Tier die Geste des Zähnefletschens oder Zähneknirschens gegenüber seinem Feind ausleben kann, ist dies dem Menschen nicht gut möglich, zumal ein solches Verhalten sozial nicht akzeptiert werden würde. Deshalb muss das Zähneknirschen in die Zeit des Schlafes verschoben werden, eine Zeit, in der man meistens unbeobachtet ist. Von *Bruxismus* spricht der Mediziner in diesen Fällen des **„nächtlichen Zähneknirschens"**. Nächtliches Zähneknirschen kann so ausgeprägt sein, dass nicht nur Ehepartner das Weite suchen, sondern die Zähne regelrecht abgeschliffen werden. Da auch hier die Kaumuskulatur stark beansprucht wird, kommt es zu einer Überreizung der gesamten Kaumuskulatur. Die Kopfhaut, welche die großen Kaumuskel bedeckt, beginnt zu schmerzen. Die Betroffenen wachen meistens mit Haarschmerzen und Kopfschmerzen auf. Damit kommt es zu Ausdrücken wie **„etwas bereitet mir Kopfzerbrechen"**. Haarschmerzen (*Trichodynie*) sind für jene, die so etwas noch nie erlebt haben, schwer nachzuvollziehen. Sie äußern sich durch eine schmerzende Kopfhaut, wenn man sich frisiert. Patienten mit Angststörungen leiden öfters unter morgendlichen Haarschmerzen. Angst und Zähneknirschen hängen irgendwie zusammen. Das wussten schon die Autoren der Bibel, wenn z. B. im Matthäus-Evangelium die Rede davon ist **„in der Hölle wird es Heulen und Zähneknirschen geben"**. Auch Angst und Aggression liegen nahe beieinander, was auch durch den Begriff **„Angstbeißer"** zum Ausdruck kommt. Schließlich wird auch der Ausdruck **„mit den Zähnen zu klappern"** verwendet, um Angst zu beschreiben.

Redewendungen, die sich auf Zähne, Angst und Aggressionen beziehen
- Jemandem die Zähne zeigen (jemandem zeigen, dass man Widerstand leisten wird).
- Die Zähne fletschen (jemandem drohen).
- Bis auf die Zähne bewaffnet sein (schwer bewaffnet sein).

- Mit den Zähnen klappern (Angst haben, aber auch kalt haben).
- Mit den Zähnen knirschen, Zähne knirschend (etwas mit unterdrückter Wut tun).
- Jemand ist ein Angstbeißer (eine Person, die auf Angst mit Aggression reagiert).
- Etwas bereitet Kopfzerbrechen (von einem Problem geplagt werden).
- Sich mit den Zähnen verteidigen (sich mit vollem Einsatz zur Wehr setzen).

6.4 Was haben Zähne mit Depressionen zu tun (wenn jemand „zahnlos wird")?

Ein wesentliches Symptom der Depression ist die Antriebslosigkeit. Den Betroffenen „**fehlt der Biss**". Ein Ausdruck, den Schüler manchmal von ihren Lehrern zu hören bekommen. Auch Aggressivität spielt bei Depressionen eine wichtige Rolle. Männer mit Depressionen neigen oft zu Impulskontrollverlust mit aggressiven, verletzenden Reaktionen. Manche Psychologen beschreiben Depressionen auch als gegen sich selbst gerichtete Aggressionen. Menschen mit Depressionen neigen auch dazu, weniger Durchsetzungsvermögen zu haben. Sie werden deshalb auch als „**zahnlos**" bezeichnet. Zahnlosigkeit hat viele verschiedene Gründe. Depressionen sind eine wesentliche, oft unerkannte Ursache dafür. Durch die verminderte Spannung der Kaumuskulatur („**fehlender Biss**") können sich Zahnkrankheiten wie die Parodontose rascher entwickeln. Parodontose führt schließlich zur Zerstörung des Zahnhalteapparates. Ich erinnere mich an eine Patientin, die eine seit Jahren bestehende unbehandelte Depression hatte und nicht nur „zahnlos" in ihrem Verhalten war, sondern tatsächlich zahnlos wurde und alle ihre Zähne verlor.

Ein weiterer Grund für die Entstehung von Zahnlosigkeit ist die Karies. Depressive Menschen haben einen viel höheres Bedürfnis nach zuckerhaltigen Nahrungsmitteln, weil sie damit kurzfristig ihre Stimmung aufhellen können. Sie „**haben einen süßen Zahn**" und versuchen sich selbst „**das Leben zu versüßen**". Geschieht dies dauerhaft, lässt die Entstehung von Karies nicht lange auf sich warten. Depressive Menschen zeigen aber noch ein anderes Phänomen: Sie haben einen verminderten Speichelfluss und bekommen deshalb einen trockenen Mund. Mundtrockenheit ist oft eines der ersten Symptome bei Patienten mit beginnender Depression. Dies lässt sich dadurch erklären, dass depressive Menschen oft innerlich „**auf Hochtouren laufen**". Dies geschieht durch die vermehrte Wirkung von Stresshormonen wie Adrenalin und Noradrenalin. Diese Hormone führen zu einem verminderten Speichelfluss. Bei sehr aufregenden oder stressigen Erlebnissen „**bleibt einem die Spucke weg**". Dieses Phänomen kennt jeder, der schon einmal unter enormen Stress stand und dabei einen trockenen Mund bekommen hat. Man sagt auch, „**es trocknet einem die Kehle aus**".

Nach einem anstrengendem Vortrag, wenn der Stress nachlässt und man vielleicht an einem Buffet vor leckeren Speisen steht, „**läuft einem das Wasser im Mund zusammen**". Das ist ein Zeichen dafür, dass der Körper die Stressreaktion vollständig abgeschaltet hat und sich auf die Verdauungsphase vorbereitet.

Angst, Stress, Aufregung oder Depressionen gehen mit vermindertem Speichelfluss einher und genau das begünstigt die Entstehung von Karies. Diese Zahnerkrankung ist also in gewisser Weise auch eine psychosomatische Erkrankung! Ein lückenhaftes Gebiss ist oft ein sichtbares Zeichen dafür, dass die betroffene Person an einer Depression leidet oder gelitten hat. Bei völligem Zahnverlust spricht man auch von einem „**zahnlosen Tiger**" und meint damit jemanden, von dem keine Gefahr ausgehen kann. Hier besteht eine gewisse Analogie zu schwer depressiven Menschen, die so antriebslos und niedergeschlagen sind, dass sie für niemanden mehr eine Gefahr darstellen.

Wenn jemand physisch oder psychisch an der Grenze seiner Belastbarkeit angelangt ist, spricht man von „**jemandem, der auf dem Zahnfleisch geht**". Der Ausdruck bezeichnet einen Zustand völliger Erschöpfung. Damit verbunden ist meist ein Zustand völliger Wehrlosigkeit. Heute würde man einen solchen Zustand auch als „*Burn-out-Syndrom*" bezeichnen.

Redewendungen, die sich auf Zähne und Depressionen beziehen
- Jemand ist zahnlos (jemand, von dem keine Gefahr ausgeht und sich nicht mehr zur Wehr setzen kann).
- Ein zahnloser Tiger (jemand, von dem keine Gefahr ausgeht).
- Jemandem bleibt die Spucke weg (jemand ist vollkommen überrascht).
- Jemandem trocknet es die Kehle aus (jemand ist durstig).
- Jemand kommt auf dem Zahnfleisch daher (jemand ist vollkommen erschöpft).
- Einen süßen Zahn haben (eine Naschkatze sein, scharf auf Süßigkeiten sein).

6.5 Was haben Zähne mit Attraktivität zu tun (wenn jemand „ein steiler Zahn ist")?

Schöne Zähne sind für die Menschen so wichtig, dass es dafür eigene Kliniken gibt, die sich mit nichts anderem beschäftigen, als die Zähne schöner, weißer und strahlender zu machen. Schauspieler präsentieren sich gerne nicht nur mit einem „**strahlenden Lächeln**", sondern auch mit „**strahlenden Zähnen**". „**Lächeln ist die beste Art, jemandem die Zähne zu zeigen**", lautet ein oft zitiertes Sprichwort. Perfekt ausgebildete Zähne sind jedenfalls ein Zeichen von Schönheit, und von sexueller Attraktivität.

Heute werden Millionen für Zahnregulierungen und strahlend weiße Zähne ausgegeben. Eine perfekte Zahnstellung signalisiert einem potenziellen Sexualpartner eine gute Anlage für Knochen, Sehnen und alles, was für einen gesunden Bewegungsapparat gebraucht wird. Zahnregulierungen machen schön geformte Zähne und damit sexuell attraktiver. Waren schöne Zähne früher ein Ausdruck von Gesundheit, sind sie heute in der westlichen Welt eher Ausdruck von Reichtum. Beides macht sexuell attraktiv. So kommt es, dass eine schöne Frau auch als „**steiler Zahn**" bezeichnet wird.

Die Zahnfarbe trägt wesentlich zum Sexappeal bei. Das ist auch der Grund, warum Geld für das Bleichen der Zähne ausgegeben wird. Gelbe Zähne sind Zeichen für eine schlechtere Zahnschmelzbildung, sodass das gelbliche Dentin durch den Zahnschmelz durchschimmert. Weiße Zähne hingegen weisen auf eine gute Schmelzbildung hin. Eine gute Zahnschmelzbildung ist aber Ausdruck für gesunde Knochen. Alles, was Gesundheit signalisiert, wird von uns als schön angesehen. Weil die Reproduktion mit schönen Menschen auch eine gesündere und damit überlebensfähige Nachkommen verspricht, empfinden wir diese Menschen auch als sexy und attraktiv. Diese Erkenntnis besteht schon lange, wenn man an Ausdrücke wie „**strahlend weiße Zähne**" denkt.

Redewendungen, die sich auf Zähne und Attraktivität beziehen
- Ein strahlendes Lächeln (ein glückliches Lächeln).
- Strahlende Zähne haben (weiße Zähne haben).
- Lächeln ist die beste Art, jemandem die Zähne zu zeigen (Selbstbewusstsein ausstrahlen).
- Jemand ist ein steiler Zahn (eine attraktive Frau mit Sexappeal).

6.6 Redewendungen, die sich auf das Essen und die Zähne beziehen (wenn es „gerade für den hohlen Zahn reicht")

Wenn man Hunger hat, will man „**etwas zwischen die Zähne bekommen**". Sieht man eine herrliche Mahlzeit, bekommt man „**lange Zähne**". Im übertragenen Sinn wird damit Begierde zum Ausdruck gebracht. Wenn man zu wenig zu essen hat, kann man Ausdrücke hören wie „**das reicht gerade mal für den hohlen Zahn**".

Redewendungen, die sich auf Zähne und die Nahrungsaufnahme beziehen
- Etwas reicht gerade mal für den holen Zahn (zu wenig zu essen bekommen).
- Jemandem lange Zähne machen (jemanden begierig machen).
- Lange Zähne bekommen (gierig auf etwas werden).
- Nichts zwischen die Zähne bekommen (Hunger haben).

7

Wie sich die Speiseröhre in der Sprache wiederfindet (wenn man „alles hinunterschlucken muss")

Die Speiseröhre weist eine Besonderheit in ihrem Aufbau auf. Sie besteht aus willkürlicher und unwillkürlicher Muskulatur. Dadurch kann sie nur teilweise durch den Willen gesteuert werden. Ein Bissen kann willkürlich geschluckt werden, gelangt er jedoch in tiefere Abschnitte der Speiseröhre, unterliegt er nicht mehr der willkürlichen Steuerung. So kann es passieren, dass einem „**der Bissen im Hals stecken bleibt**", ohne dass man etwas dagegen tun kann. Bei Angst und Schrecken kann es vorkommen, dass die Speiseröhre ihre Funktion einstellt. Diese sogenannten Ösophagospasmen können bei Stress auch spontan ohne Nahrungsaufnahme auftreten. Der Grund dafür liegt darin, dass der Körper in Notfallsituationen die Verdauung abschaltet, um flucht- oder kampfbereit zu sein. Wenn „**einem etwas im Hals stecken bleibt**", kann das mit starken Schmerzen verbunden sein. Oft können Menschen diese Schmerzen nicht von Herzschmerzen unterscheiden. Die Betroffenen glauben dann, einen Herzinfarkt zu haben. Diese Unterscheidungsschwierigkeiten von Schmerzen, die durch Sodbrennen, Ösophagospasmen oder von Herzen ausgehen, lässt sich am besten nachvollziehen, wenn man den englischen Ausdruck „**heart burn**" heranzieht. Dieser Ausdruck umfasst all diese Schmerzformen ohne nähere Unterscheidung auf ihren Ursprung.

7.1   Wie sich Verzweiflung äußert (wenn jemand ein „armer Schlucker" ist)

Spürbare Schluckstörungen entstehen vor allem bei Verzweiflung und beim Zwang, sich unterwerfen zu müssen. So gibt es Situationen, in denen jemand „**immer alles hinunterschlucken muss**". Oder man sagt „**jemand hat eine Kröte schlucken müssen**".[1] Der Befehl „**schluck es einfach runter!**" wird manchmal als ziemlich tölpelhafter Versuch einer Aufmunterung zum Weitermachen verwendet. Menschen am unteren sozialen Ende der Gesellschaft werden auch gerne als „**arme Schlucker**" bezeichnet. Dabei hat Geldmangel sowohl mit Machtverlust und Unterwerfung als auch mit Mangelernährung zu tun. Für einen armen Schlucker trifft alles zu. Schluckstörungen können jedenfalls als Ausdruck einer seelischen Schieflage angesehen werden.[2] Erst kürzlich wurde der Zusammenhang zwischen Schluckstörungen und Armut beschrieben;[3] die Sprache hat diesen Zusammenhang schon lange vorweggenommen. Wie dieser Zusammenhang biochemisch zustande kommt, ist noch nicht ganz geklärt. Jedenfalls befinden sich in der Speiseröhre zahlreiche serotonerge Nerven.[4] Andere Transmitter, die sowohl bei der Entstehung von Spasmen als auch bei Depressionen, Angststörung und anderen psychischen Krankheiten eine Rolle spielen, sind Substanz-P,[5, 6] vasoaktives intestinales Peptid (VIP)[7, 8] und zahlreiche andere Botenstoffe, die sich sowohl im Gehirn

---

[1] Bericht im ARD vom 10.9.22 um 22:15, darin wird gesagt „die CDU-Abgeordneten haben so manche Kröte schlucken müssen, um Einigkeit zu demonstrieren".

[2] Brey, R. (2008). Schluckstörungen als Ausdruck der seelischen Schieflage. MMW Fortschr. Med., 150(20), 32–34. doi: 10.1007/BF03365475.

[3] Sherratt S. Ameliorating poverty-related communication and swallowing disabilities: Sustainable Development Goal 1. Int J Speech Lang Pathol. 2023 Feb;25(1):32–36. doi: 10.1080/17549507. 2022.2134458. Epub 2023 Feb 6. PMID: 36744845.

[4] Hempfling C, Neuhuber WL, Wörl J. Serotonin-immunoreactive neurons and mast cells in the mouse esophagus suggest involvement of serotonin in both motility control and neuroimmune interactions. Neurogastroenterol Motil. 2012 Jan;24(1):e67–78. doi: 10.1111/j.1365-2982.2011.01797.x. Epub 2011 Oct 27. PMID: 22029710.

[5] Won E, Kang J, Choi S, Kim A, Han KM, Yoon HK, Cho SH, Tae WS, Lee MS, Joe SH, Kim YK, Ham BJ. The association between substance P and white matter integrity in medication-naive patients with major depressive disorder. Sci Rep. 2017 Aug 29;7(1):9707. doi: 10.1038/s41598-017-10100-y. PMID: 28852030; PMCID: PMC5575350.

[6] Tomsen N, Ortega O, Nascimento W, Carrión S, Clavé P. Oropharyngeal Dysphagia in Older People is Associated with Reduced Pharyngeal Sensitivity and Low Substance P and CGRP Concentration in Saliva. Dysphagia. 2022 Feb;37(1):48–57. doi: 10.1007/s00455-021-10248-w. Epub 2021 Mar 12. PMID: 33710390.

[7] Paladini F, Cocco E, Cascino I, Belfiore F, Badiali D, Piretta L, Alghisi F, Anzini F, Fiorillo MT, Corazziari E, Sorrentino R. Age-dependent association of idiopathic achalasia with vasoactive intestinal peptide receptor 1 gene. Neurogastroenterol Motil. 2009 Jun;21(6):597–602. doi: 10.1111/j.1365-2982. 2009.01284.x. Epub 2009 Feb 27. PMID: 19309439.

[8] Goff KM, Goldberg EM. A Role for Vasoactive Intestinal Peptide Interneurons in Neurodevelopmental Disorders. Dev Neurosci. 2021;43(3–4):168–180. doi: 10.1159/000515264. Epub 2021 Apr 1. PMID: 33794534; PMCID: PMC8440337.

als auch im enterischen Nervensystem finden. So lässt sich die Kombination von Angst, Depressionen und Schluckstörungen beim „**armen Schlucker**" erklären.

Redewendungen, welche die Speiseröhre mit Angst, Schrecken und Verzweiflung in Verbindung bringen
- Jemandem bleibt der Bissen im Halse stecken (jemand erschrickt so stark, so-dass er nicht mehr weiteressen kann).
- Etwas bleibt im Hals stecken (Unfähigkeit, weiteressen oder schlucken zu können).
- Jemand ist ein armer Schlucker (ein armer bedauernswerter Mensch).
- Jemand muss alles hinunterschlucken (jemand muss alle Widrigkeiten ein-stecken, ohne etwas sagen zu können).
- Jemand musste eine Kröte schlucken (jemand muss etwas Unangenehmes hinnehmen).
- Schluck es runter! Etwas schlucken müssen (etwas hinnehmen müssen).
- Eine Kröte im Hals haben (ein Kloßgefühl im Hals haben).
- Schwer zu schlucken haben (etwas schwer zu ertragen haben).

7.2 Konversionsneurotische Reaktionen („es schnürt mir die Kehle zu")

Kinder, die zu weinen beginnen, bekommen oft einen „**Kloßgefühl im Hals**". Diese Spasmen im Bereich der oberen Speiseröhre werden in Österreich auch als „**Knödelgefühl im Hals**" bezeichnet. Bei gleichzeitigem Räusperzwang, spricht man auch von einem „**Frosch im Hals**". Ärzte sprechen von einem „**Globusgefühl**" *(Globus pharyngeus oder Globus hystericus)*.[9]

Exkurs „Globusgefühl"

Klinisch kann das Globusgefühl, welches im Rahmen von psychosomatischen Störungen auftritt, von anatomischen oder entzündlich bedingten Schluckstörungen einfach unterscheiden, indem man etwas isst oder trinkt. Das psychosomatisch bedingte Kloßgefühl („**Globus hystericus**"), wird beim Essen und Trinken vorübergehend deutlich besser oder verschwindet sogar gänzlich. Bei somatisch bedingten Schluckstörungen („**Globus pharyngeus**") ist das nicht der Fall, es kommt dabei eher zu einer Verschlechterung der Beschwerden.

---

[9] Pollack A, Charles J, Harrison C, Britt H. Globus hystericus. Aust Fam Physician. 2013 Oct;42(10):683. PMID: 24130967.

Von vielen Menschen wird vermutet, dass das Globusgefühl etwas mit der Schilddrüse oder einer Refluxerkrankung zu tun hat, doch ist beides nicht der Fall.[10] Selbst HNO-Ärzte, die für die Behandlung von Schluckstörungen zuständig sind, schicken solche Patienten oft zum Spezialisten für Schilddrüsenerkrankungen oder zum Gastroenterologen, weil sie eine Kropfbildung oder Refluxerkrankung als Ursache für das Globusgefühl vermuten. Dann werden diesen Menschen sehr oft Säureblocker verschrieben. Durch die Anwendung solcher Magensäureblocker (PPI) kann es aber zu sehr unerfreulichen Nebenwirkungen kommen. So steigt nicht nur das Risiko für Osteoporose und Demenz, sondern es kann auch das Risiko für Allergien und Asthma bronchiale erhöht werden.[11] Neuere Studien zeigen aber, dass ein Zusammenhang des Globusgefühls mit Allergien besteht.[12] Was uns die Wissenschaft als neue Erkenntnis verkauft, konnte durch die Beobachtung des Volkes schon lange vorweggenommen werden. So gibt es Ausdrücke wie **„es schnürte ihm die Kehle zu"**, bevor man **„allergisch auf jemanden reagierte"**. Weitere Redewendungen, die dieses Phänomen beschreiben, sind Ausdrücke wie **„einen dicken Hals bekommen"** oder **„es platzt einem der Kragen"**. Tatsächlich sind alle diese Ausdrücke Zeichen einer psychosomatischen Reaktion mit unangenehmen Ösophagospasmen.

Frauen werden wesentlich öfter von einem Globusgefühl geplagt als Männer. Der Grund für das häufigere Vorkommen dieses Phänomens bei Frauen dürfte darin liegen, dass es im Verlauf des Menstruationszyklus ziemlich ausgeprägte Veränderungen im Tryptophanstoffwechsel und Serotoninstoffwechsel gibt.

Exkurs: „Was hat die Gebärmutter mit Hysterie zu tun?"

Der Tryptophanstoffwechsel ist eng mit dem Zyklus der Frau verbunden. Zur Zeit des Eisprungs kommt es zu einer vermehrten Ausscheidung von Tryptophan über die Nieren. Das hat für die Frau den Vorteil, dass sie sich damit fruchtbarer macht. Die bessere Fruchtbarkeit erklärt sich dadurch, dass es durch den Tryptophanverlust zu einer gewissen Immunsuppression kommt. Das ist von der Natur so

---

[10] Penović S, Roje Ž, Brdar D, Gračan S, Bubić A, Vela J, Punda A. Globus Pharyngeus: A symptom of increased thyroid or laryngopharyngeal reflux? Acta Clin Croat. 2018 Mar;57(1):110–115. doi: 10.20471/acc.2018.57.01.13. PMID: 30256018; PMCID: PMC6400352.

[11] Wang YH, Wintzell V, Ludvigsson JF, Svanström H, Pasternak B. Association between proton pump inhibitor use and risk of asthma in children. JAMA Pediatr. 2021 Apr 1;175(4):394–403. doi: 10.1001/jamapediatrics.2020.5710. PMID: 33555324; PMCID: PMC7871209.

[12] Jaruchinda P, Saengsapawiriya A, Chakkaphak S, Somngeon S, Petsrikun K. The study of allergic skin test in patients with globus pharyngeus: a preliminary report. J Med Assoc Thai. 2009 Apr;92(4):531–6. PMID: 19374305.

erwünscht, weil damit die Wahrscheinlichkeit vermindert wird, dass eine befruchtete Eizelle abgestoßen wird. Eine befruchtete Eizelle stellt ein „Fremdgewebe" dar, deshalb wird es in sehr vielen Fällen vom Körper der Frau abgestoßen. Wenn die Frau in der 2. Zyklushälfte ihr Immunsystem unterdrückt, besteht für eine befruchtete Eizelle eine höhere Überlebenschance. Allerdings „erkauft" sich die Frau diesen „Fruchtbarkeitsvorteil" mit unangenehmen Stimmungsschwankungen, die in der zweiten Zyklushälfte bzw. kurz vor der Menstruation auftreten. Es kommt so zu einer Art „Mini-Depression". Wegen ihrer Häufigkeit haben Mediziner eine eigene Diagnose dafür vergeben und bezeichnen dies als PMDS oder prämenstruell dysphorisches Syndrom. Parallel zu diesen Mini-Depressionen kommt es oft zu (zyklisch) auftretendem Globusgefühl als Ausdruck einer gestörten Motilität der Speiseröhre. Diese Beobachtung hat man schon in der Antike gemacht. Der Ausdruck *Hysterie* stammt aus dem Griechischen. Hippokrates beobachtete vor allem bei Frauen, dass das Globusgefühl mit Veränderungen des Gemüts vergesellschaftet ist. Vor allem vor Panikattacken und Stimmungsschwankungen, die normalerweise wieder von selbst vergehen, tritt ein Globusgefühl auf. Hippokrates glaubte, dass bei diesen Frauen die Gebärmutter (Hystera) im Körper umherwandert, schließlich im Hals stecken bleibt und dort den Hals „verstopft". Damit war der Ausdruck *„Hysterie"* geboren und bezeichnete den *„im Hals stecken gebliebenen Uterus"*.

Redewendungen, welche die Speiseröhre und konversionsneurotische Reaktionen in Zusammenhang bringen
- Jemandem schnürt es die Kehle zu (jemand hat Angst und bekommt das Gefühl gewürgt zu werden).
- Jemand hat eine Kröte schlucken müssen (jemand hat etwas Unangenehmes hinnehmen müssen).
- Alles hinunterschlucken müssen (alles hinnehmen müssen).
- Jemandem bleibt der Bissen im Hals stecken (jemand erschrickt derart, dass er nicht mehr weiteressen kann).
- Einen Kloß im Hals haben, einen Frosch im Hals haben (ein Globusgefühl im Hals bekommen).[13]
- Einen dicken Hals bekommen (sich über etwas sehr ärgern müssen).
- Jemandem platzt der Kragen (jemand wird wütend oder zornig).

---

[13] Englisch: *to have a lump in one's throat.*

8

Redewendungen, die den Verdauungstrakt betreffen (wenn man ein „Bauchgefühl hat")

Der Darm wird oft als „Spiegel der Seele" bezeichnet. Das kommt daher, dass sich seelische Störungen sehr oft in Änderungen der Verdauung bemerkbar machen. So wird bei Angst davon gesprochen, dass *jemand Schiss hat*" oder *„aus Angst in die Hose macht*". Wenn jemand verärgert ist, wird auch der Ausdruck *„jemand ist sauer*" oder *„total angefressen*" verwendet. Einige Menschen neigen dazu, **„den Ärger in sich hineinzufressen"**. Diese und viele andere Ausdrücke zeigen, dass es einen Zusammenhang zwischen Seele und Verdauung geben muss. Wie kommt es aber dazu, dass gerade der Verdauungstrakt so stark mit seelischen Vorgängen mitreagiert?

Nun, der Darm ist so reichlich mit Nerven ausgestattet, dass manche Menschen sogar von einem *„Darmgehirn"* sprechen. Mediziner sprechen vom *„enterischen Nervensystem"* (ENS) und stellen es damit dem *„zentralen Nervensystem"* (ZNS), welches das Gehirn und das Rückenmark umfasst, gegenüber. Dazu kommt, dass der Darm die größte Kontaktfläche zur Umwelt darstellt. Wir sehen meistens nur die äußere Haut als Kontaktfläche zur Umwelt und sprechen schon bei geringsten Reaktionen der äußeren Haut von „**berührenden Situationen**". Während die Haut eine Oberfläche von 1,5–2 m^2 hat, sind die „inneren" Oberflächen wesentlich größer. Beim Darm schätzt man, dass er eine Oberfläche von 300–400 m^2 hat.

M. Ledochowski, *Redewendungen medizinisch erklärt*, https://doi.org/10.1007/978-3-662-68356-9_8

Redewendungen, welche die Verdauung betreffen
- Schiss haben (Angst haben).
- Aus Angst in die Hose machen (ausgeprägte Angst haben).
- Angefressen sein (verärgert sein).
- Etwas in sich hineinfressen (seinen Ärger unterdrücken).

8.1   Ärger und Refluxkrankheit (wenn man „sauer wird")

Die meisten Menschen mit Sodbrennen glauben, dass sie zu viel Magensäure produzieren. Auch Ärzte sind dieser Meinung, stellen die Diagnose Refluxkrankheit und verschreiben Säureblocker. Tatsächlich sind diese Beschwerden oft auf Stress[1] oder psychosomatische Reaktionen bei Ärger zurückzuführen.[2, 3] Die Sprache benützt schon seit langem den Ausdruck „**ich bin sauer**", um zum Ausdruck zu bringen, dass man sich ärgert. Ärger führt dazu, dass der Schließmuskel zwischen der Speiseröhre und dem Magen undicht wird. Dies bereitet gewissermaßen den Vorgang des Erbrechens vor. Auch hier gibt es Redewendungen wie „**es kommt einem hoch**" oder „**es dreht sich einem der Magen um**" oder „**man findet etwas zum Kotzen**".

Die Vorstufe des Erbrechens ist die Öffnung des Schließmuskels am Mageneingang, wodurch die Magensäure verdunsten kann. Die aufsteigende Magensäure schlägt sich auf der feuchten Schleimhaut der Speiseröhre nieder und bildet dort ätzende Salzsäure. Man wird „**sauer**", wenn man sich über etwas ärgert oder wenn man jemanden „**ätzend**" findet.

Redewendungen, die sich auf Refluxbeschwerden beziehen
- Jemand ist sauer (jemand ist sehr verärgert).
- Etwas in sich hineinfressen (Ärger unterdrücken, Gefühle unterdrücken).
- Es dreht jemandem den Magen um (jemandem wird übel).
- Jemandem kommt etwas hoch (jemand ist sehr verärgert).

---

[1] Fass R, Naliboff BD, Fass SS, Peleg N, Wendel C, Malagon IB, Mayer EA. The effect of auditory stress on perception of intraesophageal acid in patients with gastroesophageal reflux disease. Gastroenterology. 2008 Mar;134(3):696–705. doi: 10.1053/j.gastro.2007.12.010. Epub 2007 Dec 7. PMID: 18206149.

[2] Anger; its impact on human body PK Yadav, RL Yadav, NK Sapkota – Innovare Journal of Health Sciences, Vol 4, Issue 5, 2017. ISSN-2347-5544.

[3] Potegal M, Stemmler G, editors. Constructing a neurology of anger. In: International handbook of Anger. New York; London: Springer; 2010.

- Etwas ist zum Kotzen (etwas ist sehr ärgerlich).
- Jemand ist ätzend (jemand macht verletzende Bemerkungen).
- Jemand ist ein Kotzbrocken (eine widerliche Person).

8.2 Wie sich der Magen in der Sprache findet („Liebe geht durch den Magen")

Bei Ekel und Abneigung „**dreht es einem den Magen um**"[4] und man findet die ganze Angelegenheit „**zum Kotzen**". Wenn man etwas nicht mehr hören kann, „**hängt jemandem etwas zum Hals heraus**". Im englischen Äquivalent wird das Wort „*sick* (= Übelkeit)" für diese Redewendung verwendet.[5] Abneigung gegenüber einer Sache oder gegenüber einem Menschen wird jedenfalls sehr oft mit Übelkeit assoziiert.

Exkurs „Schwangerschaftserbrechen"

Wie Übelkeit entsteht, wird noch immer nicht in allen Einzelheiten verstanden. Eine zentrale Rolle spielt im Gehirn die sogenannte *Area postrema*. Diese Region ist der einzige Ort im Gehirn, der nicht durch die sogenannte Blut-Hirn-Schranke abgeschirmt ist. Das Gehirn kann so Gifte, die im Blut zirkulieren „erkennen" und sofort Brechreiz auslösen, damit der Mensch nicht mehr weiteres Gift zu sich nimmt. So schützt sich der Körper vor schädlichen Giften. Hormone und Emotionen können diese Region empfindlicher machen. Vor allem in der Schwangerschaft ist dieses Phänomen bekannt, welches auch als „**Schwangerschaftserbrechen**" bezeichnet wird. Zu Beginn der Schwangerschaft wird das Hormon HCG (humanes Choriongonadotropin) in großen Mengen gebildet. Die Wirkung von HCG besteht unter anderem darin, dass die *Area postrema* im Gehirn empfindlicher gestellt wird. Der Sinn hinter dieser Wirkung besteht darin, dass sich das Kind dadurch vor Vergiftungen schützt. Besonders im 1. Schwangerschaftsdrittel kann das Embryo noch sehr schlecht Gifte abbauen. Deshalb ist es für das Embryo überlebenswichtig, die Mutter daran zu hindern, potenzielle Gifte zu essen. Das führt dazu, dass bei der werdenden Mutter schon Essensgerüche Übelkeit auslösen können.[6] In dieser Zeit „**findet sie alles zum Kotzen**" und bei jeder Kleinigkeit „**dreht sich bei ihr der Magen um**".

---

[4] Englisch: *it turns my stomach.*

[5] Englisch: *someone is sick and tired of something.*

[6] Dekkers GWF, Broeren MAC, Truijens SEM, Kop WJ, Pop VJM. Hormonal and psychological factors in nausea and vomiting during pregnancy. Psychol Med. 2020 Jan;50(2):229–236. doi: 10.1017/S0033291718004105. Epub 2019 Jan 30. PMID: 30696502.

Aber nicht nur unangenehme Gefühle führen zu Reaktionen des Magens. Wenn man den Hunger stillt, fühlt man sich in der Regel wohler, sofern man nicht gerade zu viel gegessen hat. Dieses „Wohligkeitsgefühl" wird unter anderem über ein im Magen gebildetes Hormon gesteuert, welches als *Ghrelin* bezeichnet wird. Ist der Magen leer, wird Ghrelin gebildet und damit Hungergefühl erzeugt. Wenn man dann etwas isst, wird die Ghrelin-Produktion im Magen gehemmt und man empfindet zunächst ein angenehmes Sättigungsgefühl. Als Nebenwirkung dieses Ghrelin-Abfalls kommt es nicht nur zum *Sättigungsgefühl*, sondern auch zu einer *verbesserten Stimmung*. So gesehen wirkt Essen antidepressiv. Es wirkt aber auch antiaggressiv. Wenn man Mäuse ein Enzym spritz, welches Ghrelin abbaut, hören sie nicht nur auf zu fressen, sondern stellen fast schlagartig ihr aggressives Verhalten ein. Diese aggressionshemmende Wirkung dürfte auch der Grund dafür sein, dass Hausfrauen der alten Schule ihrem hungrig nach Hause kommenden Ehemann sofort etwas zu Essen hingestellt haben. Damit war der Hausfrieden gerettet und aggressives Verhalten gehemmt.

Auch bei der Vollziehung der Todesstrafe war es in manchen Ländern Sitte, den Verurteilten noch eine „**Henkersmahlzeit**" zukommen zu lassen. Eine menschliche Geste, denn die Betroffenen wurden durch die Mahlzeit ein wenig beruhigt, bevor sie das Schafott besteigen mussten.

Diese Wirkung von Essen wurde offenbar schon lange bemerkt. Menschen, die ihre Zuneigung zu einer Person besonders hervorheben wollten, nützten diesen Hunger-Sättigungsmechanismus, indem sie eine „**liebevolle Mahlzeit**" zubereiteten. Die Wirkung war so sicher, dass sich die Redewendung etablierte „**Liebe geht durch den Magen**".

Auch die Magenentleerung wird durch *Enterohormone* gesteuert, die über die sogenannte „*gut-brain-axis*" mit dem Gehirn kommunizieren. Bei Stress wird die Magenentleerung gehemmt, sodass einem „**etwas im Magen liegt**". Bei Hunger werden die Magenkontraktionen gesteigert. Manchmal sind die Leerkontraktionen dabei so laut, dass sie hörbar werden und man von einem „**knurrenden Magen**" spricht. Die komplexe Regulation der Magen-Darm-Motorik wird erst langsam erforscht. Aus den dazugehörenden Redewendungen kann man schließen, dass sie schon lange der Bevölkerung bekannt waren. In Frankreich existiert die Redensart „**Käse schließt den Magen**". Das ist nur insofern richtig, wenn es sich dabei um einen fetten Käse handelt, was meistens der Fall ist. Das Fett schließt zwar nicht den Magenausgangsmuskel, aber es verlangsamt insgesamt die Darmmotorik.

Redewendungen, welche den Magen betreffen

- Jemand knurrt der Magen (jemand hat ausgeprägten Hunger).
- Es dreht einem den Magen um (etwas widert so stark an, dass man Übelkeit verspürt).
- Etwas ist zum Kotzen (etwas ist so unangenehm, dass man Übelkeit verspürt).
- Jemandem liegt etwas im Magen (jemand hat eine schwer zu verarbeitende Sorge).
- Etwas schlägt auf den Magen (etwas verursacht Magenbeschwerden).
- Liebe geht durch den Magen (Liebe kann mit einem guten Essen ausgedrückt werden).
- Käse schließt den Magen (man sollte Käse am Schluss einer Mahlzeit essen).
- Der Magen rebelliert, jemandes Magen streikt, sich den Magen verrenken (jemandem ist übel).
- Nichts im Magen haben (hungrig sein).
- Jemandem hängt der Magen schief (jemand hat Hunger).
- Sich den Magen (Bauch) vollschlagen (gierig und übermäßig viel essen).
- Da waren die Augen wohl größer als der Magen (wenn sich jemand mehr auf den Teller herausnimmt, als er essen kann).
- Einem hungrigen Magen ist nicht gut predigen (wenn jemand Hunger hat, ist er nicht für Moralpredigten empfänglich).
- Jemand ist mit leerem Magen ungenießbar (ein hungriger Mensch ist oft schlecht gelaunt).
- Ein voller Magen studiert nicht gern[7] (nach dem Essen ist man nicht sehr aufnahmefähig).
- Etwas hängt einem zum Hals heraus (man ist einer Sache überdrüssig).
- Henkersmahlzeit (Mahlzeit, die Menschen vor ihrer Hinrichtung gewährt wurde).

8.3 Wo sich die Darmfunktion in der Sprache wiederfindet (wenn man „Schiss hat")

Durchfall ist ein bekanntes Symptom bei ausgeprägter Angstreaktion. Redewendungen wie „**Schiss haben**" oder „**aus Angst in die Hose machen**", weisen darauf hin. Bei einer chronischen Angstreaktion kommt es häufig zu einer vermehrten Schleimproduktion im letzten Darmabschnitt, sodass der Stuhl mit einer glänzenden Schleimschicht überzogen ist. Das kann natürlich auch ein Hinweis auf eine Entzündungsreaktion in diesem Darmabschnitt sein;

---

[7] Latein: Plenus venter non studet linbenter.

viel häufiger ist es aber ein Hinweis auf eine chronische Stressreaktion bei vorherrschender Angst. Solche Personen werden auch als „**Schleimscheißer**" bezeichnet. In der Literatur findet man Zusatzbezeichnungen wie „widerlicher" oder „armer" Schleimscheißer. In einem Roman von K. Merz ist die Rede von „herzlosen Ignoranten, Duckmäusern und Schleimscheißern",[8] was sehr gut den Zusammenhang von chronischer Angst und Unterdrückung beschreibt.

Erst in jüngster Zeit wird die „Zusammenarbeit" von Darm und Gehirn unter dem Begriff Darm-Hirn-Achse verstärkt erforscht. Dabei wurde unter anderem festgestellt, dass Stress und Ärger zu Veränderungen der Darmmotilität führen.[9] Subjektiv empfindet man eine erhöhte Darmmotilität als „wurmförmige Bewegungen" im Bauch. Der Zusammenhang zwischen Ärger und Darmmotilität wurde schon lange in der Redewendung „**jemanden wurmt etwas**" vorweggenommen.

Wenn man auf die Toilette geht, sagt man manchmal, „**man hat sich erleichtert**". Dabei kommt es tatsächlich zu einer Erleichterung. Diese kommt zwar nicht durch die 100–200 g Stuhl zustande, den man ausgeschieden hat, sondern durch die Ausscheidung von kurzkettigen Fettsäuren (SCFA: *short chain fatty acids*). Diese haben eine müde machende Wirkung. Obwohl ein Großteil dieser SCFA in der Dickdarmwand verstoffwechselt wird, gelangt ein Teil dieser Fettsäuren in den Blutkreislauf. Von dort gelangen sie in das Gehirn und lösen das Gefühl von Müdigkeit aus. Wenn jemand Stuhlgang hat, werden mit dem Stuhl auch die SCFA ausgeschieden und man fühlt sich „**erleichtert**".

Redewendungen, die sich auf den Darm beziehen
- Vor Angst in die Hose machen (ausgeprägte Angst haben).
- Jemand hat Schiss (jemand hat große Angst).
- Jemand hat eine Scheiß-Angst (jemand hat ausgeprägte Angst).
- Ich scheiß' darauf, auf etwas scheißen (sich besonders ärgern).
- Ein Schleimscheißer sein (ein Mensch mit unterwürfiger Haltung).
- Sich erleichtern (auf die Toilette gehen).
- Jemanden wurmt etwas (jemand ärgert etwas).

---

[8] Klaus Merz, Jakob schläft: Eigentlich ein Roman, 3. Auflage, Haymon Verlag, Innsbruck 1997.
[9] Konturek PC, Brzozowski T, Konturek SJ. Stress and the gut: pathophysiology, clinical consequences, diagnostic approach and treatment options. J Physiol Pharmacol. 2011 Dec;62(6):591–9. PMID: 22314561.

9

Was haben Leber und Galle mit der Sprache zu tun (wenn jemandem „die Galle hochkommt")?

Der Zusammenhang zwischen seelischen Vorgängen, insbesondere Ärger, und den Funktionen von Leber und Galle ist seit der Antike bekannt. Der „*Choleriker*" wurde in der Typenlehre des griechischen Arztes Hippokrates als reizbarer, jähzorniger Mensch beschrieben. Schon damals erkannte man einen Zusammenhang zwischen aggressivem Verhalten und der Galle. Auch im deutschen Sprachraum hat man diesen Zusammenhang erkannt und spricht davon, dass jemand **„Gift und Galle spuckt"** oder **„jemandem die Galle hochkommt"**, wenn jemand schon bei Kleinigkeiten explodiert.[1] Nachdem Galle extrem bitter schmeckt, nutzte man Galle auch, um etwas ungenießbar zu machen und bezeichnet es als **„vergällen"**.

Die Griechen haben dazu noch zwischen „*gelber Galle*" und „*schwarzer Galle*" unterschieden. Gelb erscheint die Galle dann, wenn sie in der Haut abgelagert wird. Das geschieht immer dann, wenn der Gallenfluss gestört ist. Die gelbe Galle wurde dem **Choleriker** zugeordnet. Deren übermäßige Produktion wurde mit aggressivem Verhalten im Sinne des Impulskontrollverlustes assoziiert.

Schwarz erscheint die Galle, wenn sie in den Darm gelangt. Die schwarze Galle wurde mit dem *Melancholiker* assoziiert. Deren Überproduktion führte nach Ansicht der antiken Griechen zu Melancholie oder wie wir heute sagen würden, zu Depressionen. Interessanterweise zählt man heute sowohl

---

[1] Im Französischen wird Stress mit Leberbeschwerden in Zusammenhing gebracht. Betroffene sagen dann „j'ai une crise de fois". Die Übersetzung dieses Ausdrucks ist uneinheitlich. Manche Franzosen beschreiben damit einfach Verdauungsbeschwerden, andere eine akute Lebererkrankung, wieder andere nur Ärger, der dazu geführt hat „dass die Galle übergeht".

Schwermut als auch *Impulskontrollverlust* zu den Depressionssymptomen. Glaubt man den Griechen der Antike, hat jedenfalls die Galle mit der Stimmung zu tun. Jedenfalls gehen Funktionsstörungen der Leber und Galle sehr oft mit Änderungen der Hirnfunktion und damit auch mit psychischen Störungen einher.

9.1   Die Gallenwegsdyskinesie (wenn „eine Laus über die Leber gelaufen ist")

Die Redewendung **„mir ist eine Laus über die Leber gelaufen"** stellt ein schönes Beispiel für Spasmen der Gallenwege dar. Der Mediziner nennt dieses Phänomen *„Gallenwegsdyskinesie"*. Bei der Gallenwegsdyskinesie kommt es zu Spasmen der Muskulatur in den Gallenwegen. Diese krampfartigen Zusammenziehungen der Gallenwegsmuskeln werden in milden Fällen als „wurmförmige" Bewegung im rechten Oberbauch wahrgenommen. In ausgeprägten Fällen kann es schon zu richtigen Oberbauchkoliken kommen. In jedem Fall ist dann der Abfluss der Galle gestört (aber nicht vollkommen blockiert). Die Folge davon sind dann immer wieder auftretende helle Stühle. Patienten berichten sehr oft darüber, dass ihr Stuhl immer dann, wenn es ihnen schlecht geht, besonders hell wird. Das ist sehr oft durch einen verminderten Gallenfluss bedingt.

Exkurs „Postcholezystektomiesyndrom"

Das Phänomen der **Gallenwegsdyskinesie** ist auch unter Ärzten leider wenig bekannt. Wenn jemand Schmerzen oder Beschwerden im Bereich der Gallenwege hat und dann auch noch zufällig Steine in der Gallenblase hat, was relativ häufig vorkommt, dann dauert es nicht lange, bis die Gallenblase operativ entfernt wird. Die rasche Indikation zur Gallenblasenoperation entsteht oft in Unkenntnis der sehr oft vorkommenden Gallenwegsdyskinesie. Die Beschwerden werden sofort auf die Gallensteine geschoben und es kommt häufig zur oft nicht notwendigen Entfernung der Gallenblase. Gallensteine machen aber eigentlich keine Symptome, solange die Gallenblasenwand nicht entzündet ist und solange sie nicht die ableitenden Gallenwege verstopfen. Nachdem mit der Entfernung der Gallenblase im Falle einer Gallenwegsdyskinesie nichts geheilt ist, bleiben die Beschwerden nach der Operation weiter bestehen. In diesem Fall sprechen die Chirurgen dann von einem *„Postcholezystektomiesyndrom"*, was eigentlich nichts anderes ist als eine Gallenwegsdyskinesie, die auch nach Entfernung der Gallenblase weiter bestehen bleibt.

Spasmen der Gallenwege treten besonders bei Ärger auf. Man sagt auch „**mir geht die Galle hoch**" oder wenn jemand besonders erregt ist, hört man, dass jemand „**Gift und Galle spuckt**". Bei Shakespeare, der sehr gerne Redewendungen mit körperlichem Ausdruck verwendete, hört man den Ausdruck „**ihr erhitzt mir die Galle**".

Auch der Zusammenhang zwischen Ablagerungen von Gallensäuren in der Haut und Juckreiz ist schon seit langem bekannt und hat sich in der Redewendung „**mich juckt die Galle**" verewigt. Solche Ablagerungen von Gallensäuren in der Haut entstehen immer dann, wenn der Gallenabfluss gestört ist, wie das beispielsweise bei intermittierendem Verschluss der Gallenwege im Rahmen von Ärger der Fall sein kann.

Viele Redewendungen, die sich auf Gallenfunktionsstörungen beziehen, sind Ausdruck von Ärger, und unkontrollierter Wut. Das Zusammenspiel zwischen Hirn und Galle geht aber nicht nur in eine Richtung. Wenn die Galle hochgeht, ist dies oft mit einem Wutausbruch vergesellschaftet. Psychiater würden von einem Impulskontrollverlust sprechen. Es stellt sich die Frage, ob hier nicht nur die Wut „**die Galle zum Überlaufen bringt**" (psychosomatische Reaktion), sondern auch die Verkrampfung der Gallenwege zu einem Gallenstau und in der Folge zu einer Hirnleistungsstörung führt (somatopsychische Reaktion). Zwischen den Wutausbrüchen sind Choleriker oft sehr freundliche und keineswegs aggressive Menschen. Was auch immer die Ursache sein mag, eines ist sicher: Befindlichkeitsstörungen, Veränderungen im Verhalten und Störungen der Gallenfunktion stehen in einem engen Zusammenhang.

Redewendungen, die sich auf die Muskulatur der Gallenwege beziehen

* Jemandem ist eine Laus über die Leber gelaufen (jemand ist schlechter Laune).
* Jemandem geht die Galle hoch (jemand hat einen Wutausbruch).
* Gift und Galle spucken (wütend schimpfen).
* Jemanden die Galle erhitzen (jemanden ärgern).
* Jemanden juckt die Galle (jemand ist zu Streit aufgelegt).
* Was ist dir über die Leber gelaufen (warum bist du schlechter Laune)?
* Jemand ist ein Giftzwerg (kleiner gehässiger Mensch).

9.2   Die Melancholie (schon im Altertum war die „schwarze Galle" bekannt)

Erst seit Kurzem ist bekannt, dass Darmflora, Gallensäuren und Stimmung etwas miteinander zu tun haben.[2] Mit der Säftelehre von Hippokrates wurde dieser Zusammenhang schon vorweggenommen und die „**schwarze Galle**" dem Stimmungsbild der **Melancholie** zugeordnet. Melancholie wird auch als Zustand der Schwermut oder Depression bezeichnet. Weltschmerz, Niedergeschlagenheit, Traurigkeit und viele andere depressive Symptome werden der Melancholie zugeschrieben.

Galle, die einen extrem bitteren Geschmack hat, wird auch mit „**Bitterkeit**" in Zusammenhang gebracht. Man spricht von „**bitteren Lebenserfahrungen**" oder jemanden, der trotz negativer Erlebnisse „**keine Bitterkeit gezeigt hat**". Menschen, deren Leben durch Bitterkeit geprägt ist, bezeichnet man als „**verbittert**".

Kombiniert sich die Bitterkeit mit Bösartigkeit, spricht man davon, dass jemand „**Gift und Galle speit**" oder man bezeichnet ihn schlichtweg als „**Giftzwerg**".[3] Die Bezeichnung Giftzwerg für einen kleinen gehässigen Menschen dürfte aber weniger auf eine Gallenfunktionsstörung zurückzuführen sein als auf Entzündungsprozesse. Im Rahmen von Entzündungsprozessen kann es einerseits zu einer Resistenz gegenüber Wachstumshormonen kommen,[4] andererseits führen Entzündungsprozesse auch zu Depressionen,[5] die mit Stimmungsschwankungen einhergehen.[6]

---

[2] Sun N, Zhang J, Wang J, Liu Z, Wang X, Kang P, Yang C, Liu P, Zhang K. Abnormal gut microbiota and bile acids in patients with first-episode major depressive disorder and correlation analysis. Psychiatry Clin Neurosci. 2022 Jul;76(7):321–328. doi: 10.1111/pcn.13368. Epub 2022 May 23. PMID: 35445772.

[3] Englisch: *poison dwarf.*

[4] Soendergaard C, Young JA, Kopchick JJ. Growth hormone resistance-special focus on inflammatory bowel disease. Int J Mol Sci. 2017 May 9;18(5):1019. doi: 10.3390/ijms18051019. PMID: 28486400; PMCID: PMC5454932.

[5] Gałecki P, Talarowska M. Inflammatory theory of depression. Psychiatr Pol. 2018 Jun 30;52(3):437–447. English, Polish. doi: 10.12740/PP/76863. Epub 2018 Jun 30. PMID: 30218560.

[6] Loula R, Monteiro LHA. Monoamine neurotransmitters and mood swings: a dynamical systems approach. Math Biosci Eng. 2022 Feb 15;19(4):4075–4083. doi: 10.3934/mbe.2022187. PMID: 35341287.

Redewendungen, die im Zusammenhang mit der Galle stehen
- Gift und Galle spucken (heftig schimpfen).
- Jemand ist ein Giftzwerg (kleiner gehässiger Mensch).
- Jemand ist verbittert (jemand ist durch schmerzliche Erlebnisse verletzt).
- Eine bittere Erfahrung machen (eine schmerzliche Erfahrung machen).

10

Wie Niere und Urogenitale in der Sprache vorkommen (wenn etwas „an die Nieren geht")

Die Nieren sind kein typisches Erfolgsorgan von psychischen Vorgängen. Dementsprechend gibt es kaum Redewendungen, die sich auf die Nieren beziehen. Es gibt zwar Rezeptoren für Stresshormone in den Nieren, diese sind aber eher an der Blutdruckregulation beteiligt. Durch Stress kommt es zu einer vermehrten Einsparung von Wasser und Elektrolyten, was sich in einem Blutdruckanstieg äußert. Diese Funktion wird von den Betroffenen aber nicht gespürt.

10.1 Redewendungen, die sich auf die Niere beziehen (wenn etwas „ordentlich an die Nieren geht")

Auch wenn man den Stress, der sich auf die Nieren auswirkt, nicht spürt, kann es zu Schmerzen in der Nierengegend kommen. Diese gehen jedoch sehr oft nicht von den Nieren, sondern von der Rückenmuskulatur oder den Harnleitern aus. Spasmen der ableitenden Harnwege können sehr schmerzhaft sein. Jeder, der schon einmal Nierensteine hatte, kann ein Lied davon singen. Die Schmerzen werden dann als „Nierenkoliken" bezeichnet, obwohl es sich eigentlich um „Harnleiterkoliken" handelt. Aber auch ohne Steinabgang kann es zu schmerzhaften Verkrampfungen der Harnleiter kommen. Blutgerinnsel, abgestorbene Nierenpapillen und Stress können ebenfalls schmerzhafte Verkrampfungen hervorrufen. Hinzu kommt eine (reflektorische) Verspannung der Rückenmuskulatur, die ebenfalls zu Schmerzen in der Nierengegend führen kann.

© Der/die Autor(en), exklusiv lizenziert an Springer-Verlag GmbH, DE, ein Teil von Springer Nature 2024
M. Ledochowski, *Redewendungen medizinisch erklärt*,
https://doi.org/10.1007/978-3-662-68356-9_10

Schmerzen in der Nierengegend können auch viele Ursachen haben, die nichts mit den Nieren zu tun haben. Die häufigsten Ursachen sind Verspannungen der Rückenmuskulatur, Schmerzen in den Facettengelenken der Lendenwirbelsäule und Spasmen der Harnleiter. All diese Beschwerden können durch Stress ausgelöst werden. Subjektiv hat man dann das Gefühl, dass einem „**etwas an die Nieren geht**".

Der Ausdruck „**etwas auf Herz und Nieren zu prüfen**" stammt aus der Bibel (Psalm 7,10), hat aber nichts mit psychischen oder physiologischen Reaktionen der Niere oder des Herzens zu tun.

Redewendungen, welche die Nieren betreffen
- Etwas geht an die Nieren (etwas belastet sehr).
- Jemandem mächtig an die Nieren gehen (etwas belastet jemanden sehr).
- Etwas frisst an den Nieren (etwas nagt an einem).
- Etwas auf Herz und Nieren prüfen (etwas genaustens untersuchen).

10.2 Blasenfunktionsstörungen (wenn man „aus Angst in die Hose macht")

Bei Stress zeigen die Harnleiter eine vermehrte Aktivität. Das kann man mittels Dopplersonografie sehr schön sehen, wenn man die Region, wo die Harnleiter in die Blase einmünden, beobachtet und den sogenannten *„Jetstream"* darstellt. Je aufgeregter jemand ist, desto stärker wird der Harn aus den Harnleitern in die Harnblase hineingespritzt. Dadurch kommt es zu einer vermehrten Dehnung der Blasenwand, wodurch ein *Entleerungsreflex* ausgelöst werden kann, obwohl die Blase noch nicht ganz voll ist. Bei Angst wird dieser Reflex besonders oft ausgelöst, sodass man „**aus Angst in die Hose macht**". Vor Prüfungen oder stressigen Sitzungen müssen manche Menschen noch einmal schnell auf die Toilette gehen, um die Blase zu entleeren. Dieses Verhalten des häufigen Aufsuchens eines WC bei Aufregung findet sich in dem Ausdruck der „**Konfirmandenblase**" wieder. Häufiges Wasserlassen, bei dem nur kleine Harnmengen entleert werden, bezeichnet der Arzt als Reizblasensymptomatik oder Pollakisurie und ist ein häufiges Symptom bei Entzündungen der ableitenden Harnwege.

Redewendungen, welche die Blasenfunktion betreffen
- Aus Angst in die Hose machen (extreme Angst haben).
- Eine Konfirmandenblase haben (jemand, der vor aufregenden Ereignissen den Drang verspürt, auf die Toilette gehen zu müssen).

- Eine schwache Blase haben (jemand hat Probleme, den Harn zurückzuhalten).
- Eine volle Blase haben (man muss dringend auf die Toilette).
- Die Blase drückt (man verspürt Harndrang).
- Sich die Blase erleichtern (auf die Toilette gehen, um zu urinieren).

10.3 Wie sich Genitale in der Sprache wiederfinden (wenn man „die Eier für etwas hat")

Vor allem männliche Verhaltensmuster spiegeln sich in der Sprache wider. Risikobereitschaft galt und gilt als Zeichen von Mut oder Männlichkeit. So hört man Sprüche wie **„bist du nicht Manns genug"**, um auszudrücken, dass jemand nicht den nötigen Mut hat, um etwas anzugehen. Tatsächlich hängt die Risikobereitschaft unter anderem auch vom Testosteronspiegel ab. Männer mit einem höheren Testosteronspiegel sind jedenfalls risikofreudiger.[1] Dies erklärt vielleicht den Ursprung der Redewendung **„Die Eier für etwas haben"**.[2] Umgekehrt wird Mutlosigkeit oder Feigheit auch mit der Redewendung **„keine Eier in der Hose haben"** beschrieben.

> **Exkurs: „Ein Fallbericht von Höhenangst"**
> Ich kann mich an einen Patienten erinnern, der unter ausgeprägter Höhenangst litt. Wenn immer er im Fernsehen eine Szene sah, die bei ihm Höhenangst auslöste, kam es zu Parästhesien im Bereich der Genitale. Diese konnten so ausgeprägt sein, dass er kein Gefühl mehr im Hodensack verspürte. Für ihn traf dann im wahrsten Sinn des Wortes die Redewendung zu **„keine Eier in der Hose haben"**.

Auch das sexuelle Verlangen wird von Testosteron gesteuert und sexuelle Erregung führt zu einer verstärkten Durchblutung der männlichen Genitalien. Das lässt sich sogar mittels thermografischer Messungen feststellen.[3] Vermehrte Durchblutung eines Gewebes führt immer zu einer leichten Schwel-

---

[1] Rosenblitt JC, Soler H, Johnson SE, Quadagno DM. Sensation seeking and hormones in men and women: exploring the link. Horm Behav. 2001 Nov;40(3):396–402. doi: 10.1006/hbeh.2001.1704. PMID: 11673912.

[2] Englisch: *to have the guts; not to have the guts to do something.*

[3] Tavares IM, Vardasca R, Cera N, Pereira R, Nimbi FM, Lisy D, Janssen E, Nobre PJ. A review of infrared thermography as applied to human sexual psychophysiology. Int J Psychophysiol. 2018 Nov;133:28–40. doi: 10.1016/j.ijpsycho.2018.09.001. Epub 2018 Sep 9. PMID: 30208297.

lung des betroffenen Gewebes. So mag die Redewendung „**dicke Eier haben**"
entstanden sein, der zum Ausdruck bringen soll, dass man starkes Verlangen
auf etwas hat.

Redewendungen, welche die Genitalien betreffen
- Die Eier für etwas haben (Mut haben).[4]
- Das hat Eier! (das ist stark).
- Dicke Eier haben (auf etwas Lust haben).
- Sich die Eier schaukeln (faulenzen).
- Sich die Eier schaukeln lassen (sich bedienen lassen).
- Eier in der Hose haben (mutig und selbstbewusst sein).
- Keine Eier in der Hose haben (keinen Mut haben, feige oder ängstlich sein).
- Jemandem gewaltig auf den Sack gehen (jemandem auf die Nerven gehen).
- Jemandem auf die Eier gehen (jemanden nerven).

---

[4] Im Englischen „hat man die Galle etwas zu tun" „to have the gall to do something".

11

Warum findet sich das Herz so oft in der Sprache (wenn jemandem „etwas am Herzen liegt")?

Funktionell gesehen ist das Herz eine Pumpe. Bei Bedarf kann es die Pumpleistung den Erfordernissen entsprechend sehr schnell anpassen und damit die Durchblutung des Körpers schlagartig erhöhen. Eine vermehrte Durchblutung ist in allen Stresssituationen notwendig. So reagiert das Herz auf psychische Reize relativ stark und auch für die Umwelt sichtbar. Das dürfte auch der Grund dafür sein, dass man früher das „*Herz als Sitz der Seele*" ansah. Die Ägypter sahen das Herz als Sitz des Denkens, der Vernunft und der Gefühle.[1] In manchen Kulturen ist das auch heute noch so. Es ist daher verständlich, dass sich in den verschiedenen Sprachen zahlreiche Begriffe und Redewendungen entwickelt haben, die sich auf das Herz beziehen. So weiß jeder, was mit einer „*Herzensangelegenheit*" gemeint ist oder wenn man sagt, dass „*jemandem etwas am Herzen liegt*" oder wenn sich jemand sehr gut versteht, spricht man „*von einem Herz und einer Seele*" zu sein.

Die Reaktionen des Herzens erfolgen unwillkürlich, können nicht unterdrückt und auch (fast) nicht willentlich gesteuert werden. Der Herzschlag gibt daher einen guten Einblick in die aktuelle seelische Situation. Früher fühlten Ärzte deshalb den Puls, um herauszufinden, was jemandem „**auf dem Herzen liegt**". Diese Art der Untersuchung hat immer gut funktioniert. So hat sich auch die Redensart gebildet „*Hand aufs Herz*", wenn man eine ehrliche Antwort haben wollte. Denn wie bei einem Lügendetektor ändern sich die Herzfrequenz und die Kraft, mit der ein Herz schlägt, wenn man nicht die

---

[1] Schandry, R. (2003). Vom Herz zum Hirn. Dtsch. Med. Wochenschr., 128(51/52), 2707–2711. doi: 10.1055/s-2003-812550.

© Der/die Autor(en), exklusiv lizenziert an Springer-Verlag GmbH, DE, ein Teil von Springer Nature 2024
M. Ledochowski, *Redewendungen medizinisch erklärt*,
https://doi.org/10.1007/978-3-662-68356-9_11

Wahrheit sagt oder etwas verheimlichen will. Ausdrücke wie *„nur dein Herz kennt die Wahrheit"* kann man immer wieder lesen oder hören.

Redewendungen, welche das Herz betreffen
- Etwas ist eine Herzensangelegenheit (etwas ist von großer persönlicher Bedeutung).
- Jemandem liegt etwas am Herzen (für jemanden hat etwas eine besondere Bedeutung).
- Jemand ist ein Herz und eine Seele (Beschreibung für eine besonders harmonische Beziehung zwischen 2 Menschen).
- Etwas auf dem Herzen haben (von einer Sorge geplagt werden).
- Jemand ist großherzig (jemand ist großzügig, duldsam, liebevoll).[2]

11.1 Herzrhythmusstörungen und Sprache (wenn „das Herz bis zum Hals schlägt")

Bei Situationen wie Freude, Angst, Sorge, Gram, Spannung, Kampf oder Flucht muss das Herz immer reagieren. Die meisten dieser Reaktionen werden durch Stresshormone ausgelöst. Doch was bewirken Stresshormone am Herzen? Durch die Erregung sogenannter Adrenorezeptoren führen die Stresshormone wie Adrenalin und Noradrenalin dazu, dass die Botschaft „Notfallreaktion" auf das Herz übertragen wird. Das geschieht hauptsächlich durch die Erregung sogenannter Beta-1- und Beta-2-Adrenorezeptoren.

Um die Reaktionen am Herzen besser verstehen zu können, muss man wissen, dass das Herz eine ganz besondere Muskulatur besitzt und jede Muskelzelle auch als Nervenzelle reagieren kann. So steuert jede Herzmuskelzelle gewissermaßen auch den Herzrhythmus. Dieser kann zu schnell oder zu langsam sein oder *„aus dem Takt geraten"*. Viele Redewendungen, welche das Herz betreffen, beziehen sich auf Änderungen des Herzrhythmus. Stresshormone beeinflussen den Herzrhythmus auf unterschiedliche Art:

- Eine Folge der Wirkung von Stresshormonen ist der *Anstieg der Herzfrequenz* (Dromotropie). Verspürt man einen zu schnellen Herzschlag, wird das als **„Herzrasen"** empfunden. In der Sprache finden sich Ausdrücke wie **„das Herz schlägt höher"**, oder **„das Herz schlägt vor Freude"**.
- Eine weitere Reaktionsart auf Stresshormone ist die *verstärkte Kontraktion der Herzmuskel* (Inotropie). Kontrahiert der Herzmuskel stärker, spürt man

---

[2] Englisch: *to have a big heart* (ein großes Herz haben).

das als „**Herzklopfen**". Redewendungen, die diese Reaktionsart beschreiben sind „**Jemandem schlägt das Herz bis zum Halse**" oder „**das
Herz pocht vor Aufregung**".

* Schließlich kommt es in Folge der Stresshormonwirkung zu einer *Erhöhung
  der Erregbarkeit der Herzmuskelzellen* (Bathmotropie). Dies führt zum
  Gefühl des „**Herzstolpern**" und es kann dazu kommen, dass „**das Herz
  rumpelt**" oder „**das Herz hüpft vor Freude**".

All diese stressbedingten Reaktionen des Herzens führen zu einem vermehrten
Sauerstoffverbrauch der Herzmuskelzellen. Steigt der Sauerstoffbedarf des
Herzens so stark an, dass er durch eine vermehrte Durchblutung nicht mehr
ausgeglichen werden kann, fühlt die betroffene Person ein Druckgefühl auf
der Brust (Angina Pectoris). Dann „*liegt jemandem etwas auf dem Herzen*"
oder „*das Herz wird schwer*" oder man macht etwas „*schweren Herzens*"
(Abschn. 11.3).

Neben den oben beschriebenen Stressreaktionen des Herzens gibt es noch
den *Totstellreflex*. Dabei kommt es zu einer massiven Aktivierung des parasympathischen Nervensystems. Das tritt immer dann ein, wenn in einer Notfallsituation ein Kampf oder eine Flucht nicht mehr möglich erscheint. In
solchen Fällen kann das Herz stehen bleiben und „*es bleibt einem das Herz
stehen*" oder es ist zum „*tot umfallen*". Wenn es nicht ganz so dramatisch ist
„*fällt einem das Herz in die Hose*" oder man wird nur „*zu Tode erschreckt*".
Gleichzeitig tritt oft eine Lähmung des ganzen Körpers ein und man ist in der
Gefahrensituation „*wie gelähmt*".

Redewendungen, die den Herzrhythmus betreffen
* Das Herz schlägt höher (jemand ist vor Freude aufgeregt).
* Das Herz schlägt oder hüpft vor Freude (jemand ist besonders freudig erregt).
* Das Herz schlägt bis zum Halse (jemand ist besonders aufgeregt, sowohl freu-
  dig als auch angespannt, aufgeregt).
* Jemandem hüpft das Herz vor Freude (jemand ist aus Freude sehr aufgeregt).
* Es bleibt einem das Herz stehen (jemand ist sehr erschrocken).
* Sich zu Tode erschrecken (sehr stark erschrecken).
* Etwas ist aus dem Takt geraten (etwas stimmt nicht mehr).
* Jemandem bleibt das Herz stehen (jemand erschrickt sehr und hat das Gefühl,
  dass der Herzschlag aussetzt).
* Jemandem fällt das Herz in die Hose (jemand bekommt große Angst).
* Jemandem wird das Herz schwer (jemand wird traurig).
* Etwas schweren Herzens tun (etwas nur sehr ungern tun).

11.2 Das „Broken-Heart-Syndrome" und „Happy-Heart-Syndrome" (wenn man „ein gebrochenes Herz hat")

Lange schon haben die Menschen gemerkt, dass das Herz auf Trauer und Freude stark reagiert. Im Jahr 1990 wurde diese Reaktion des Herzens erstmals von einem Japaner beschrieben und nach ihm als *Takotsubo Kardiomyopathie* benannt. Dabei wurde festgestellt, dass es bei starkem Stress zu einer vorübergehenden Erweiterung des Herzens kommt, mit einer gleichzeitig bestehenden Herzschwäche.[3] Entsprechende Veränderungen können im EKG und bei Herzkatheteruntersuchungen gesehen werden.[4] Durch die damit einhergehende Herzschwäche kommt es zu Atemnot und Druckgefühl auf der Brust. Dieser Symptomenkomplex wurde auch als „*Broken-Heart-Syndrome*" bezeichnet.[5] Trotz der dramatischen Symptome ist das *Broken-Heart-Syndrom* normalerweise reversibel, und die meisten Patienten erholen sich innerhalb von Wochen bis Monaten vollständig. Die Redewendung „**jemandem liegt ein Stein im Herzen**" gibt es schon lange. Auch den Begriff „**gebrochenes Herz**" besteht schon lange. Wenn jemand einen anderen Menschen in sich verliebt macht und ihn dann enttäuscht, wird er auch als „**Herzensbrecher**" bezeichnet. Die Folgen eines gebrochenen Herzens werden dann oft mit der Redewendung „**es hat ihm/ihr einen Stich ins Herz versetz**t" beschrieben.

Die Sprache nimmt auch die Entdeckung vorweg, dass besondere Freude zu einem dem Takotsubo-Syndrom ähnlichen Zustand führen kann. Auch wenn „Happy-Heart-Syndrom" kein medizinisch anerkannter oder bekannter Begriff ist, weiß doch jeder, was damit gemeint ist. Jedenfalls können bei besonderer Freude die gleichen Veränderungen am Herzen auftreten, wie beim Broken-Heart-Syndrom. Der Begriff „*Happy-Heart-Syndrom*" soll betonen, dass es sich nicht um einen negativen, sondern um einen positiven Stressauslöser handelt. Diese Variante kann dann mit Redewendungen wie „**das Herz zerspringt vor Freude**" beschrieben werden.

---

[3] Dawson DK. Acute stress-induced (takotsubo) cardiomyopathy. Heart. 2018 Jan;104(2):96–102. doi: 10.1136/heartjnl-2017-311579. Epub 2017 Aug 20. PMID: 28824005.

[4] Komamura K, Fukui M, Iwasaku T, Hirotani S, Masuyama T. Takotsubo cardiomyopathy: Pathophysiology, diagnosis and treatment. World J Cardiol. 2014 Jul 26;6(7):602–9. doi: 10.4330/wjc.v6.i7.602. PMID: 25068020; PMCID: PMC4110608.

[5] Boyd B, Solh T. Takotsubo cardiomyopathy: Review of broken heart syndrome. JAAPA. 2020 Mar;33(3):24–29. doi: 10.1097/01.JAA.0000654368.35241.fc. PMID: 32039951.

Schließlich gibt es Ausdrücke, die mehrdeutig sind. Wenn „**etwas das Herz bricht**", oder „**etwas herzzerreißend ist**", kann dies sowohl die Folge eines positiven als auch eines negativen Erlebnisses sein. „**Herzschmerz**" kann sowohl von besonderer Liebe als auch von besonderer Trauer oder Sorge herrühren. „**Jemandem das Herz brechen**" kann sowohl durch Liebe als auch durch den Tod eines Menschen oder durch eine besondere Gemeinheit ausgelöst werden.

Redewendungen, die das Broken-Heart-Syndrom und Happy-Heart-Syndrom betreffen
- Jemandem liegt ein Stein am Herzen (Jemand macht sich Sorgen und fühlt sich bedrückt).
- Jemand ist ein Herzensbrecher (jemand macht Frauen zuerst verliebt und verlässt sie dann).
- Etwas ist herzzerreißend (eine Situation ist extrem traurig).
- Es bricht mir das Herz (es macht mich sehr unglücklich).
- Jemandem das Herz brechen (jemandem starken Kummer bereiten).
- Etwas gebrochenen Herzens tun (etwas erledigen und dabei sehr traurig sein).
- Das Herz zerspringt vor Freude (jemand ist überwältigend glücklich).
- Jemandem einen Stich ins Herz versetzen (jemanden schwer kränken).

11.3 Druckgefühl am Herzen oder Stenokardien (wenn jemandem „etwas am Herzen liegt")

Ähnliche Beschwerden wie beim *Broken-Heart-Syndrom* treten bei *Angina pectoris* (AP) auf. Mediziner sprechen auch von *Stenokardie*. Sie beschreiben damit ein schmerzhaftes Engegefühl in der Brust, das vom Herzen ausgeht. Auch wenn die Beschwerden der Angina pectoris fast identisch, mit denen des Broken-Heart-Syndroms sind, ist der Entstehungsmechanismus dieser Beschwerden ein anderer. *Stenokardien* entstehen, wenn der Herzmuskel nicht mehr ausreichend mit Sauerstoff versorgt wird. Das kann zum Beispiel durch eine Verstopfung der Herzkranzgefäße geschehen. Im schlimmsten Fall ist ein Herzinfarkt die Folge. Es können aber auch nur vorübergehende Verkrampfungen der Herzkranzgefäße sein, die zu solchen Beschwerden führen. Schließlich kann es vorkommen, dass durch Stress, Angst oder Aufregung der Sauerstoffbedarf des Herzens so stark ansteigt, dass sich die Herzkranzgefäße nicht mehr schnell genug erweitern können, um den erhöhten Sauerstoffbedarf zu decken. Auch dann kommt es zu einem relativen Sauerstoffmangel mit Stenokardien.

In all diesen Fällen tritt das sogenannte *Engegefühl in der Brust* auf. Die Betroffenen beschreiben dies oft mit einem besonderen *Druckgefühl in der Brust*, so als **„läge ein schwerer Stein auf dem Herzen"**. Wenn ein solcher Zustand immer wieder auftritt, sagt man auch, dass **„jemandem etwas auf dem Herzen liegt"** oder dass man sich einfach **„beklemmt fühlt"**. Wenn man von einer unüberwindbaren Sorge geplagt wird, sagt man auch **„das Herz wird schwer"**. Oder man kann sich nur **„schweren Herzens"** zu etwas entschließen oder etwas tun. Fällt dann die Sorge wieder weg, dann **„fällt einem ein Stein vom Herzen"** oder **„es geht jemandem das Herz auf"**. Das **„Herz wird leicht"** und **„es wird einem wieder leicht ums Herz"**.

Neben dem Schwergefühl und Engegefühl in der Brust kann es bei Stenokardien auch zum Gefühl der Atemnot kommen: **„Es bleibt einem die Luft weg"**. Wenn sich die Situation entspannt, verschwindet auch die Atemnot und man kann **„seinem Herzen Luft machen"**. In so einer Stimmungslage wird man oft unvorsichtiger, vielleicht **„schenkt man jemandem leichtherzig Glauben"**.

Redewendungen, die sich auf Stenokardien beziehen
- Leichtherzig jemandem Glauben schenken (jemandem unkritischen Glauben schenken).
- Erleichterten Herzens (von einer Sorge befreit sein).
- Jemandem liegt ein Stein am Herzen (Jemand hat bedrückende Sorgen).
- Jemandem fällt ein Stein vom Herzen (jemand ist überaus erleichtert).
- Ein bedrückendes Gefühl haben (ein ungutes Gefühl haben).
- Es liegt mir am Herzen (etwas ist eine Herzensangelegenheit).
- Etwas schweren Herzens tun (etwas ungern tun).
- Jemandem geht das Herz auf (jemand ist erleichtert, gerührt, glücklich).
- Jemandem wird das Herz schwer (jemand ist sehr besorgt).
- Jemandem wird das Herz leicht (jemand ist erleichtert).
- Seinem Herzen Luft machen (seinen Ärger freien Lauf lassen).

11.4 Wenn das Herz Wärme ausstrahlt (wenn es „warm wird ums Herz")

Es ist bekannt, dass das Herz reichlich mit Rezeptoren für Stresshormone ausgestattet ist. Vor allem Adrenalin und Noradrenalin können diese Rezeptoren stimulieren. Die Reaktion des Herzens auf diese Stresshormone ist sehr ausgeprägt und kann zu vielen Beschwerden führen. Aus diesem Grund wurden schon früh Medikamente entwickelt, die die Erregbarkeit dieser Rezeptoren hemmen. Unter dem Namen Betablocker wurden diese Medikamente gegen

Bluthochdruck oder die Neigung zu Herzrasen verschrieben. Bisher kannte man nur die sogenannten ß1- und ß2-Rezeptoren, die das Herz schneller (Symptom Herzrasen) und kräftiger (Symptom Herzklopfen) schlagen lassen. Erst seit kurzem weiß man, dass es im Herzen auch sogenannte ß3-Rezeptoren gibt. Deren Funktion besteht darin, einer zu starken Stimulation des Herzens entgegenzuwirken. Der Herzmuskel hat somit eine „Bremse" eingebaut, um sich vor übermäßiger Beanspruchung durch Stresshormone zu schützen.[6] Eine hohe Ausstattung mit ß3-Rezeptoren kann also durch Dämpfung der oben beschriebenen Stressreaktionen ein Schutz vor übermäßiger Erregung sein.

ß3-Rezeptoren waren bisher nur im Fettgewebe bekannt, steuern dort die Wärmeentwicklung, indem sie die Wärmeenergie durch Fettverbrennung gewinnen.[7] Ihre Stimulation kann zu einem Wärmegefühl führen und geht gleichzeitig mit einer Hemmung der Stresshormonwirkung am Herzen einher. Damit kommt es zu einer Beruhigung der Herzaktion. So kann man durch die Beobachtung erklären, wie es zu Begriffen wie *„Warmherzigkeit"* kommt. Gleiches gilt für Redewendungen wie *„es wird einem warm ums Herz"*. Menschen, die sich nicht leicht aufregen lassen, *„tragen die Sonne im Herzen"*. Sie gelten nicht nur als *„warmherzige Menschen"*, sondern auch als **„Menschen mit einem weichen Herz"**. Das Gegenteil davon sind dann *„kaltherzige Menschen"*, Personen, die *„ein eiskaltes Herz haben"*. Man sagt ihnen auch nach, dass sie **„ein Herz aus Stein"** haben oder sogar **„herzlos"** sind.

Redewendungen, die sich auf Herzenswärme beziehen
- Jemand ist warmherzig (jemand, der eine liebevolle Wärme ausstrahlt).
- Jemandem wird es warm ums Herz (jemand ist ganz gerührt).
- Die Sonne im Herzen haben (ein fröhliches Gemüt haben).
- Ein warmherziger Mensch sein (ein liebevoller, einfühlsamer Mensch sein).
- Warmherzig sein (voller Mitgefühl sein).
- Kaltherzig sein (gefühllos und rücksichtslos sein).
- Ein eiskaltes Herz haben (ein Mensch, der gefühllos ist).
- Herzlos sein (ohne jedes Mitgefühl sein).

---

[6] Dessy C, Balligand JL. Beta3-adrenergic receptors in cardiac and vascular tissues emerging concepts and therapeutic perspectives. Adv Pharmacol. 2010;59:135–63. doi: 10.1016/S1054-3589(10)59005-7. PMID: 20933201.

[7] Wirth, A. (2003). Exkurs: Fettgewebe. In: Adipositas-Fibel. Springer, Berlin, Heidelberg. https://doi.org/10.1007/978-3-642-18252-5_6.

11.5 Das Herz als Sitz der Seele (wenn jemand „ein Herzensmensch ist")

Heute ist man der Ansicht, dass sich der Sitz der Seele im Gehirn befindet. Biologen, wie G. Roth, glauben, dass die Seele ihren Sitz im limbischen System des Gehirns hat.[8] In der Antike glaubte man, dass die Seele ihren Sitz im Herzen hat.[9] Noch etwas früher war man der Meinung, dass der Sitz der Seele das Zwerchfell war.[10] Der Name des Zwerchfell-Nervens (Nervus phrenicus) deutet auf diese Sichtweise hin.[11] Egal welche Ansicht die Richtige ist, es gab und gibt viele Kulturen und Menschen, die einen engen Zusammenhang zwischen der Seele und dem Herzen sehen. Es gibt jedenfalls viele Redewendungen, die mit *Liebe*, *Zuneigung* und *positiven Gefühlen* zu tun haben, die mit *„Herzensausdrücken"* versehen sind.

So gibt es **„Herzensangelegenheiten"**. Ein großer Wunsch wird zum **„Herzenswunsch"**. Man drückt sein Mitgefühl aus, indem man jemandem **„etwas aus tiefstem Herzen wünscht"**. Wenn man sich mit einem Menschen gut versteht und eine gewisse Seelenverwandtschaft besteht, **„ist man ein Herz und eine Seele"**. Kinder, die man als nett empfindet, bezeichnet man als **„herzig"**. Wenn man eine Arbeit mit vollem Einsatz angeht, geht man sie **„beherzt"** an, wenn man sich nicht so sehr damit identifiziert, macht man sie nur **„halbherzig"**. Wenn man etwas gar nicht mag, **„bringt man es nicht übers Herz"** etwas zu tun. Ist etwas sehr lustig, findet man es **„herzerquickend"** und man **„kann darüber herzhaft lachen"**. Hat man Vertrauen zu einer Person, kann es sein, dass **„man sein Herz ausschüttet"**. Andere Menschen **„tragen ihr Herz auf der Zunge"**, wenn sie alle ins Vertrauen ziehen und Dinge erzählen, die sie gerade bewegen. **„Wessen das Herz voll ist, geht der Mund über"**, werden solche Menschen in der Literatur beschrieben. Wird jemand als guter und anständiger Mensch empfunden, sagt man **„er trägt sein Herz am rechten Fleck"**. Schließlich beginnen Briefe an einen geliebten Menschen mit **„Herzallerliebste** oder **Herzallerliebster"** und werden mit **„herzlichen Grüßen"** beendet. Immer wieder, wenn man Gefühle zum Ausdruck bringen will, spielt das Herz eine besondere Rolle.

---

[8] Roth, G., Heinz, A., & Walter, H. (2020). Die Suche nach der Natur der Seele. Psychoneurowissenschaften. Springer. doi: 10.1007/978-3-662-59038-6_1.

[9] Schandry, R. (2003). Vom Herz zum Hirn. Dtsch. Med. Wochenschr., 128(51/52), 2707–2711. doi: 10.1055/s-2003-812550.

[10] Van Gorp, J. (2016). Das Zwerchfell – Atemmuskel oder Sitz der Seele? DO – Deutsche Zeitschrift für Osteopathie, 14(03), 22–25. doi: 10.1055/s-0042-106996.

[11] Phren- ist ein *Wortbildungselement mit der Bedeutung „den Geistes- oder den Gemützustand betreffend."*

Redewendungen, bei denen eine Beziehung zwischen Herz, Seele und Gefühlen ersichtlich wird

- Herzenswunsch, Herzensangelegenheit, Herzenssache (etwas, was einem von großer persönlicher Wichtigkeit ist).
- Aus tiefstem Herzen (aus voller Überzeugung).
- Ein Herz und eine Seele sein (eng verbunden sein).
- Ein herziges Kind (ein sehr nettes anmutiges Kind).
- Jemandem aus dem Herzen sprechen (eine Meinung vertreten, die jemandem gar und gar entspricht).
- Es ist mir eine Herzensangelegenheit (es liegt mir sehr viel daran).
- Etwas beherzt angehen (etwas mutig und entschlossen angehen).
- Etwas halbherzig tun (etwas ohne inneren Engagement tun).
- Etwas nicht übers Herz bringen (zu etwas nicht fähige sein, moralische Bedenken haben).
- Herzerweichend (emotional ergreifend).
- Herzallerliebste (sehr Geliebte).
- Herzerquickend (erfreulich, herzerfrischend).
- Herzhaft lachen (freudig lachen).
- Herzliche Grüße (freundliche Grüße).
- Herzlos sein (ohne jegliche Gefühle sein).
- Jemand hat das Herz am rechten Fleck (jemand ist ganz in Ordnung, vernünftig, vertrauenswürdig, verlässlich etc.).
- Jemandem blutet das Herz (jemand ist schmerzlich betroffen).
- Jemandem sein Herz ausschütten (jemanden seine Sorgen anvertrauen).
- Jemandem fliegen alle Herzen zu (überall sehr beliebt sein).
- Jemanden im Herzen tragen, jemandem sein Herz schenken (jemanden lieben).
- Jemandem sein Herz öffnen (jemanden seine Gefühle zeigen).
- Jemandem ans Herz gewachsen sein, jemanden ins Herz schließen (jemanden lieb gewonnen haben).
- Jemandes Herz hängt an etwas oder jemandem (jemanden oder etwas lieben).
- Jemandes Herz im Sturm erobern (rasch Sympathie gewinnen).
- Kein Herz (im Leibe) haben (herzlos, ohne Gefühle sein).

11.6 Wie sich die Kreislaufregulation in der Sprache findet (wenn man „mit Hochdruck an etwas arbeitet")

Wenn man sich anstrengt, kommt es zu einem Blutdruckanstieg. Egal ob es sich um eine körperliche oder seelische Anstrengung handelt, die Durchblutung muss gesteigert werden, um den erhöhten Energiebedarf zu decken. Je größer die Anstrengung, desto höher der Blutdruckanstieg. Strengt man sich besonders an, oder gibt man sein Bestes, so „**arbeitet man mit Hochdruck**" an einer Sache. Man spricht auch von „**Leistungsdruck**" der auf jemanden ausgeübt wird. Weitere Ausdrücke, die auf diesen Umstand hinweisen, sind: „**Jemand steht unter Druck**", „**jemand fühlt sich unter Druck gesetzt**" oder „**jemand übt Druck auf jemand anderen aus**".

Ich erinnere mich an einen Patienten mit Bluthochdruck, der immer, wenn er „unter Druck gesetzt wurde" einen krisenartigen Blutdruckanstieg erlebte. Dabei musste er nicht wie normal ein Medikament, sondern bis zu 5 verschiedene Blutdrucksenker in der maximal erlaubten Tagesdosis zu sich nehmen, um den psychogen bedingten Blutdruckanstieg[12] halbwegs in den Griff zu bekommen. So gesehen ist „jemanden unter Druck setzen" eigentlich eine Art der Körperverletzung (siehe dazu Exkurs „Kardiovaskuläre Risikofaktoren").

Exkurs „Kardiovaskuläre Risikofaktoren"

Was passiert, wenn „jemand unter Druck steht"? In diesem Fall reagiert der Körper mit einer Notfallreaktion. Der Körper muss sich auf Flucht oder Kampf vorbereiten, d. h. der *Blutdruck steigt*, die *Herzfrequenz erhöht sich*, die *Blutfette steigen an*, der *Blutzucker steigt*, alles Reaktionen, um den Körper mit Sauerstoff und Nährstoffen zu versorgen. Und was macht die moderne Medizin? Die Ärzte behandeln den hohen Blutdruck, den schnellen Herzschlag, den hohen Blutzucker und die hohen Blutfette. Besser wäre es, wir würden uns nicht gegenseitig unter Druck setzen. Die Sprache hätte uns das längst gelehrt.

Redewendungen, die sich auf den Blutdruck beziehen
- Unter Hochdruck an etwas arbeiten (mit viel Anstrengung an etwas arbeiten).[13]
- Unter Druck stehen (bedrängt werden).
- Unter Leistungsdruck stehen (sich genötigt fühlen, Leistung erbringen zu müssen).
- Auf jemanden Druck ausüben (jemanden bedrängen, etwas zu tun).
- Sich unter Druck gesetzt fühlen. (subjektives Gefühl, bedrängt zu werden).

---

[12] Für den Mediziner, der das liest, sei darauf hingewiesen, dass ein sekundärer Bluthochdruck ausgeschlossen wurde.

[13] Englisch: *work at high pressure*; französisch: *travailler à haute pression*; spanisch: *trabajar con alta* presión.

12

Lungen, Bronchien und Sprache (wenn einem „die Luft weg bleibt")

Die Lunge ist nicht nur Atmungsorgan, sondern auch ein Ausscheidungsorgan. So wie über die Niere und die Galle flüssige Gifte ausgeschieden werden, kommt es durch Ausatmung zur Ausscheidung von gasförmigen Giftstoffen über die Lunge.

Die Atmung läuft ziemlich unbemerkt ab, zumindest so lange **„bis einem die Luft ausgeht"**. Damit wird zum Ausdruck gebracht, dass man **„zu wenig Luft hat"** und nicht mehr weitermachen kann. Umgekehrt sagt man, dass man **„jemandem die Luft abdreht"**, wenn man ihn existenziell bedrohen will. Wenn sich jemand eingeengt fühlt, kann es zu Aussagen kommen, dass man **„zu wenig Luft zum Atmen hat"**. Wird der Sauerstoffmangel immer größer, kommt es infolge eines verstärkten Vagusreflexes zu Schnappatmung, **„man schnappt nach Luft"**. In Situationen, in denen **„die Luft raus ist"**, gehen die Betroffenen oft ins Freie, oft mit den Worten **„ich gehe noch etwas frische Luft schnappen"**.

Redewendungen, welche die Atmung betreffen
- Jemandem geht die Luft aus (jemand ist mit seiner Kraft am Ende).[1]
- Jemandem die Luft abdrehen (jemanden zugrunde richten).
- Nach Luft schnappen (nach Luft ringen)[2]
- Frische Luft schnappen gehen (ins Freie gehen).
- Zu wenig Luft zum Atmen haben, keine Luft zum Atmen haben (sich beengt fühlen).[3]
- Die Luft ist raus (der Antrieb ist weg).

---

[1] Englisch: *somebody is deflated* (jemand ist entmutigt).

[2] Englisch: *gasp for breath*.

[3] Englisch: *Give somebody some breathing space* beschreibt ebenfalls den Zusammenhang zwischen Atmung und Beklemmung.

© Der/die Autor(en), exklusiv lizenziert an Springer-Verlag GmbH, DE, ein Teil von Springer Nature 2024
M. Ledochowski, *Redewendungen medizinisch erklärt*,
https://doi.org/10.1007/978-3-662-68356-9_12

12.1 Asthma bronchiale (wenn man „aus dem letzten Loch pfeift")

Wenn man sehr schnell läuft, wie das bei einer Flucht der Fall sein mag, **„kommt man außer Atem"**. Das kommt immer dann zustande, wenn der Körper mehr Sauerstoff verbraucht als er durch die Atmung aufnehmen kann. Man bekommt „**Atemnot**". Bei Asthmatikern kommt die Atemnot nicht durch einen vermehrten Sauerstoffbedarf wie bei einer Flucht zustande, sondern vor allem dadurch, dass sich die Bronchien unter Belastung verengen. Das führt zu einem erhöhtem Atemwegswiderstand, der wiederum zu Strömungsgeräuschen führen kann. Wenn man in dieser Situation mit einem Stethoskop die Lungen abhorcht, kann man pfeifende oder giemende Geräusche hören. Manchmal ist dieses Pfeifen so laut, dass man es auch auf Distanz hören kann. Der Ausdruck **„man pfeift aus dem letzten Loch"** ist hier wörtlich zu nehmen.

Bei Asthmatikern kann bereits der Wechsel in kalte Umgebungsluft zu asthmatischen Beschwerden wie Husten und Atemnot führen (*kälteinduziertes Asthma bronchiale*). Das kann man oft im Winter in ungeheizten Kirchen sehen, wenn einige Besucher ständig husten. Sobald diese wieder in eine warme Stube kommen, ist der Husten vorbei. In seltenen Fällen kann es auch umgekehrt beim Wechsel von kalter zu warmer Umgebungsluft zu Hustenreiz kommen. Jedenfalls ist die Empfindlichkeit gegenüber Temperaturwechsel in der Umgebungsluft ein Hinweis für Asthma bronchiale. Beim Laufen kühlt die Atemluft die Bronchien schnell ab, und es entsteht ebenfalls Hustenreiz. Bei körperlicher Anstrengung kommt es zusätzlich zu Ausschüttung von Botenstoffen, wie z. B. Histamin, die ausgeprägte Asthmaanfälle auslösen können (*belastungsinduziertes Asthma bronchiale*). Auch dabei kommt es zu pfeifenden Atemgeräuschen. In all diesen Fällen **„geht einem die Luft aus"**.

Die Bronchien besitzen unwillkürlich gesteuerte Muskeln. Damit besteht die Möglichkeit, dass *„jemandem die Luft wegbleibt"*, obwohl genug Luft vorhanden ist. Man kann das mit einem Mini-Asthmaanfall vergleichen, bei dem sich die Bronchien so stark zusammenziehen, dass man *„keine Luft mehr bekommt"*. Im Rahmen solcher Bronchospasmen kommt es oft zu Hustenreiz, der sehr unangenehm sein kann, weil er trocken ist und sich durch nichts lösen lässt. Dieser unangenehme Husten im Rahmen einer Stressreaktion schlägt sich nieder in Ausdrücken wie *„jemandem etwas hus-*

ten", wenn man auf etwas ablehnend reagiert oder jemanden in seine Schranken verweisen will. Wenn man sich beengt fühlt, versucht man, dass man *„sich Luft verschaffen"* kann. Asthma Bronchiale hat sehr viel mit Engegefühl zu tun. Eine psychologische Interpretation des Hustens besteht darin, dass sich die hustende Person etwas Raum verschaffen will. Die Menschen gehen auf Distanz, weil es für sie unangenehm ist.

Aber nicht nur negative Erlebnisse führen zu beschleunigter Atmung. Auch freudige Erlebnisse führen zu einer beschleunigten Atmung. Das kann wiederum Mini-Asthmaanfälle auslösen. In solchen Fällen spricht man davon, dass *„etwas atemberaubend"* schön war. Auch der Ausdruck *„es verschlägt mir den Atem"*, deutet ebenfalls auf eine asthmatische Reaktion im Rahmen vermehrter Atmung, dabei kann der Auslöser freudig oder negativ sein.

Wenn Stress oder Ärger vorbei sind, lässt der Bronchospasmus im Normalfall wieder nach. Man bekommt wieder Luft und hat *„seinem Ärger Luft gemacht"*. Nachdem Atemnot auch eng mit Herzkrankheiten assoziiert ist, kommt es auch vor, dass man *„seinem Herzen Luft macht"*, indem man sich beispielsweise *„Herzensangelegenheiten von der Seele redet"*. Es kann aber auch vorkommen, dass man von jemandem so auf Trab gehalten wird, dass die Luft knapp wird. So kommt der Ausdruck *„jemanden in Atem halten"* zustande.

Redewendungen, die sich auf Asthma bronchiale beziehen

- Aus dem letzten Loch pfeifen (sich in einem erschöpften und sehr schlechtem Zustand befinden).
- Außer Atem kommen (man ist körperlich überanstrengt).
- Jemandem geht die Luft aus (jemand ist mit seiner Kraft am Ende).
- Jemandem bleibt die Luft weg (jemand ist so erstaunt, dass es ihm den Atem verschlägt).
- Keine Luft mehr bekommen (nicht mehr genug Luft zum Atmen bekommen).
- Jemandem etwas husten (jemanden abweisen, jemandem die Meinung sagen).
- Sich etwas Luft verschaffen (Sich mehr Freiraum verschaffen).
- Etwas ist atemberaubend (etwas ist so aufregend, dass es einem die Luft zum Atmen nimmt).
- Jemandem verschlägt es den Atem (jemand ist überwältigt).
- Seinem Ärger Luft machen (seinen Zorn auslassen).

12.2 Hyperventilation (wenn man „vor Freude ganz kribbelig wird")

Hyperventilation bedeutet, dass man zu schnell oder zu tief atmet. Man atmet immer dann zu viel, wenn der Körper einen ungewöhnlich hohen Sauerstoffbedarf hat. Vor allem bei Angstreaktionen steigt der Sauerstoffbedarf, da sich der Körper auf eine Fluchtreaktion vorbereiten muss. Deshalb kommt es bei Angst zur Hyperventilation. Die betroffene Person atmet schneller und tiefer. Dadurch verliert der Körper CO_2, wodurch der pH-Wert des Blutes leicht alkalisch wird. Hyperventilation kann also zu einer Verschiebung des Säure-Basen-Gleichgewichts im Blut führen, mit einer schwerwiegenden Folge: Die Nerven können nicht mehr richtig arbeiten. Die Folge sind Symptome wie *Taubheitsgefühl, Schwindel, Verwirrtheit, Missempfindungen, Muskelkrämpfe* und *subjektiv empfundene Atemnot*, obwohl gar kein Sauerstoffmangel vorliegt. Wenn einer hyperventilierenden Person die Angst genommen wird, verschwinden die Symptome spontan. Oft genügt schon die Anwesenheit einer Person, die Ruhe ausstrahlt. So kann allein das Erscheinen eines Arztes die Hyperventilation durchbrechen und alle damit verbundenen Beschwerden schlagartig aufhören, quasi eine „Wunderheilung" eintreten.

Bei der Minimalvariante von Hyperventilation verspürt man lediglich ein Kribbeln, und zwar überall dort, wo es sehr viele Nerven gibt. Neben den Lippen sind vor allem die Fingerspitzen sehr dicht mit Nerven versorgt und deshalb besonders empfindlich. Deshalb spricht man auch von einem „**Fingerspitzengefühl**". Nicht nur bei Angst, sondern auch bei Freude oder gespannter Erwartungshaltung kommt es zu Hyperventilation und in der Folge zu einem „**Kribbeln in den Fingern**" bzw. „**es juckt in den Fingern**" oder „**es brennt unter den Nägeln**" etwas zu tun. Oder man wird ganz einfach „**kribbelig**". Gleichzeitig mit den Parästhesien im Bereich der Finger, Füße und im Gesicht empfinden die Betroffenen Atemnot. Das Innenohr hat ebenfalls eine sehr dichte Versorgung mit Nerven, sodass Schwindel oft das einzige Symptom von Hyperventilation sein kann. In der Sprache findet man den Ausdruck wie „**jemand wird schwindelig vor Freude**". Obwohl sich bei Hyperventilation die Sauerstoffsättigung eigentlich verbessert, besteht subjektiv das Gefühl der Atemnot: „**es geht einem die Luft aus**". So ist es auch zu erklären, dass etwas, was Freude oder unangenehm berührend ist, auch als „**atemberaubend**" bezeichnet wird. Ist die Hyperventilation ausgeprägter, weiten sich die Missempfindungen auch auf die Füße aus, und man bekommt das Gefühl, „**den Boden unter den Füßen zu verlieren**".

Exkurs „Hyperventilation und Eisprung"

Mit der Ovulation steigt die Produktion des Gelbkörperhormons an und es verändert sich die Atmung dahingehend, dass die betroffene Frau leicht hyperventiliert.[4] Diese Hyperventilation ist so konstant, dass man mittels Atemgasanalyse sogar den Zeitpunkt des Eisprungs feststellen kann.[5] Durch die leichte Hyperventilation verändert sich aber sehr viel in der 2. Zyklushälfte: Die Finger werden kälter, die Hautfarbe blasser, der Blutdruck sinkt etwas, auch die Stimmung verändert sich etwas. Durch die Neigung zu Hyperventilation in der 2. Zyklushälfte sind Frauen in dieser Phase auch anfälliger für Angstzustände: Denn Angst führt zu Hyperventilation und Hyperventilation bewirkt wiederum Angst. Ein Teufelskreis, der nach dem Eisprung bei manchen Frauen immer wieder eintritt.

Redewendungen, welche sich auf Hyperventilation beziehen
- Vor Freude kribbelig werden (Unruhe, die sich bei freudigen Ereignissen einstellt).
- Kribbelig sein (unruhig oder erwartungsvoll angespannt sein).
- Jemandem kribbelt es in den Fingern (jemand ist ungeduldig oder begierig darauf, sich einer bestimmten Aktivität hinzugeben).
- Es juckt/brennt unter den Nägeln (ein Anliegen, das dringend erledigt werden möchte).
- Den Boden unter den Füßen zu verlieren (Angst, den Halt zu verlieren, sich hilflos fühlen).
- Etwas ist atemberaubend schön (etwas ist so schön, dass es einem fast den Atem nimmt).
- Eine atemberaubende Schönheit (eine unglaublich schöne Frau).
- Jemandem den Atem rauben (jemanden faszinieren bzw. so überwältigend beeindrucken, dass die Person sprachlos wird).

12.3 Plötzliche Atemnot (wenn „es einem den Atem verschlägt")

Bei plötzlicher Kälteexposition, wie z. B. bei einem Sturz ins kalte Wasser, kann es durch die plötzliche Abkühlung des Gesichtes zu einer Art Totstellreflex kommen. Man nennt diese Art des Totstellreflexes auch *Tauchreflex.*

---

[4] Takano N, Sakai A, Iida Y. Analysis of alveolar pCO2 control during the menstrual cycle. Pflugers Arch. 1981 Apr;390(1):56–62. doi: 10.1007/BF00582712. PMID: 6787563.

[5] Persönliche Mitteilung Ludwig Wildt, Vorstand der Universitätsklinik für Gynäkologie und Endokrinologie.

Der *Tauchreflex* kann aber nicht nur beim Sprung ins Wasser auftreten, sondern auch bei starkem Wind, der einem plötzlich ins Gesicht bläst. Die rasche Abkühlung der Gesichtshaut meldet dem Gehirn, dass sich *„Mund und Nase möglicherweise unter Wasser befinden"*. Damit kommt es zum Atemstillstand und dem Gefühl von Atemnot, **„es verschlägt einem den Atem"** oder **„es stockt der Atem"**. Jeder, der schon einmal bei einem schnell fahrendem Auto den Kopf beim Schiebedach hinausgestreckt hat, kann das Gefühl eines Tauchreflexes beschreiben. Betroffene erzählen dann *„mir blieb die Luft weg"*.

Exkurs „Tauchreflex"

Der Tauchreflex ist ein Schutzmechanismus, der beim raschen Eintauchen in kaltes Wasser (Sprung ins Wasser) beobachtet werden kann. Dabei kommt es zu einer plötzlichen Stimulation des parasympathischen Nervensystems. Als Folge davon wird die Atmung zum Stillstand gebracht, gleichzeitig verlangsamt sich der Herzschlag und das Blut wird in die Körpermitte umverteilt. Durch diese, als *„Zentralisation"* bekannte Notfallreaktion wird die Versorgung überlebenswichtiger Organe mit Sauerstoff gesichert.

Redewendungen, die sich auf plötzliche Atemnot beziehen
- Jemandem verschlägt es den Atem (man ist überwältigt).
- Jemandem stockt der Atem (jemand kann vor Aufregung kaum atmen).
- Jemandem den Atem rauben (jemanden sprachlose machen).
- Den Atem anhalten (auf etwas gespannt warten).
- Den Atem verlieren (die Kraft geht aus).
- Es ist atemberaubend (es ist überwältigend).
- Den längeren Atem haben (längere Ausdauer haben).

12.4 Einsatz der Atemhilfsmuskulatur (wenn man „die Hände in die Hüften stemmt")

Wenn **„jemandem die Luft ausgeht"** ist das ein Zeichen dafür, dass die betroffene Person zu wenig Luft zum Atmen hat. Entweder sie **„kriegt keine Luft"**, weil ihr **„die Luft abgedreht wurde"**, oder sie hat durch hohe Anstrengung einen so hohen Sauerstoffverbrauch, dass der Körper eine *„Sauerstoffschuld"* eingeht und **„außer Atem kommt"**. In solchen Fällen muss der Körper dafür sorgen, dass vermehrt Luft zugeführt wird. Das kann unter anderem durch den Einsatz der sogenannten Atemhilfsmuskulatur geschehen.

Am einfachsten erfolgt das dadurch, dass man „**die Hände in die Hüften stemmt**". Bei Sportereignissen kann man sehen, dass die Athleten nach einem 100-Meter-Lauf, die Hände in die Hüften stemmen und noch ein wenig umhergehen. Während des Laufes sind sie eine Sauerstoffschuld eingegangen, „**sie sind außer Atem**". Nach Beendigung dieser erhöhten Belastung wird diese Sauerstoffschuld wieder ausgeglichen, indem die Sportler die Arme in die Hüften stemmen. Vor Kampfsituationen kann es vorkommen, dass man schon auf Vorrat mehr „**Luft holt**" und „**die Hände in die Hüfte stemmt**". Das birgt auch etwas Bedrohliches in sich. Die betroffene Person signalisiert damit, dass sie sich kampfbereit macht oder demnächst „**in die Luft geht**".

Redewendungen, die sich auf Sauerstoffschuld und den Einsatz der Atemhilfsmuskulatur beziehen

- Jemand ist außer Atem (jemand ist körperlich überanstrengt).
- Jemand kriegt keine Luft (nicht atmen können).
- Jemandem geht die Luft aus (jemand hat nicht mehr genug Luft zum Atmen).
- Die Hände in die Hüfte stemmen (Ausdruck der Verärgerung und der Aggression).

13

Wie Augen und Sehsinn in die Sprache gelangen (wenn man „den Durchblick hat")

Die Augen werden auch als „**Fenster zur Seele**" bezeichnet. Gemeinsam mit der mimischen Muskulatur können Augen sehr viel ausdrücken. Die Augenmuskeln unterliegen einer schnellen und nur teilweise dem Willen unterliegenden Reaktion. Die Muskeln, welche die Größe der Pupille steuern oder die Linse scharf stellen, unterliegen überhaupt nicht dem Willen, sodass seelische Vorgänge sehr gut an den Augen abgelesen werden können. Man kann auch mit den Augen Signale senden. So kann durch „das Heben der Augenbrauen" Freundlichkeit oder Sympathie zum Ausdruck gebracht werden. Man kann Wohlwollen ausdrücken, indem man „**jemandem zuzwinkert**" oder man kann „**jemandem schöne Augen machen**" oder sogar einen „**verführerischen Augenaufschlag haben**". Umgekehrt kann man durch Starren drohende Signale aussenden, indem man einen „**starren Blick**" oder einen „**strengen Blick**" bekommt. Biologen bezeichnen dieses Verhalten als „**Drohstarren**", ein Verhalten, das auch bei Tieren vorkommt. Ich kann mich an einen Priester erinnern, bei dem es immer wieder vorkam, dass er seine Predigt unterbrach, wenn ein Kind zu laut wurde und es „**drohend anstarrte**" oder der Mutter des lärmenden Kindes einen „**vernichtenden Blick**" zuwarf.

Jeder konnte schon einmal beobachten, dass Traurigkeit dazu führt, dass „**jemandem die Tränen in den Augen stehen**". Oder man hat selbst schon einmal „**ein Auge zugedrückt**", wenn man „**etwas übersehen wollte**". Freude, Trauer, Verliebtheit, Wünsche und viele andere Stimmungen können deutlich sichtbare Veränderungen im und rund ums Auge bewirken, so können manche feinfühlige Menschen „**jemandem den Wunsch von den Augen ablesen**".

M. Ledochowski, *Redewendungen medizinisch erklärt*, https://doi.org/10.1007/978-3-662-68356-9_13

Schließlich ist es für Menschen nicht nur wichtig zu sehen, sondern auch gesehen zu werden. Die Art, wie man gesehen wird, hat eine wesentliche soziale Bedeutung. Ausdrücke wie **„man genießt hohes Ansehen"** verdeutlichen das. Menschen ist es deshalb besonders wichtig, **„ihr Gesicht zu wahren"**. Redewendungen wie **„aus den Augen, aus dem Sinn"** deuten darauf hin, wie wichtig es ist, **„sichtbar zu sein"**, damit man überhaupt in Erinnerung behalten wird. Ansonsten passiert es, dass man **„jemanden aus den Augen verliert"**.

Das Augenlicht ist so wertvoll, dass man den Verlust eines Auges sehr hoch einschätzt. Wenn man auf eine Gefahr hinweisen will, sagt man, **„das kann ins Auge gehen"**. Versucht man jemanden etwas klarzumachen, spricht man davon **„jemandem die Augen zu öffnen"**, und wenn man es verstanden hat, sagt man **„mir sind die Augen aufgegangen"** oder **„jetzt ist mir ein Licht aufgegangen"**. Man kann aber auch **„jemandem Sand in die Augen streuen"**, um ihn irrezuführen und dafür zu sorgen, dass er etwas übersieht.

Redewendungen, die sich auf Augen und Sehsinn beziehen
- Jemandem zuzwinkern (freundliche Geste, indem man jemanden ansieht und kurz ein Auge verschließt).
- Jemandem schöne Augen machen (mit jemanden flirten).
- Einen verführerischen Augenaufschlag haben (kurzes Anheben der Augenlider, welches Zuneigung verrät).
- Ansehen genießen (gesellschaftliche Bedeutung haben).
- Sein Gesicht wahren (seine Ehre bewahren).
- Aus den Augen, aus dem Sinn (vergessen, was nicht mehr gesehen wird).
- Einen starren Blick bekommen (Drohstarren).
- Das kann ins Auge gehen (das kann gefährlich werden).
- Jemandem die Augen öffnen (jemanden über etwas aufklären)
- Jemandem Sand in die Augen streuen (jemanden in die Irre führen und täuschen).
- Etwas ins Auge fassen (eine Sache angehen).

13.1 Veränderungen der Sehleistung (wenn jemand „einen klaren Blick hat")

Visus nennt der Arzt die Sehleistung. Um diese zu überprüfen, werden Sehtests durchgeführt. Eine typische Beschwerde vieler Menschen ist, dass sie nicht scharf sehen können. *„Ich sehe immer alles verschwommen, aber alle Augenärzte sagen, dass meine Augen gesund sind"*, ist ein häufig zitierter Satz von Patienten, die zum Arzt gehen. Wenn man so etwas hört, dann kann man davon ausgehen, dass die abnehmende Sehschärfe durch eine Überlastungs-reaktion der Muskeln *im* Auge zustande kommt. Meist handelt es sich dabei um psychische Erkrankungen, denn diese Patienten stehen in der Regel unter andauerndem Stress. Damit verbrauchen sie sehr viel Energie und die Augen-muskeln sind wahre Energiefresser. Nur im Schlaf können sie sich entspannen. Wenn jemand psychisch vollkommen gesund ist und die Sinne nicht getrübt sind, spricht man davon, dass jemand **„einen klaren Blick hat"**. Wenn die Muskeln, welche die Linse und die Blende einstellen, sehr gut funktionieren, spricht man von jemand **„Scharfsinnigem"** oder jemand, der einen **„schar-fen Blick"** hat.

Interessanterweise gibt es auch Redewendungen zu relativ selten vor-kommenden Veränderungen der Sehleistung. So gibt es Menschen, die des-halb nichts sehen, weil ihre Psyche sie daran hindert, das Gesehene oder Teile davon wahrzunehmen. Dabei kann es zu selektivem Ausblenden von Ge-sehenem kommen, sodass man davon spricht, dass **„jemand auf einem Auge blind ist"** oder **„auf einem Auge nicht sehen will"** oder dass **„jemand ein Brett vor dem Kopf (Augen) hat"**. In diesen Fällen funktionieren zwar die Augen, aber das Gehirn setzt aus und will die Information nicht weiter ver-arbeiten. Menschen, deren Wahrnehmung derart eingeschränkt ist, werden auch als **„engstirnig"** bezeichnet, wenn man zum Ausdruck bringen will, dass viele Wahrnehmungen ausgeschaltet werden, sagt man, dass **„jemand einen Tunnelblick hat"**. Natürlich kann ein Tunnelblick auch organische Ursachen haben, deshalb muss so ein Symptom immer auch weiter abgeklärt werden. Aber die Sprache zeigt uns, dass es immer wieder Menschen gibt, welche die Verarbeitung von Gesehenem einfach ausschalten oder **„ausblenden"**. Das kann so weit führen, dass es zu einem vollkommenen Verlust der Sehfähigkeit kommt. Ärger kann dazu führen, dass jemand **„blind vor Wut"** wird oder sogar in eine Art Blutrausch kommt und nur mehr **„rot sieht"**. Kommt es durch starken Stress zu tatsächlicher Erblindung, spricht der Laie von psycho-gener oder **„hysterischer Blindheit"**, der Arzt von einer *„dissoziativen Sensibilitätsstörung"*. Früher hat man davon gesprochen, dass **„jemand mit Blindheit geschlagen"** ist. Starke seelische Belastungen können aber auch dazu führen, dass **„man jemanden oder etwas nicht mehr sehen kann"**.[1]

---

[1] Waldvogel, B., et al. „Blind und sehend in einer Person." Nervenarzt, vol. 78, no. 11, 1 Nov. 2007, pp. 1303–09, doi:10.1007/s00115-007-2309-x.

Redewendungen, die sich auf die Sehleistung beziehen
- Einen klaren Blick haben (jemand hat eine objektive und realistische Sichtweise).
- Weitblick haben (vorausschauend denken).
- Einen scharfen Blick haben (jemand, der Situationen schnell und genau erkennen kann).
- Scharfsinnig sein (jemand, der intelligent ist und Probleme rasch und genau erfasst).[2]
- An einem Auge nichts sehen wollen (etwas nicht wahrhaben wollen).
- Auf einem Auge blind sein (etwas nicht sehen wollen).
- Mit offenen Augen durchs Leben gehen (Dinge sehen, wie sie sind).
- Ein Brett vor dem Kopf (Augen) haben (begriffsstutzig sein).
- Engstirnig sein (eine begrenzte Sichtweise haben).
- Einen Tunnelblick haben (eine begrenzte Denkweise haben).
- Blind vor Wut sein (so wütend sein, dass man die Kontrolle über sich selbst verliert).
- Blind vor Eifersucht sein (so eifersüchtig sein, dass man die rationale Denkfähigkeit verliert).
- Jemand sieht rot (sehr wütend sein).
- Mit Blindheit geschlagen sein (uneinsichtig sein).

13.2 Veränderung der Tränenbildung (wenn jemand „einen trüben Blick bekommt")

Bei großer Trauer weinen viele Menschen und *„vergießen Tränen"*. Manche Menschen weinen auch bei großer Freude und *„lachen Tränen"*. Wenn Menschen sehr lange traurig sind, können sie oft nicht mehr weinen, sodass die *„Tränen versiegen"*. Das *„trockene Weinen"* bzw. *„trockene Augen"* sind oft ein Symptom von lang anhaltenden Depressionen oder anderen psychiatrischen Erkrankungen.[3] Diese Menschen haben tatsächlich eine einschränkte Tränenbildung und bewegen ihre Augen viel weniger. Dadurch wird das Auge schlechter benetzt und die Augen erscheinen matt. Man bekommt *„trübe Augen"*. Auch die Vergesellschaftung von trüben Augen mit Depressionen wurde schon lange beobachtet und solche Menschen als *„trübsinnig"* be-

---

[2] Englisch: *sharp-eyed* (etwas genau beobachten, scharfsichtig).

[3] Kaštelan S, Bakija I, Bogadi M, Orešković I, Kasun B, Gotovac M, Gverović Antunica A. Psychiatric Disorders and Dry Eye Disease – A Transdisciplinary Approach. Psychiatr Danub. 2021 Spring-Summer;33(Suppl 4):580–587. PMID: 34718284.

zeichnet.[4] Es gibt natürlich auch andere Ursachen, welche zu „*trübem Sehen*" führen können, allen voran der graue Star. Menschen mit grauem Star gehen weniger ins Freie, wenn die Sonne scheint, weil ihnen das Licht zu grell erscheint. Durch die Streuung des Lichts in der getrübten Linse können sie bei hellem Licht nicht mehr klar sehen und **„sie sind geblendet"**. Am besten sehen sie in der Dämmerung, weil dann die Pupille größer wird und sie an ihrer Linsentrübung vorbeischauen können. Der ständige Lichtentzug schlägt sich bei manchen auf die Seele. Das kann vor allem bei Senioren zu einem „*betrübten Dasein*" führen.

Viel häufiger sieht man aber „*glänzende Augen*". Das kann der Fall sein, wenn jemand zu weinen beginnt oder große Freude empfindet. Wenn einem nach Weinen zumute ist, man es aber gerade noch unterdrücken kann, „*steht einem das Wasser in den Augen*". Ganz anders ist das bei „*freudig glänzenden Augen*". Dieses Glänzen der Augen entsteht weniger durch vermehrte Tränenbildung, sondern vor allem durch eine bessere Verteilung der Tränen, weil sich die Augen bei Freude vermehrt bewegen. Diese Zunahme der Augenbewegungen führt dazu, dass der Tränenfilm am Auge besser verteilt wird. Dadurch beginnen die Augen zu glänzen. Wenn jemand sehr gute Arbeit erbracht hat und dafür gelobt wird, spricht man auch von einer „*Glanzleistung*" nicht nur, weil vielleicht eine glänzende Goldmedaille verliehen wurde, sondern weil man die „*glänzenden Augen*" oder sogar „*Freudentränen*" sehen kann. Diese Veränderungen der Augen bei Freude umschreibt man auch mit „*strahlenden Augen*" oder „*leuchtenden Augen*". Alle diese Veränderungen hängen mit der Produktion und Verteilung des Tränenfilms zusammen. Demgegenüber muss das „*Glanzauge*" abgegrenzt werden. Es kann ein Hinweis für manche Augenkrankheiten wie z. B. einen grünen Star sein.

Nachdem die Augenmuskeln sehr viel Energie verbrauchen, nehmen die Augenbewegungen im Laufe des Tages mit zunehmender Erschöpfung ab. Dadurch wird der Tränenfilm nicht mehr so gut verteilt und es entsteht ein Fremdkörpergefühl. Bei Kindern sagt man dann, **„das Sandmännchen kommt"**, und erzählt ihnen die Geschichte, dass das Sandmännchen müden Kindern „Sand in die Augen streut". Der Ausdruck **„jemandem Sand in die Augen streuen"** wird aber auch anders verwendet, nämlich dann, wenn man sagen will, dass jemand etwas verschleiern will und der betroffenen Person so **„die klare Sicht nimmt"**. Das Fremdkörpergefühl im Auge wird über-

---

[4] Vieira GCF, Rodrigues BRO, Cunha CEXD, Morais GB, Ferreira LHRM, Ribeiro MVMR. Depression and dry eye: a narrative review. Rev Assoc Med Bras (1992). 2021 Mar;67(3):462–467. doi: 10.1590/1806-9282.20200888. PMID: 34468615.

trieben beschrieben, wenn man davon spricht, dass „**etwas ein Dorn im Auge ist**" und damit meint, dass jemanden etwas besonders stört.

Exkurs „Krokodilstränen"

Als Krokodilstränen werden Tränen bezeichnet, die ohne echte Betroffenheit und ohne jeglichem Mitgefühl vergossen werden. Also Tränen, die als heuchlerisch empfunden werden. Tatsächlich gibt es eine anatomische Eigenheit, die zu diesem Phänomen führt. Der Gesichtsnerv (N. facialis) beinhaltet auch vegetative Nervenfasern (N. petrosus major), welche die Tränendrüsen versorgen. Sie werden bei vielen Menschen gemeinsam in Nervenzellhaufen (Ganglien) verschalten, sodass es bei Bewegung der Kaumuskulatur auch zur Erregung der Tränendrüsen kommt. Manche Menschen merken das daran, dass sie sich nach einem Essen schnäuzen müssen, denn die vermehrten Tränen rinnen über die Tränenkanäle in die Nase ab. Bei Krokodilen ist dieser Effekt der Tränenbildung beim Essen besonders ausgeprägt. So hat sich diese Beobachtung in der Redewendung niedergeschlagen. Man sagt, dass **„jemand Krokodilstränen weint"**, wenn mit dem Tränenvergießen gar keine echten Gefühle verbunden sind.

Redewendungen, welche die Tränenbildung betreffen
- Tränen vergießen (weinen).
- Feuchte Augen bekommen (traurig oder freudig berührt sein).
- Tränen in den Augen bekommen, in Tränen ausbrechen (zu weinen beginnen).
- Versiegende Tränen (aufhören zu weinen).
- Trübe Augen bekommen (getrübt erscheinende Augen bekommen, einen traurigen Blick bekommen).
- Betrübt sein, trübsinnig sein, ein betrübtes Dasein führen (traurig sein).
- Glänzende Augen bekommen (sehr erfreut sein, begeistert sein).
- Eine Glanzleistung vollbringen (eine sehr gute Leistung vollbringen).
- Das Wasser steht in den Augen (Tränen in den Augen bekommen).
- Das „Sandmännchen" kommt (Zeit ins Bett zu gehen, Müdigkeit, die mit Fremdkörpergefühl in den Augen einhergeht).
- Da bleibt kein Auge trocken (alle lachen oder alle sind sehr berührt).[5]
- Es ist mir ein Dorn im Auge (es stört und ärgert mich).
- Jemandem Sand in die Augen streuen (jemanden täuschen, sodass er Dinge nicht mehr richtig erkennen kann).
- Funkeln in den Augen (Zeichen einer freudigen Erregung).
- Nasse Augen bekommen (weinen).
- Den Balken im eigenen Auge haben, aber den Splitter im Auge des Nächsten sehen (einen kleinen Fehler bei Fremden sehen, aber die eigenen großen Fehler nicht sehen; Bibel Mt 7.3).
- Etwas ist mir ein Dorn im Auge (etwas stört oder ärgert mich sehr).
- Traurige Augen machen (traurig oder enttäuscht sein).
- Es ist zum Weinen (es ist zum Verzweifeln).

---

[5] Englisch: *There was not a dry eye left in the house* (da blieb kein Auge trocken).

13.3 Wie sich die Augenmuskeln in der Sprache wiederfinden (wenn jemand „einen verklärten Blick bekommt")

Kein Mensch hat vollkommen parallel stehende Augen. In Abhängigkeit der Entfernung, und der gerade bestehenden psychischen Spannung, ändern sich die Sehachsen. Man würde ständig Doppelbilder sehen, wären da nicht die Augenmuskeln, die dafür sorgen, dass die Augenstellung ständig so korrigiert wird, dass die Bilder beider Augen im Gehirn ständig in übereinstimmende Deckung gebracht werden. Deshalb schielt man leicht, wenn man etwas aus der Nähe betrachtet. Verliebte, die sich beim Küssen anschauen, schielen deshalb leicht und „**bekommen einen Silberblick**".

Die Augenmuskeln verbrauchen enorme Energiemengen. Gemessen an ihrer Größe haben sie den größten Energieverbrauch aller Muskeln im Körper. Ist man ausgeruht und aufmerksam, „*hat man ein wachsames Auge*". Bei Müdigkeit oder extremer Entspannung wie zum Beispiel beim Tagträumen kommt es auch zu einer Entspannung der Augenmuskeln. Dadurch gelangen die Augenmuskeln in eine Ruhestellung und es kommt zu einem leichten Schielen. Die meisten Menschen schielen in solchen entspannten Situation nach außen. Diese Augenstellung wird oft als „*verklärter Blick*" bezeichnet. Viele Künstler haben dieses Phänomen offenbar beobachtet und bei der Darstellung der Mutter Gottes angewandt. Um den Zustand der entspannten Ruhe und Verklärtheit zum Ausdruck zu bringen, wurden Bilder und Statuen der Mutter Gottes mit nach außen schielenden Augen dargestellt.

Schließlich gibt es noch Ausdrücke wie „**die Augen verrollen**" oder „**die Augen verdrehen**". Diese Ausdrücke haben etwas mit der Fehlsteuerungen der Augenmuskulatur zu tun. Das Symptom des Augenrollens kommt bei bestimmten neurologischen oder psychischen Erkrankungen vor. In der Maximalform kann es bei solchen Krankheiten zu Blickkrämpfen kommen, die man auch als okulogyre Krisen bezeichnet. Von außen sieht man, dass die Betroffenen ihre Augen, meistens nach oben, verdrehen. Diese Beobachtung mag dazu geführt haben, dass Menschen bemerkten, dass etwas nicht stimmt, wenn es zum Augenrollen kommt. So kam es dann zu der Eigenart, dass „**jemand die Augen verrollt**", wenn man wortlos zum Ausdruck bringen will, dass jemand anderer im Raum etwas eigenartig ist.

Ganz anders verhält es sich bei dem Begriff „*jemandem die Augen verdrehen*". Genauso wie die Redewendung „*jemandem den Kopf verdrehen*", bezieht sich diese Redewendung auf soziale Interaktionen, bei der man jemanden in sich verliebt macht oder stark beeinflusst, sodass die Aufmerksamkeit auf etwas oder jemanden gelenkt wird.

Redewendungen, die sich auf die Augenmuskeln beziehen
- Einen Silberblick bekommen (schielen beginnen).
- Einen verklärten Blick bekommen (einen verträumten Ausdruck bekommen).
- Die Augen verrollen oder verdrehen (genervtes Entsetzen zum Ausdruck bringen).
- Jemandem die Augen oder den Kopf verdrehen (jemanden in sich verliebt machen).

13.4 Veränderung der Pupillengröße (wenn jemand „große Augen macht")

Die Steuerung der Pupille unterliegt nicht dem Willen. Die Pupillengröße kann daher viel Auskunft darüber geben, was im Gehirn gerade geschieht. Einerseits werden die Pupillen durch die Lichtintensität gesteuert, bei grellem Licht werden sie klein (Miosis), bei wenig Lichteinfall groß (Mydriasis). Die Größe der Pupille verändert sich aber auch mit der Stimmungslage. So führen Angst oder auch Überraschung und freudige Aufregung zu erweiterten Pupillen. Wenn man eine Überraschung erfährt, *„macht man große Augen"*. Kinder, die sich auf etwas freuen, *„bekommen große Augen"*.

Exkurs: „Warum die Tollkirsche auch Bella Donna genannt wird"

Große Pupillen galten schon immer als „schön". Nachdem man schon im Mittelalter bemerkt hatte, dass man mit dem Saft der Tollkirsche eine lang anhaltende Erweiterung der Pupillen erreichen kann, wurde es in früherer Zeit als Schönheitsmittel angewandt. In Venedig war es üblich, dass sich die Frauen vor festlichen Veranstaltungen diese Essenz einträufelten, um attraktiver zu wirken. Daher kommt der lateinische Ausdruck *„Bella Donna"*. Eine Bezeichnung, die noch heute für die giftige Tollkirsche verwendet wird.

Die Geschwindigkeit der Pupillenveränderung und die Variabilität der Pupillengröße können Aufschluss über die Auffassungsgabe (fluide Intelligenz) von Heranwachsenden geben.[6] Was die moderne Forschung erst seit

---

[6] Lu R, Zhang X, Shi J. Tonic pupil size and its variability are associated with fluid intelligence in adolescents aged 11–14 years. Psych J. 2021 Feb;10(1):20–32. doi: 10.1002/pchj.397. Epub 2020 Sep 9. PMID: 32902168.

kurzem weiß, hat die Sprache schon lange vorweggenommen, wenn sie vom „**aufgeweckten Kind**" spricht.

Redewendungen, die sie auf die Pupillen beziehen
* Große Augen machen, große Augen bekommen (staunen).
* Bella Donna (Bezeichnung der Tollkirsche, übersetzt „schöne Frau").
* Ein aufgewecktes Kind (ein aufnahmefähiges und kluges Kind).

13.5 Farbempfinden und Sprache (wenn man „alles durch eine rosa Brille sieht")

Wenn gute Zeiten in Aussicht sind, spricht man von „**rosigen Zeiten**", die auf uns zukommen. Wenn jemand alles in einer unrealistischen Schönheit sieht, spricht man davon, dass jemand alles „**durch eine rosa Brille sieht**". Umgekehrt spricht man von einem „**Schwarzseher**", wenn jemand nur pessimistisch in die Zukunft schaut. Menschen, die Situationen unrealistisch einschätzen, bezeichnet man auch als „**blauäugig**". Schließlich spricht man noch davon, dass jemand, der wütend ist „**rot sieht**". Wenn jemand das Gefühl hat, ohnmächtig zu werden, hört man oft den Ausdruck „**mir wird schwarz vor den Augen**". Schließlich vergibt man Farbeindrücke auch an verschiedene Charaktere und spricht von einer „**grauen Maus**", wenn jemand unauffällig dahinlebt oder von einer „**grauen Eminenz**", wenn jemand aus dem Hintergrund die Fäden zieht. Beim Alkoholentzug, der zu deliranten Zuständen mit Halluzinationen führen kann, spricht man davon, „**weiße Mäuse zu sehen**".[7]

Woher kommen all diese Redewendungen? Es ist bekannt, dass das Licht das Farbsehen und das Schwarz-weiß-Sehen beeinflussen. Bei Abnahme der Lichtintensität wird der Farbsinn immer mehr abgeschaltet. Wenn es dunkel wird, kann man nur mehr Grautöne erkennen, es kommt zu einem „**schwarz-weiß-sehen**". Daher rührt der Spruch „**in der Nacht sind alle Katzen grau**". Die Lichtintensität beeinflusst nicht nur das Schwarz-weiß- und das Farbsehen, sondern auch die Stimmung. Viele Menschen mit Winterdepressionen können ein Lied davon singen, wenn im Winter die Lichtmenge nicht mehr ausreicht, um eine gute Stimmung aufrechtzuerhalten. Aus diesem Grund wird bei Winterdepressionen eine Lichttherapie durchgeführt. Dabei ist nicht nur darauf zu achten, dass die Beleuchtungsstärke über 10.000 Lux liegt, sondern auch, dass das Licht alle Wellenlängen des Tageslichts enthält.

---

[7] Im Englischen spricht man bei Halluzinationen im Rahmen eines Alkoholdelirs von *to see pink elephants*.

Unterschiedliche Farbspektren des Lichts erzeugen unterschiedliche Gefühle in unserem Gehirn. Das wird auch in Supermärkten ausgenützt, in denen Fleisch, Gemüse oder Brot jeweils mit anderen Wellenlängen beleuchtet werden, um damit den Appetit auf das jeweilige Produkt zu steigern. Fleisch in der Vitrine sieht dann tatsächlich **rosiger** aus. Kommt man dann nach Hause, sieht das gleiche Produkt bei Tageslicht dann ganz anders aus. Auch Brot und Obst sehen zu Hause anders aus als im Geschäft. Verkaufspsychologen haben schon seit einiger Zeit erkannt, dass man mit verschiedenen Farbspektren die Kauflust beeinflussen kann. Was in der modernen Farbpsychologie erst in den letzten Jahren erforscht wurde und für heute für Marketingzwecke eingesetzt wird, ist den Menschen aber schon lange bekannt. So ist es auch zu erklären, dass Ausdrücke, wie „**alles durch eine rosa Brille sehen**" oder „**alles schwarz sehen**" schon seit langem verwendet werden.

Redewendungen, die sich auf das Farbsehen beziehen
- Etwas durch die rosa Brille sehen (etwas unrealistisch positiv sehen).
- Rosige Zeiten (glückliche Zeiten).
- Rot sehen (ungehemmt zornig werden).
- Schwarz sehen (alles pessimistisch sehen).
- Weiße Mäuse sehen (Beschreibung für Halluzinationen, die durch Alkohol ausgelöst wurden).
- Blauäugig sein (eine naive Sichtweise haben).
- Jemandem wird schwarz vor Augen (jemand hat das Gefühl, ohnmächtig zu werden).
- Eine graue Maus (eine unscheinbare Person).
- Eine graue Eminenz (einflussreiche Person, die hinter den Kulissen Einfluss ausübt).
- Schwarz-weiß-sehen, schwarz-weiß-denken (extremes Denken, welches nur gut und schlecht erkennt und dazwischen nichts zulässt).
- In der Nacht sind alle Katzen grau (in der Nacht werden viele Unterschiede nicht mehr gesehen).

13.6 Stimmungsausdrücke der Augen (wenn jemand „strahlende Augen bekommt")

Der Stimmungsausdruck, der von den Augen ausgeht, wird nicht nur durch die Pupillengröße, die Tränenbildung und die Augenbewegungen bestimmt, sondern auch durch die mimische Muskulatur. Das Licht wiederum beeinflusst die Stimmung jedes Menschen und damit auch den Stimmungsausdruck, der von den Augen ausgeht. Alles in allem drücken die Augen das

Wesen und die momentane Stimmung des Menschen aus. Wenn die Sonne scheint, sind wir fröhlich. Menschen, die immer fröhlich sind, bezeichnen wir auch gerne als „**Sonnenschein**" oder wir sagen, jemand hat ein „**sonniges Gemüt**" oder „**trägt die Sonne im Herzen**". Wenn man Hoffnung schöpft, spricht man auch davon, dass man wieder einen „**Lichtblick**" sieht. Umgekehrt schlägt bei vielen Menschen die Stimmung bei Lichtmangel in eine gedrückte Stimmung um. Man wird „**trübsinnig**" oder spricht vom „**Trübsal blasen**". Bei letzterer Redewendung geht der trübe Blick manchmal mit einer seufzenden Atmung einher. Beide Symptome sind bei depressiven Menschen häufig zu beobachten. Müdigkeit und Erschöpfung können dazu führen, dass die Sehleistung nicht mehr gut funktioniert und dann eingeschränkt ist. Man spricht dann von „**müden Augen**".

Redewendungen, welche Stimmungseindrücke beschreiben, die von den Augen ausgehen
- Freudige Augen bekommen (Ausdruck der Freude oder eines Glücksgefühls).
- Glänzende Augen bekommen (Ausdruck der freudigen Erwartung).
- Leuchtende Augen haben (Ausdruck der Freude oder Begeisterung).
- Ein Funkeln in ihren Augen haben (Ausdruck der Faszination, Freude oder Begeisterung).
- Große Augen machen (erstaunt sein).
- Große Augen bekommen (Ausdruck der Begierde).
- Traurige Augen machen (Ausdruck von Kummer oder Sorge).
- Trübe Augen bekommen (Ausdruck von Traurigkeit, Müdigkeit oder emotionaler Erschöpfung).
- Tränen in den Augen bekommen (Ausdruck von der emotionalen Ergriffenheit wie Traurigkeit oder auch Freude).
- Ein böses Auge haben (Ausdruck für Menschen, von denen eine schlechte Energie ausgeht).
- Ein böser Blick (Ausdruck der Feindseligkeit).
- Einen gebrochenen Blick haben (Ausdruck der Traurigkeit und emotionalen Erschöpfung).
- Einen starren Blick bekommen (Ausdruck der Überraschung und Furcht, aber auch der Drohung gegenüber anderen).

13.7 Was nichts mit den Augen zu tun hat („Auge um Auge, Zahn um Zahn")

Der aus der Bibel stammende Spruch „Auge um Auge, Zahn um Zahn" lautet eigentlich: „Und, du sollst in dir kein Mitleid aufsteigen lassen: Leben um Leben, Auge für Auge, Zahn für Zahn, Hand für Hand, Fuß für Fuß (De

19:21)". Damit ist aber nicht, wie fälschlich angenommen, der Rachegedanke gemeint: Wenn du mir ein Auge ausschlägst, dann schlage ich dir ein Auge aus. Nein, vielmehr ist dies der Ursprung eines modernen juristischen Denkens. Zum ersten Mal in der Geschichte wird eine sogenannte „Gliedertaxe" erwähnt, die gewissermaßen noch heute Gültigkeit hat. Wenn heutzutage ein Sachverständiger für das Gericht einen körperlichen Schaden zu bewerten hat, kann der Sachverständige in der Gliedertaxe nachsehen und bestimmen, welcher Prozentsatz der Schädigung für die Verletzung eines Daumens, Beins oder Auges etc. festzulegen ist. Das heißt, der Spruch „**Auge um Auge, Zahn um Zahn**" ist ein Rechtsbegriff, mit dem festgelegt wurde, dass bei der Verletzung eines Auges oder Zahnes der Wert eines verletzten Auges oder des verletzten Zahnes zu ersetzen ist.

14

Wie Haut und Haare in die Sprache kommen (wenn einem „die Haare zu Berge stehen")

Wir kennen Redewendungen wie „**etwas ist an den Haaren herbeigezogen**", wenn wir etwas als absurd bezeichnen wollen. Oder Ausdrücke wie „**man kann nicht aus seiner Haut heraus**", wenn man sagen will, dass man nicht anders kann. Äußerungen wie „**es ist zum aus der Haut fahren**" signalisieren eine wütende Stimmung. Häufig folgt auf einen Wutausbruch der Ratschlag, man solle sich eine „**dicke Haut**" oder ein „**dickes Fell**" zulegen. Wenn jemand die Flucht ergreift, um sich in Sicherheit zu bringen, kann man hören, dass er „**seine Haut retten**" will.

Diese und viele andere Redewendungen zeigen, dass es einen Zusammenhang zwischen der Haut und seelischen Vorgängen gibt. Die Haut zeigt aber nicht nur seelische Reaktionen, sie empfindet auch und leitet ihre Informationen an das Gehirn weiter. Damit kann sie auch seelische Reaktionen auslösen. Auch diese Funktion der Haut findet man in Redewendungen. So kommt es zu Ausdrücken wie „**etwas geht unter die Haut**" oder „**etwas ist berührend**". Die Dermatologin Y. Adler hat in ihrem Buch die Haut zutreffend als „Außenstation des Gehirns" bezeichnet,[1] um damit zum Ausdruck zu bringen, dass die Haut nicht nur Schutzfunktionen hat, sondern auch ein Sinnesorgan ist. Als solches kommuniziert die Haut mit der Umwelt.

---

[1] Yael Adler, Hautnah; Droemer, München 2016.

M. Ledochowski, *Redewendungen medizinisch erklärt*, https://doi.org/10.1007/978-3-662-68356-9_14

Redewendungen, die sich auf die Haut beziehen
- Nicht aus seiner Haut heraus können (nicht anders denken oder handeln können).
- Eine dicke Haut haben (unempfindlich sein).
- Etwas geht unter die Haut (etwas ist sehr berührend).
- Ein dickes Fell bekommen (widerstandsfähig und abgehärtet werden).
- Seine eigene Haut retten (sich in Sicherheit bringen).
- In seiner Haut möchte ich nicht stecken (man ist froh, nicht die Schwierigkeiten der betroffenen Person zu haben).

14.1 Die Haut als Tastorgan (wenn man „etwas berührend empfindet")

Vor allem taktile Reize sind mit starken psychischen Reaktionen verbunden. Bei Berührung der Haut werden im Gehirn Botenstoffe ausgeschüttet. Zu diesen Botenstoffen gehören unter anderem Oxytocin und Serotonin. Oxytocin wird gerne als „Kuschelhormon" bezeichnet, weil es bei Hautkontakt (oder Fellkontakt) ausgeschüttet wird und ein Wohlgefühl auslöst. Dadurch werden soziale Bindungen gestärkt. Das führte auch zu der Bezeichnung „Bindungshormon". Wenn zum Beispiel eine Mutter ihr Kind stillt, führt der Saugreiz des Säuglings bei der Mutter zu einer starken Ausschüttung von Oxytocin. Dies stärkt die Bindung zwischen Mutter und Kind und sorgt dafür, dass die Mutter ihr Kind nicht verlässt. Diese Oxytocin-vermittelte Bindungsreaktion kommt bei allen Säugetieren vor. Auch beim Orgasmus wird viel Oxytocin ausgeschüttet, was bei einem erfüllten Sexualleben dazu führt, dass sich die Partner aneinander gebunden fühlen.

Serotonin wird auch bei Hautkontakt vermehrt gebildet, löst Wohlbefinden aus und wirkt stimmungsaufhellend. Bei Affen hat man Änderungen im Serotoninspiegel sowohl beim lausenden Affen als auch beim gelausten Affen festgestellt. Berührung kann jedenfalls starke psychische Reaktionen auslösen und richtig **„durch die Haut gehen"**.

So sprechen wir von **„berührenden Szenen"**, wenn wir etwas sehen, von dem wir **„angenehm berührt"** sind. Man kann aber auch **„unangenehm berührt"** sein. Wenn jemand gekränkt ist oder beleidigt reagiert, fordert man diese Person auf, **„nicht gleich so angerührt zu sein"**. Wenn man sehr starke seelische Reaktionen bemerkt, kommt es zu Ausdrücken wie **„es geht unter die Haut"**.

Fällt die Berührung unsanft aus, sodass nicht nur oberflächliche Sensoren erregt werden, sondern auch Sensoren, die für Druckempfindungen zuständig sind, fühlt man diese Situation als „**Angriff**". Ist der Angriff mit unangenehmen Sensationen verbunden, „**fühlt man sich angegriffen**". Die Umwelt bezeichnet Menschen in solchen Situationen manchmal als „**angerührt**", die Person selbst mag sich als „**angegriffen fühlen**". Menschen, die sozialen Angriffen gut wiedererstehen können und eine ausgeprägte Resilienz zeigen, fühlen sich nicht gleich so angegriffen oder „**angefasst**". Gerne bezeichnet man so jemanden auch als „**gefasst**". Oder man sagt, dass jemand „**etwas mit Fassung ertragen hat**". Wenn jemand einen anderen Menschen angreift und womöglich am „**Arm packt**", kann sich dadurch eine „**Angriffssituation**" mit enormer Stresshormonausschüttung entwickeln. Wenn man sich einen Film ansieht mit Darstellungen von gefährlichen Situationen, spricht man auch von „**packenden Szenen**".

Redewendungen, welche die Haut als Tastorgan beschreiben
- Etwas geht unter die Haut (etwas ist sehr berührend).
- Etwas ist berührend (etwas ist emotional bewegend, herzergreifend).
- Angenehm berührt sein (angenehme Emotionen empfinden).
- Unangenehm berührt sein (unangenehme Emotionen empfinden).
- Angerührt sein (verärgert oder gekränkt sein).
- Sich angegriffen fühlen (sich einer Aggression ausgesetzt fühlen).
- Eine berührende Szene (eine emotional bewegende Szene).
- Eine packende Szene (eine sehr spannende Szene).
- Etwas mit Fassung ertragen (eine schwierige Situation gelassen ertragen).
- Gefasst sein (Haltung bewahren, auch in einer widrigen Situation).

14.2 Haare haben Muskeln (wenn jemand „die Haare aufstellt")

In der Haut befinden sich an jeder Haarwurzel winzig kleine Muskeln, die man auch als „*Musculi arrectores pilorum*" bezeichnet. Bei Menschen und behaarten Tieren führen sie dazu, dass die Haare aufgestellt werden können. Dabei werden gleichzeitig die Talgdrüsen ausgepresst. Das Auspressen der Talgdrüsen bewirkt ein Einfetten der Haut und der Haare. Das Aufstellen der Haare hat den Sinn, Wärme an der Haut zurückzuhalten, führt also zu einem wärmeisolierenden Effekt. Dadurch erscheint das Fell „dicker". Wenn jemand ein „**dickes Fell bekommt**" ist er tatsächlich widerstandsfähiger gegenüber einer kalten Umgebung. Das dicke Fell hat somit eine *Schutzwirkung*. Ähnlich einer Jacke oder einem Pullover schützt dieser Luftpolster davor, dass Wärme nicht mehr so leicht verloren gehen kann.

Diese kleinen Muskeln haben noch eine weitere Funktion: Sie ziehen sich immer dann völlig unwillkürlich zusammen, wenn eine Gefahr droht oder sich ein Mensch bedroht fühlt, also Angst hat. Damit haben sie auch *Signalwirkung*. Die Umgebung erkennt den Gemütszustand des Gegenübers, wenn „**jemand die Haare aufstellt**". Beim Menschen kann man an Armen und Beinen zusehen, wie sich bei Angst oder Aufregung ein Haarflaum aufstellt. Dieses Aufstellen der Haare dient weniger dem Schutz vor Kälte, sondern der Vorbereitung für eine Flucht- oder Kampfreaktion. Bevor man „**sich in die Haare kommt**" ist es sinnvoll, die Körperwärme zurückzuhalten und die darunterliegende Muskulatur für Flucht oder Kampf vorbereitend warm zu halten. Das Tier (oder der Mensch) signalisiert mit dem Aufstellen der Haare, dass es auf eine Kampfsituation vorbereitet ist. So kann man bei Hunden, die einem aggressiv drohend gegenüber stehen, sehen, dass sie die „**Nackenhaare aufstellen**". Auch wir Menschen „**sträuben die Haare**" oder „**stellen die Haare auf**", wenn uns etwas nicht passt. Wenn wir über etwas entsetzt sind, „**stehen die Haare zu Berge**".

Bei drohender Gefahr bekommt man fast am ganzen Körper eine „**Gänsehaut**" und man mag ein Gefühl verspüren, dass einem „**der Schauer über den Rücken läuft**". Solche Reaktionen findet man in Situationen, die unheimlich, ekelig, „**gruselig**", „**grausig**" oder „**gräulich**" sind. Alle diese Gefühle sind mit Angst verbunden. Sprachlich gesehen „**erfasst jemanden ein schauderhaftes Grauen**" oder man empfindet etwas einfach als „**schauderhaft**". Solche Ausdrücke zeigen auch an, dass eine pessimistische Stimmung (grau sehen) und Angstreaktionen (Schauder) oft Hand in Hand gehen. Der Mediziner würde solche Bezeichnungen als Ausdruck einer ängstlichen Depression sehen.

Kämpfende reißen sich oft an den Haaren. So ist es wörtlich zu verstehen, wenn man davon spricht, dass „**sich jemand in die Haare kommt**". Als Abwehrreaktion kann es zu Haarausfall oder bei Vögeln zum Ausfall der Federn kommen: „**man muss Haare lassen**" oder „**man muss Federn lassen**" (Abschn. 14.3). Werden Aggressionen gegen sich selbst gerichtet oder ist man verzweifelt, „**rauft man sich die Haare**".

Wie bereits erwähnt, wird in Stresssituationen durch das Aufstellen der Haare auch vermehrt Talg aus den Talgdrüsen abgesondert. Dadurch werden Haut und Haare fettiger. Sie werden „glatter" und können dadurch nicht mehr so leicht gefasst werden. Wenn man „**sich in den Haaren liegt**" bietet das im Kampf einen Vorteil. Menschen, die sich derart immer wieder aus brenzligen Situationen ziehen und „**nicht greifbar**" sind, empfindet man, als „**aalglatt**" oder als „**schmierige Person**".

Redewendungen, die sich auf die Funktion der Haare beziehen

- Die (Nacken-)Haare aufstellen (Widerwillen).
- Jemandem sträuben sich die Haare (jemand empfindet etwas als unangenehm oder ekelt sich).
- Eine Gänsehaut bekommen (Reaktion bei Erregung, Angst, Entsetzen, aber auch bei freudigen Ereignissen).[2]
- Aalglatt sein (jemand, der durchtrieben, gerissen und nicht fassbar ist).
- Ein schmieriger Typ sein (eine unehrliche und unverlässliche Person).
- Jemandem stehen die Haare zu Berge (Jemand ist entsetzt).
- Sich die Haare raufen (Ausdruck der Verzweiflung oder des Ärgers).[3]
- Sich in die Haare kommen (Streit beginnen).
- Sich in den Haaren liegen (sich streiten).

14.3 Haarausfall (wenn man „Haare lassen muss")

Was die Haare beim Säugetier und Menschen sind die Federn bei den Vögeln. Bei diesen ist es bekannt, dass sie ihre Federn abwerfen können, wenn sie in Gefahr sind. Der Sinn hinter diesem als *Schockmauser* oder *Schreckmauser* bekannten Phänomen besteht darin, dass Vögel nicht so leicht von ihren Feinden erbeutet werden können. Es stellt eine Art Schutzreflex dar, mit dem die Vögel ihre Leben retten können und dafür ein paar Federn verlieren oder „**Federn lassen müssen**".

Bei behaarten Säugetieren ist das ähnlich. Hier kommt es bei Stress zu Haarausfall. Durch anticholinerge Reize, wie sie bei Stresssituationen auftreten, wird die Haarwurzel in die Ruhephase (Telogenphase) versetzt. Damit wird das Haar nicht mehr in der Haarwurzel festgehalten. Es gibt sogar einen eigenen Forschungszweig, der sich mit Reaktionen der Haare bei psychischen Notfallsituationen beschäftigt, nämlich die Psychotrichologie. Ob dieser psychisch bedingte Haarverlust ausschließlich durch anticholinerge Reize oder im Rahmen von Durchblutungsstörungen bei Notfallsituationen bedingt wird, ist noch nicht klar. Entsprechende Beobachtungen waren aber schon lange bekannt und finden sich in Ausdrücken wie „**jemand musste Haare lassen**".

---

[2] Englisch: *it makes my flesh crawl* (es macht mir Gänsehaut).

[3] Englisch: *tear one's hair out* (im Englischen wird damit eher Frustration und Verzweiflung beschrieben).

In der Literatur findet man öfters in Erzählungen, dass „**Haare über Nacht ergrauen**". Beim Menschen kann die Haarfarbe natürlich nicht auf natürliche Art plötzlich wechseln. Es können aber in ausgeprägten Stresssituationen lebende Haare in eine Ruhephase versetzt werden und dann ausfallen. Man kann dies auch als eine Art „Stressmauser beim Menschen" sehen. Wenn jemand grau melierte Haare hat und durch Stressmauser die jungen dunkleren Haare verliert, erscheinen die weißen und grauen Haare dominanter. So kann ein Mensch „**über Nacht ergrauen**".

Der notfallbedingte Haarausfall (bzw. der entsprechende Federverlust bei Vögeln) ist gewissermaßen ein Schutzreflex. Es kommt auch vor, dass sich Menschen im Kampf „**an den Haaren ziehen**" oder „**die Haare ausreißen**". In all diesen Fällen, in denen man sich „**in die Haare kommt**", ist es manchmal unvermeidlich, dass man „**Haare lassen muss**".

Redewendungen, die sich auf den Haarausfall beziehen
- Jemand muss Haare lassen (jemand muss einen Nachteil in Kauf nehmen).
- Jemand muss Federn lassen (jemand muss einen Nachteil in Kauf nehmen).
- Graue Haare bekommen (sehr große Sorgen haben).
- Sich an den Haaren ziehen, reißen (raufen).
- Sich in die Haare kommen (sich streiten).
- Sich die Haare raufen (verzweifelt sein).

14.4 Juckreiz, Kratzen und andere Histaminwirkungen (wenn es „zum aus der Haut fahren ist")

„**Das juckt mich nicht**", sagt man, wenn man zum Ausdruck bringen will, dass einem etwas vollkommen egal ist. Tiere beißen meist eine juckende Stelle, wenn sie sich nicht kratzen können. So wird in den verschiedenen Mundarten der Begriff Jucken und Beißen synonym benutzt („**das beißt mich nicht**"). Wenn man haben will, dass jemand endlich mit einer Tätigkeit anfängt, mag man zu hören bekommen „**lass jucken**". Wenn man selbst gerne etwas tun würde, sagt man „**es juckt mich in den Fingern**". Ausdrücke wie „**Dir juckt wohl das Fell**" ist eine veraltete Form jemanden zu fragen, ob er Prügel haben will. Schließlich wird starker Juckreiz auch mit der Redensart beschrieben „**es ist zum aus der Haut fahren**".

Die Antwort auf Juckreiz ist in der Regel das Kratzen der juckenden Körperstelle. Auch hier finden sich zahlreiche Redewendungen, die diesen Zustand umschreiben. So kann man beobachten, dass „**sich jemand am Kopf kratzt**", wenn er etwas nicht weiß oder „**sich jemand hinter dem Ohr kratzt**", wenn Verlegenheit zum Ausdruck gebracht werden soll.

Wie kommt es zu solchen Ausdrücken? Juckreiz ist ein sehr komplexes Phänomen. Eigentlich ist Juckreiz ein unterschwelliger Schmerzreiz. Dementsprechend wird Juckreiz über schmerzleitende Nervenfasern zum Gehirn geleitet. Die Auslösung von Juckreiz erfolgt über eigene Rezeptoren. Wenn es juckt, beginnt man sich zu kratzen. Je mehr es juckt, desto fester kratzt man sich, bis es richtig schmerzt. Dann erst lässt der Juckreiz nach. Durch das Kratzen setzt man einen überschwelligen Schmerzreiz. Nachdem schmerzleitende Nervenfasern nicht 2 Reize gleichzeitig zum Gehirn leiten können, entscheidet sich das Nervensystem für den stärkeren Reiz, nämlich den Schmerz (*Gate control-Theory*). Der überschwellige Schmerzreiz übertönt damit den unterschwelligen Juckreiz. Solange man kratzt und sich damit Schmerzen zufügt, empfindet man eine vorübergehende Linderung des juckenden Gefühls.

Juckreiz wird durch Substanzen wie Histamin ausgelöst. Dieser Botenstoff kann durch Pflanzen (z. B. Brennnesseln) oder Tiere (Mücken, Quallen etc.) in den Körper eingebracht werden und damit Juckreiz oder Schmerzen auslösen. Histamin wird aber auch im Körper selbst erzeugt und in den sogenannten Mastzellen vorrätig gehalten. Dort wird es als „Abwehrstoff" gespeichert. Kommt man mit einer schädigenden Substanz, beispielsweise einem Allergen oder Nesselgift in Kontakt, wird dieses Histamin aus Mastzellen freigesetzt. Die Folge davon sind Juckreiz und manchmal auch Schmerz. Neben einer örtlich begrenzten Freisetzung von Histamin, kann es aber auch zu einer generalisierten Histamin-Freisetzung kommen. Während Histamin in der Haut Juckreiz auslöst, führt es im Gehirn zu einer sehr unangenehmen Unruhe. In solchen Zuständen „**fühlt man sich nicht wohl in seiner Haut**" und hat regelrecht das Gefühl, „**aus der Haut fahren zu müssen**".

Histamin trägt in geringem Maße zur Antriebssteigerung bei. Man verspürt nur eine leichte Unruhe, „**fühlt sich aufgekratzt**" und hat einen Tatendrang. Je nach Ausprägung kann dies sogar positiv empfunden werden, man entwickelt Schaffensdrang und „**es juckt einen in den Fingern**" oder „**es juckt unter den Nägeln**" etwas zu tun. Eine stärkere Histaminausschüttung führt, wie bereits erwähnt, zu starker Unruhe und wird von den meisten Menschen als äußerst unangenehm empfunden. Interessanterweise wurden viele Psychopharmaka aus der Gruppe der Antihistaminika entwickelt, nachdem man festgestellt hatte, dass Antihistaminika eine beruhigende Wirkung haben. Auch heute noch werden ältere Antihistaminika bei Unruhe oder starkem Juckreiz verabreicht. Menschen, die eine solche Unruhe nicht kennen, oder die sich nicht aus der Ruhe bringen lassen, bezeichnet man oft als „**unberührt**". Von den Betroffenen kann man dann „**das juckt mich überhaupt nicht**" zu hören bekommen.

Warum gibt es Juckreiz überhaupt? Der Sinn des Juckreizes besteht darin, auf mögliche Parasiten oder giftige Reizstoffe aufmerksam zu werden und diese durch Kratzen loszuwerden. Das Signal zum Kratzen wird dabei vor allem durch Histamin ausgelöst. Bei manchen Erkrankungen wird der Juckreiz ständig oder schon durch sehr geringe Reize ausgelöst. Die Betroffenen kratzen sich ständig, was zu Infektionen und Entzündungen der Haut führt. Neurodermitis ist eine solche Erkrankung, bei der der Juckreiz oft unerträglich ist. Neurodermitiker sind im wahrsten Sinne des Wortes „**dünnhäutig**". Sie reagieren nicht nur sehr empfindlich auf physikalische und chemische, sondern auch auf psychische Reize. Durch ständiges Kratzen wird die Haut geschädigt, sie vernarbt und wird schließlich etwas dicker (lichenifizierte Haut) „**man wird dickhäutiger**".

Kratzen lindert nicht nur den Juckreiz, sondern wirkt auch direkt auf das Belohnungssystem im Gehirn. Dieses angenehme Gefühl kann bei manchen Menschen sogar zur Sucht werden. Sie kratzen und zupfen sich ständig an ihrer Haut, um eine innere Erleichterung zu spüren. *Dermatillomanie* oder *Skin Picking Disorder* nennt man diese Störung. Sie stellt eine besondere Form der Zwangsstörung dar. Es gibt auch eine spezielle Form der Akne, bei der vor allem junge Mädchen lange vor dem Spiegel stehen, um ihre Hautunreinheiten auszudrücken. Sie wird auch „*Acne excorié (de jeunes filles)*" genannt.

Die Aktivierung des Belohnungssystems durch Kratzen wird auch in sozialen Notsituationen beobachtet. Wenn jemand verlegen ist, „**kratzt man sich am Kopf**". In der Schule kann es vorkommen, dass jemand bei einer Prüfung die Antwort nicht weiß und „**sich hinter dem Ohr kratzt**". Schließlich gibt es noch chronische Stresssituationen, bei denen „**jemandem eine Laus in den Pelz gesetzt**" wurde. Eine Redewendung, die eine unangenehme Belastungssituation ausdrücken soll.

Redewendungen, die sich auf den Juckreiz der Haut und die Wirkung von Histamin beziehen
- Dickhäutig werden (eine dicke Haut bekommen, unempfindlicher werden).
- Jemandem eine Laus in den Pelz setzen (jemanden auf unbemerkte Weise Schaden zufügen).
- Etwas juckt einen unter den Nägeln, in den Fingern (man hat den Drang etwas Bestimmtes zu tun).[4]
- Jemand ist aufgekratzt (jemand ist unruhig oder freudig erregt).
- Jemand kann aus seiner Haut nicht heraus (jemand kann sich nicht von etwas unangenehmen befreien).
- Es ist zum aus der Haut fahren (etwas regt besonders auf).
- Jemand fühlt sich nicht wohl in seiner Haut (jemand fühlt sich unwohl in einer Situation).
- Das juckt mich nicht, das beißt mich nicht (etwas berührt mich nicht).
- Dich juckt wohl das Fell? (du bist wohl angriffslustig?)
- Auf Nadeln sitzen (jemand ist unruhig).
- Sich in die Brennnessel setzen (sich selbst Schaden zufügen).

14.5 Hautgefäße und ihre Reaktion in Notfallsituationen (wenn man „totenbleich" wird)

Im Kapitel zur Thermoregulation des Körpers (Kap. 1) haben wir gesehen, dass die Hautgefäße eine wesentliche Rolle in der Wärmeregulation spielen. Erweitern sich die Gefäße, können sie dadurch vermehrt Wärme an die Umgebung abgeben. Ganz allgemein kann man sagen, dass „**errötete Haut**" ein Zeichen vermehrter Durchblutung ist. Das kann z. B. in peinlichen Situationen vorkommen, die gewissermaßen eine soziale Notfallsituation darstellen.

Tritt eine Notsituation ein, in der vor allem das Stresshormon Noradrenalin ausgeschüttet wird, ziehen sich die Hautgefäße zusammen. Dadurch wird das Blut aus den Hautgefäßen herausgepresst, „die Haut wird blass". Der Sinn dieser Notfallreaktion besteht darin, dass es zu einer Umverteilung des Blutes von der Haut in die Muskulatur kommt. Das aus der Haut herausgepresste Blut steht damit den Muskeln, dem Herzen und dem Gehirn vermehrt zur Verfügung. Für Kampf- oder Fluchtreaktionen stellt das einen Vorteil dar und die Haut nimmt dadurch keinen wesentlichen Schaden. Die Folge dieser

---

[4] Englisch: *itching to do something* (es juckt in den Fingern etwas zu tun).

Blutumverteilung ist deutlich sichtbar: Die Haut bekommt ein blasses Aussehen. Ein „**erbleichendes Gesicht**" nimmt auch die Umwelt deutlich wahr und man weiß, dass „blasses Aussehen" ein Zeichen dafür ist, dass jemand Stress hat. So entstehen Ausdrücke wie „**man wird bleich vor Schreck**", „**man ist schreckensbleich**" oder „**jemand wird totenblass**".

Menschen, die sich nicht so gut zur Wehr setzen können und dadurch einer chronischen Gefahr ausgesetzt sind, befinden sich ständig in so einer Gefahrensituation. Oft nennt man sie „**Bleichgesicht**", oder „**Milchgesicht**". Erwachsene werden oft als ein „**blasses Geschöpf**" bezeichnet, um auszudrücken, dass man sie für wenig wehrhaft oder gar krank hält.

Redewendungen, welche die Hautfarbe betreffen
- Jemand errötet (jemand gerät in Verlegenheit).
- Jemand wird schreckensbleich, bleich vor Schreck (blasse Gesichtsfarbe, die bei großem Schreck auftritt).
- Jemand ist totenblass (jemand ist vollkommen erblasst).
- Jemand ist ein Bleichgesicht (jemand, der sehr blass aussieht, Bezeichnung für einen Weißen in Nordamerika).
- Jemand ist ein Milchgesicht (Bezeichnung für eine zarte, wenig wehrhafte Person).
- Jemand ist ein blasses Geschöpf.(jemand ist nichtssagend und unauffällig).

14.6 Schweißdrüsen (wenn jemand „Blut schwitzt")

Bei körperlicher Anstrengung mit erhöhter Muskelaktivität wird Wärme produziert. Das bedeutet, dass der Körper wieder abgekühlt werden muss, um nicht zu überhitzen. Die Kühlung erfolgt durch Schwitzen. Durch die Verdunstung des Schweißes entsteht Verdunstungskälte. Dadurch wird dem Körper Wärme entzogen und auf der Haut entsteht ein Kältegefühl. Dieser physiologische Vorgang ist schon seit Langem bekannt, so steht schon in der Bibel „*Mit Schweiß wirst du dein Brot verdienen …*" (1 Moses 3,19), ein Satz, den man häufig als Zitat zu hören bekommt.

Aber nicht nur bei körperliche Arbeit „**kommt man ins Schwitzen**". Auch bei psychischer Belastung muss sich der Körper fluchtbereit machen. Die Fluchtfähigkeit wird vor allem durch das Schwitzen der Handflächen und Fußsohlen verbessert. Dadurch wird eine bessere Haftung der Hände und Füße gewährleistet. Der entwicklungsgeschichtlich frühe Mensch konnte so schneller auf einen Baum klettern oder schneller weglaufen. In solchen Notfallsituationen kann es sein, dass „**man schweißnasse Hände bekommt**" oder „**man holt sich nasse Füße**". Auch der Ausdruck „**sich kalte Füße holen**" ist auf die vermehrte Schweißbildung an den Füßen zurückzuführen, wenn man Angst hat.

Damit ausreichend Schweiß gebildet werden kann, müssen die Schweißdrüsen vermehrt durchblutet werden. Bei besonders starkem Stress wird die Durchblutung der Schweißdrüsen derart gesteigert, dass die Gefäße undicht werden können. Dabei kann es zu Austritt von roten Blutkörperchen in die Schweißdrüsen kommen. Dadurch färbt sich der Schweiß rötlich und vermittelt den Eindruck, dass Blut aus der Haut tritt. Man beginnt tatsächlich „**Blut zu schwitzen**".

Mediziner bezeichnen dieses nicht sehr häufige Phänomen als Hämatohidrosis (engl.: *Hematohidrosis* oder *Hematidrosis*).[5] Der rot gefärbte Schweiß tritt dabei vor allem an Körperstellen auf, die dicht mit Schweißdrüsen besetzt sind. So kann es vorkommen, dass vermeintliche Blutstropfen auf der Stirne, den Händen und den Füssen auftreten. Der bekannteste Fall von Hematohidrosis ist in der Bibel beschrieben· „**Jesus schwitzte Blut**" (Lk 22,44). Dieses Bild wurde unzählige Male von Künstlern auf Leinwand gemalt und stellt gut die menschliche Seite des Gottessohnes dar. Im Laufe der Zeit hat sich dieses Bild in der Sprache niedergeschlagen, wenn man bei extremer Angst davon spricht, dass „**jemand vor Angst Blut geschwitzt hat**". Auch die Hämolakrie, das „**Weinen von blutigen Tränen**", ist beschrieben.[6] Das Auftreten von Blut in den Tränen ist ebenfalls Ausdruck von extremem Stress oder Angst. So sind Darstellungen zu verstehen, bei denen die Mutter Gottes mit blutigen Tränen gezeigt wird. Eine Vorstufe davon ist es, wenn man „**sich die Augen rot weint**". Dabei kommt es lediglich zu einer verstärkten Durchblutung der Bindehaut, aber noch nicht zum Übertritt von Blut in die Tränenflüssigkeit.

Redewendungen, welche sich auf die Schweißbildung beziehen
- Ins Schwitzen kommen (sich sehr anstrengen).
- Vor Angst Blut schwitzen (besonders ausgeprägte Angst haben).
- Sich kalte Füße holen (einen Misserfolg einstecken).
- Sich nasse Füße holen (eine Blamage erleiden).
- Schweißnasse Hände bekommen (große Angst haben).

---

[5] Jerajani HR, Jaju B, Phiske MM, Lade N. Hematohidrosis – a rare clinical phenomenon. Indian J Dermatol. 2009 Jul;54(3):290–2. doi: 10.4103/0019-5154.55645. PMID: 20161867; PMCID: PMC2810702.

[6] Carrion-Alvarez D, Trejo-Castro AI, Salas-Garza M, Fajardo-Ramirez OR, Salas-Alanis JC. Hematohidrosis, Hemolacria, and „Trichorrhage": A Systematic Review. Skin Appendage Disord. 2022 May;8(3):179–185. doi: 10.1159/000520648. Epub 2022 Jan 3. PMID: 35707284; PMCID: PMC9149430.

14.7 Was nichts mit den Haaren zu tun hat (wenn jemand „Haare auf den Zähnen hat")

Haare zeichnen sich dadurch aus, dass sie besonders dünn sind. Wenn man ausdrücken will, dass jemand sehr kleinlich ist, sagt man „**Haarspalterei**". Wenn man ausdrücken will, dass jemand sehr viele Schulden hat, sagt man „**der hat mehr Schulden als Haare auf dem Kopf**". Diese Redewendungen haben jedoch nichts mit physiologischen Vorgängen im Körper zu tun und sind eher als Metaphern zu verstehen.

Der Redewendung „**Haare auf den Zähnen haben**", kann jedoch schon einen physiologischen Hintergrund haben. Meist wird diese Redewendung auf Frauen angewandt, die sich durch Streitsucht oder cholerisches Verhalten auszeichnen. Frauen, die vermehrt männliche Geschlechtshormone (Androgene) produzieren, haben nicht nur vermehrten Haarwuchs („Damenbart"), sondern oft auch ein etwas aggressiveres Verhalten. Sie werden „**bissig**". Die Beobachtung einer Kombination von vermehrtem Haarwuchs und aggressivem Verhalten könnte zu der Redewendung „**jemand hat Haare auf den Zähnen**" geführt haben.

Weitere Redewendungen, die sich auf Haare beziehen
- Mehr Schulden als Haare auf dem Kopf haben (sehr große Schulden haben).
- Haarspalterei (kleinlich sein).
- Etwas ist an den Haaren herbeigezogen (etwas ist vollkommen absurd).
- Haare auf den Zähnen haben (angriffslustig, oder streitsüchtig sein).
- Sich mit fremden Federn schmücken (fremde Leistungen als die eigenen Leistungen verkaufen).

15

Redewendungen, die den Bewegungsapparat betreffen (wenn man „Haltung bewahrt")

Der Bewegungsapparat besteht aus Knochen, Gelenken, Bindegewebe und Muskeln. Eigentlich müsste man auch die Nerven dazuzählen, denn die Muskeln müssen irgendwie gesteuert werden. Die Mediziner haben sich jedoch dafür entschieden, das Nervensystem nicht zum Bewegungsapparat zu zählen. Wie dem auch sei, Gehirnaktivität und Muskelaktivität sind eng miteinander verbunden und voneinander abhängig. Wenn das Gehirn will, dass wir uns bewegen, werden die Muskeln in Bewegung gesetzt. Umgekehrt „bedankt" sich der Muskel, indem er durch seine Aktivität den Stoffwechsel der Nervenzellen im Gehirn anregt. Wenn man bedenkt, dass jede innervierte Muskelfaser eine eigene Verbindung zum Gehirn hat, kann man sich vorstellen, wie viele Gehirnzellen davon profitieren, wenn ein Muskel seinen Stoffwechsel steigert. Die Redewendung **„wer rastet, der rostet"** hat diese Erkenntnis schon lange vorweggenommen.

15.1 Muskulatur (wenn man „unter Spannung steht")

Ein mittlerweile verstorbener Psychiater sagte mir einmal, „wenn du über die Psyche eines Menschen Bescheid wissen willst, beobachte seine Motorik". Früher, als Ärzte noch auf ihr Beobachtungsgabe angewiesen waren, achteten sie unter anderem darauf, wie sich ihre Patienten bewegten. Allein dadurch konnte man schon Rückschlüsse auf die Befindlichkeit der betroffenen Person ziehen.

In der Sprache haben sich solche Beobachtungen schon lange niedergeschlagen. Menschen mit einer harmonischen Motorik empfinden wir als
ausgeglichen und beschreiben sie als jemanden mit „**anmutigen Bewegungen**".
Im Gegensatz dazu assoziiert man ein unharmonisches Bewegungsmuster als
„**grobschlächtig**", „**klobig**" oder „**vierschrötig**" und sein gesamtes Verhalten
als „**ungeschlachtet**". Bewegungsmuster lassen aber nicht nur auf Charaktere,
sondern auch auf Krankheiten schließen. So zeigen Menschen mit Depressionen verlangsamte Bewegungen, heben die Füße kaum mehr auf, haben
deshalb einen „**schlapfenden oder schlurfenden Gang**" oder „**schleichen
durch die Gegend**". Menschen mit Angststörung haben einen „**gebeugten
Gang**" und „**ziehen den Kopf ein**". Sie machen sich damit kleiner, als sie in
Wirklichkeit sind. Bei Tieren sieht man manchmal, dass sie bei akuter Angst
„**den Schwanz einziehen**", ein Ausdruck, den man im übertragenen Sinn
auch bei Menschen anwendet, wenn sie sich ängstlich unterwürfig verhalten.

Wie sehr seelische Vorgänge mit der „Haltung" zu tun haben können, kann
man an vielen Redewendungen sehen: So hört man Ausdrücke, wie „**Haltung
bewahren**", „**aufrecht durchs Leben gehen**", „**alles auf seine Schultern
nehmen**", „**ein aufrichtiger Mensch sein**" „**ein gebeugter oder gebrochener
Mensch sein**" usw. Wenn wir jemandem Mut zusprechen wollen, sagen wir
„Kopf hoch!" und meinen damit „**sich nicht hängenzulassen**" und wieder
„**Haltung anzunehmen**". Diese Beispiele zeigen, dass die Muskeln, welche
Haltung und Bewegung steuern, Einblick in die Psyche gewähren. Damit ist
auch verständlich, dass sich entsprechende Beobachtungen in Redensarten
niederschlagen.

Exkurs „Nicht alle Muskeln sind gleich"

Die Muskeln des Bewegungsapparates lassen sich funktionell in 2 Gruppen einteilen: die *tonische* und die *phasische* Muskulatur.

Die **tonische Muskulatur** hat die Aufgabe, den Körper gegen die Schwerkraft
zu halten. Sie wird unbewusst gesteuert und steht außer im Schlaf „**ständig
unter Spannung**". Sie neigt zu Verkürzungen und schmerzhaften Verspannungen.

Die **phasische Muskulatur**, dient der Bewegung. Hier kommt es nur zur Anspannung, wenn man sich bewegt. Bei Bewegungsmangel neigt sie dazu,
„**schwach und kraftlos**" zu werden. Je nachdem, welches Bewegungsmuster bei
einem Menschen vorherrscht, kommt es zur Ausbildung spezieller Muskelfasern.
Bei vorwiegend kurz anhaltenden schnellen Bewegungen (z. B. 100 m Läufer)
bilden sich vor allem sogenannte *fast twitched* Muskelfasern. Bei vorwiegender
Ausdauerbelastung (z. B. Marathonläufer) kommt es zur Ausbildung sogenannter *slow twitched* Muskelfasern. Normalerweise hat jeder Mensch beide
Arten von Muskelfasern. Je nachdem wie er sich bewegt, kommt es jedoch zu
vermehrter Ausbildung der einen oder anderen Muskelart. Je nachdem, ob phasische oder tonische Muskulatur durch Funktionsstörungen ins Auge fallen,
kommt es zu unterschiedlichen Redewendungen.

15.1.1 Tonische Muskulatur und Sprache (wenn man „etwas mit Spannung erwartet")

Wie gesagt, hat die tonische Muskulatur, die Aufgabe, den Körper gegen die Schwerkraft aufrechtzuerhalten. Sie steht außer im Schlaf „**ständig unter Spannung**". Der Spannungszustand, von den Medizinern auch Tonus genannt, wird bei diesen Muskeln unbewusst gesteuert. Man kann zwar kurzfristig den Spannungszustand tonischer Muskeln willentlich steuern und „**Haltung annehmen**", langfristig wird dies aber nicht möglich sein. Damit wird die tonische Muskulatur zum Ausdruck des seelischen Zustandes. Die Umwelt kann über die tonische Muskulatur Erfahrungen einholen, indem sie sieht, ob „**jemand ein aufrechter Kerl, ist**" oder „**aufrichtig ist**". Solche Menschen gehen „**mit geschwollener Brust**" und „**erhobenen Hauptes**" durchs Leben.

Ist der Muskeltonus der tonischen Muskulatur gering, spricht man von einem „**laxen Menschen**". Positiv gesehen haben diese Menschen nicht nur „**eine lockere Haltung**", sondern oft auch „**eine lockere Einstellung zum Leben**". Was die Umwelt daran stört ist, dass solche Typen meist „**nicht sofort auf der Matte stehen**". Leid, Depression und Angst wird ebenfalls durch die Spannung der tonischen Muskulatur unbewusst zum Ausdruck gebracht. So mag jemand, der gedemütigt wurde, den Raum „**wie ein geschlagener Hund**" und mit „**eingezogenem Schwanz**" verlassen. Eine Geste der Unterwürfigkeit bei Tieren, die man auf den Menschen sprachlich übertragen hat. Bei andauernden Sorgen oder Traurigkeit geht man „**mit gebeugtem Haupt**" und „**gebückt**" durchs Leben. Depressionen führen zu Verspannungen der tonischen Wirbelsäulenmuskulatur, mit Rückenschmerzen, Kreuzschmerzen, und führen langfristig zu einer gekrümmten Wirbelsäule.[1]

Nachdem sich tonische Muskeln nur im Schlaf entspannen können, neigen sie dazu, sich andauernd zu verspannen. Man wird zu einem „**verspannten Typen**". Schließlich kann es auch zu Schmerzen in Bereichen maximaler Verspannungen kommen. Im Bereich der Lendenwirbelsäule kommt es zu *Kreuzschmerzen*. Katholiken, denen das Leiden Christi immer wieder vorgehalten wurde, sprechen dann davon, dass man „**sein Kreuz auf sich nehmen**" muss. Es können aber auch Schmerzen in der Halswirbelsäule entstehen. Manche Men-

---

[1] Hajihasani A, Rouhani M, Salavati M, Hedayati R, Kahlaee AH. The Influence of Cognitive Behavioral Therapy on Pain, Quality of Life, and Depression in Patients Receiving Physical Therapy for Chronic Low Back Pain: A Systematic Review. PM R. 2019 Feb;11(2):167–176. doi: 10.1016/j.pmrj.2018.09.029. Epub 2019 Feb 11. PMID: 30266349.

schen sprechen sogar vom „*oberen Kreuz*", wenn sie Nackenschmerzen meinen. Andere bekommen Nackenschmerzen, **wenn ihnen jemand oder etwas im Nacken sitzt**". Man sieht allein aus der Sprache, dass länger anhaltender Stress zur vermehrten Spannung in der tonischen Muskulatur führt. Im normalen Leben sprechen wir auch davon, dass **„etwas mit Spannung erwartet wird**".

Redewendungen, die sich auf die tonische Muskulatur und Wirbelsäule beziehen

- Ein laxer Mensch (jemand ohne feste Grundsätze, nicht streng auf etwas achtend).
- Ein lascher Mensch (ein träger Mensch ohne Tatkraft).
- Ein lockerer Typ (ein ungezwungener Mensch).
- Eine lockere Einstellung haben (eine ungezwungene Lebenseinstellung haben).
- Sein Kreuz auf sich nehmen (eine Belastung hinnehmen).
- Jemandem im Nacken sitzen (jemanden bedrängen oder verfolgen).
- Etwas/jemand ist spannend (etwas/jemand ist aufregend).
- Etwas/jemand ist entspannend (etwas/jemand ist beruhigend).
- Man ist gespannt auf etwas (etwas mit Aufregung erwarten).
- Sich entspannen (sich von Anspannung befreien, faulenzen).
- Unter Spannung stehen (unter Druck stehen, aufgeregt sein).
- Ein verspannter Kerl (Person, die körperlich oder emotional angespannt, nervös oder gestresst ist).
- Erhobenen Hauptes (jemand, der stolz, selbstbewusst und ohne Scham oder Schuldgefühle ist).
- Mit gebeugtem Haupt (jemand, der sich schuldbewusst, beschämt oder reumütig fühlt).
- Mit geschwollener Brust (jemand, der stolz, selbstbewusst und siegesgewiss ist).
- Mit eingezogenem Schwanz (jemand, der unterwürfig und ängstlich ist).
- Ein aufrechter Typ, ein aufrichtiger Kerl (jemand, der charakterlich integer, ehrlich, aufrichtig ist).
- Ein „gerader Michel" (altertümliche Bezeichnung für eine ehrliche, aufrichtige und anständige Person).
- Haltung annehmen (eine bestimmte Einstellung oder Denkweise annehmen).
- Haltung bewahren (in schwierigen Situationen ruhig, besonnen und gefasst bleiben).

15.1.2 Phasische Muskulatur und Sprache (wenn jemand „fit und flink ist")

Die phasische Muskulatur, ist für die Bewegung zuständig und unterliegt dem Willen. Sie kann deshalb besonders gut trainiert werden und trägt wesentlich zum Aussehen des Körpers bei. Trainierte Muskel haben demnach auch eine Signalfunktion. Hat jemand einen Körper mit ausgeprägter

Muskulatur, ist das ein Zeichen für Kraft und Stärke. Dementsprechend spricht man von einem „**starken Typen**". Starke Muskeln signalisieren auch „gute Erbanlagen" und stellen damit auch sexuelle Attraktivität dar. Dies dürfte mit ein Grund dafür sein, dass eine ganze Industrie entstanden ist, die mit dem Versprechen, durch Muskelaufbau an (männlicher) Attraktivität zu gewinnen, viel Geld verdient. Sportliche Wettkämpfe bringen Weltmeister im Bodybuilding hervor. Werden die Muskeln auf unangenehm aufdringliche Weise zur Schau gestellt, spricht man auch von einem „**Muskelprotz**". Starke Männer wirken auch als beschützend und sind allein deshalb für manche Frauen attraktiver. Solche Männer können „**Muskeln zeigen**" oder „**ihre Muskeln spielen lassen**" und damit Aggression oder drohende Gefahren von außen besser abwenden. Jedenfalls haben Männer „**mit eisernen Muskeln**" einen Selektionsvorteil gegenüber Männern mit schwachen Muskeln, die auch als „**schlaksig**" bezeichnet werden oder als „**Schwächlinge**" gelten. Aber nicht nur die Muskelmasse findet sich in der Sprache. Funktioniert die phasische Muskulatur gut und schnell, spricht man von einem „**flinken Menschen**". Auch besonders flinke Menschen haben einen Selektionsvorteil, können sie doch auf Notfälle rasch reagieren, und notfalls auch fliehen.

Bei Störungen der phasischen Muskulatur kann es zu Krämpfen kommen. Dies deutet unter anderem auf eine gestörte nervale Steuerung dieser Muskeln hin. So kann die Zusammenarbeit mit Menschen, die sich nicht durch Schnelligkeit und Beweglichkeit auszeichnen, „**ein Krampf**" sein. Treten unwillkürliche Muskelzuckungen auf, spricht man von einem „**Tic**", was bedeutet, dass auch ein Hinweis darauf sein kann, dass die Steuerzentrale im Gehirn nicht richtig funktioniert.

Exkurs „Partnerwahl"

Körperliche Anziehung spielt oft eine Rolle bei der Partnerwahl. Muskulöse Körper werden von vielen Frauen als attraktiver empfunden. Dies liegt daran, dass gut entwickelte Muskeln auf Gesundheit, Stärke und Fitness hinweisen, was evolutionär betrachtet für die Fortpflanzung von Bedeutung ist. Damit signalisieren Muskeln einen guten Sexualpartner. Tatsächlich bevorzugen Frauen, vor allem zur Zeit des Eisprunges, Männer mit starker Muskulatur.[2] Interessanterweise bevorzugen sie aber als Ehepartner eher Männer, die sich durch gutes Brutpflegeverhalten auszeichnen. Damit wird aus biologischer Sicht die Weitergabe erfolg-

---

[2] Jones BC, Hahn AC, DeBruine LM. Ovulation, Sex Hormones, and Women's Mating Psychology. Trends Cogn Sci. 2019 Jan;23(1):51–62. doi: 10.1016/j.tics.2018.10.008. Epub 2018 Nov 24. PMID: 30477896.

reicher Gene und die erfolgreiche Aufzucht gesichert. Diese biologisch sinnvolle Art der Partnerwahl kann durch Einnahme von Ovulationshemmern (Pille) verändert sein.[3]

Redewendungen, die sich auf die phasische Muskulatur beziehen
- Jemand ist schlaksig (schlanke Person mit langen Armen und Beinen, die dazu neigt, sich ungeschickt zu bewegen).
- Fit und flink sein (körperlich gut trainiert, agil und schnell sein).
- Durchs Lebens stolpern (jemand, der ohne klare Absicht oder Zielsetzung durchs Leben geht).
- Aufrecht durchs Leben gehen (mit Stolz, Würde, Selbstbewusstsein durch das Leben gehen).
- Ein starker Typ (Person, die körperlich, geistig oder emotional stark ist).
- Ein Muskelprotz (Person, die sehr muskulös und kräftig ist).
- Etwas auf die Beine bringen (ein Projekt oder eine Aktivität starten und erfolgreich umsetzen).
- Einen Muskelkater haben (Schmerzen in den Muskeln haben).
- Jemand ist ein Muskelmann (eine muskulöse Person).
- Die Muskeln spielen lassen (seine körperliche Stärke oder Muskulatur demonstrieren).
- Jemand ist schwach auf der Brust (jemand, der physisch oder emotional nicht besonders kräftig oder belastbar ist).
- Einen Tic haben (jemand, der eine bestimmte Eigenheit, Marotte oder seltsame Angewohnheit hat).
- Etwas/jemand ist ein Krampf (etwas oder jemand ist äußerst mühsam, unangenehm oder frustrierend).

15.1.3 Muskelzittern (wenn man „schlotternde Knie bekommt")

Zittern hat mehrere Ursachen: Kälte, Angst oder manche neurologischen Erkrankungen äußern sich darin, dass man zittert. Durch das Zittern bei Kälte wird Wärme erzeugt und der Körper vor einer zu starken Unterkühlung geschützt. „**Kältezittern**" ist ein häufig beobachtetes physiologisches Phänomen, in der Sprache finden wir Ausdrücke wie, „**vor Kälte bibbern**" oder „**vor Kälte zittern**".

---

[3] Alvergne A, Lummaa V. Does the contraceptive pill alter mate choice in humans? Trends Ecol Evol. 2010 Mar;25(3):171–9. doi: 10.1016/j.tree.2009.08.003. Epub 2009 Oct 7. PMID: 19818527.

Auch das Zittern bei Angst findet sich in der Sprache wieder. Bei Angst werden Stresshormone wie Adrenalin, Noradrenalin und Cortisol ausgeschüttet, die alle zu Muskelzittern führen können. So gibt es neben dem „Kältezittern" auch ein „**Angstzittern**". Ausdrücke, die das Angstzittern beschreiben, sind „**aus Angst zitternde Hände bekommen**", „**zittern wie Espenlaub**" oder „**zittrige Knie bekommen**". Ängstliche Menschen gehen „**mit Zittern und Zagen**" durchs Leben. Wenn jemand furchtlos und stressresistent ist, oder durch Erfahrenheit keine Angst mehr verspürt, mag er sich durch eine „**ruhige Hand**" auszeichnen.

Neurologen bezeichnen das Zittern auch als Tremor. Sie unterscheiden den Tremor nicht nur nach seiner Ursache, sondern auch nach seiner Form. Hochfrequentes Zittern bezeichnen sie als feinschlägigen Tremor. Die sprachliche Entsprechung findet sich in der Redewendung „**Zittern wie Espenlaub**". Die Assoziation mag in Anlehnung an die Beobachtung zustande gekommen sein, dass Espen bei Wind ein hochfrequent zitterndes Laub bekommen. Demgegenüber wird ein niederfrequentes Zittern als grobschlägiger Tremor bezeichnet. In der Sprache finden sich dementsprechend Ausdrücke wie „**schlotternde Knie bekommen**" oder „**schlotternde Gelenke haben**", die einen grobschlägigen oder niederfrequenten Tremor beschreiben.

Exkurs „Zittern"

Am Zittern können mehrere Neurotransmitter beteiligt sein, darunter *GABA* (Gamma-Aminobuttersäure) mit hemmender und *Glutamat* mit erregender Wirkung. Das Gleichgewicht zwischen diesen beiden Neurotransmittern ist wichtig für die Steuerung der Muskelaktivität und der Bewegungen. Ein Ungleichgewicht zwischen GABA und Glutamat kann zu Zittern führen. Darüber hinaus können auch andere Cotransmitter wie Dopamin und Serotonin eine Rolle bei der Entstehung eines Tremors spielen.

Zittern ist meist ein Ausdruck eines hohen Stressniveaus und kann willentlich weder provoziert noch unterdrückt werden. Der Arzt kann nicht sagen: „Jetzt lassen sie mal ihre Knie schlottern oder die Hände zittern". Zur Untersuchung, ob jemand zu stressbedingtem Zittern neigt, kann man die weit herausgestreckte Zunge beobachten. Wenn man diese nicht ruhig halten kann, sondern die Zunge fibrilliert, kann das ein Hinweis für einen erhöhten „Stresslevel" sein. Neurologen werden jetzt gleich bemerken, dass dies auch ein ernst zu nehmender Hinweis auf das Vorliegen von neurologischen Erkrankungen ist. So kann das Fibrillieren der Zunge auch ein Zeichen für eine neurologische Erkrankung, beispielsweise eine Zerstörung der sogenannten „Motoneuronen" sein. Aber in den meisten Fällen ist eine fibrillierende Zunge Ausdruck einer psychischen Erkrankung, die mit sehr hoher Stressbelastung einhergeht.

Redewendungen, die sich auf Muskelzittern beziehen
- Eine unruhige Hand haben (jemand, der nervös, ungeduldig oder unsicher ist).
- Eine ruhige Hand haben (jemand, der eine ausgezeichnete Feinmotorik hat, die es ihm ermöglicht, präzise und kontrollierte Bewegungen auszuführen).
- Mit zittrigen Händen (mit aus Angst zitternden Händen).
- Mit zitternden Knien (Person, die ängstlich oder nervös ist).
- Zittern wie Espenlaub (zittern vor Angst oder Kälte).
- Mit Zittern und Zagen (voller Furcht).
- Jemand schlottern die Knie (jemand hat große Angst).

15.2   Knochen (wenn man „bis auf die Knochen durchgefroren ist")

Es gibt immer wieder Situationen, die einem „**durch Mark und Bein**" gehen. Jemand, der hart im Nehmen ist, wird als „**harter Knochen**" bezeichnet. Woher kommen solche Redewendungen, die sich auf die Knochen beziehen? Knochen zeigen keine nennenswerten Reaktionen auf psychische Reize, sind also kein Erfolgsorgan für psychosomatische Reaktionen. Daher würde man erwarten, dass es kaum Redewendungen gibt, die sich auf Knochen beziehen.

Knochen sind aber sehr schmerzempfindlich. Vor allem die Knochenhaut (Periost) reagiert stark auf Schmerzreize. Jeder, der sich schon einmal das Schienbein gestoßen hat, kann ein Lied davon singen. Wer in einem solchen Fall nicht wehleidig reagiert, gilt als „**harter Knochen**". Wenn jemand zu Knochenbrüchen neigt, weil er etwa an Osteoporose leidet, sagt man „**jemand hat morsche Knochen**". Wenn jemand kraftlos ist, sagt man „**jemand hat kein Mark in den Knochen**" obwohl sich das Schwächegefühl in so einem Fall eigentlich auf die Muskeln bezieht.

Während oberflächliche Schmerzen relativ genau lokalisiert werden können, ist dies bei tiefen Schmerzen nicht der Fall. Daher wird der diffus empfundene Tiefenschmerz oft auch als Knochenschmerz bezeichnet. Wenn man ausdrücken will, dass etwas in die Tiefe geht, kommen sprachlich gerne die Knochen ins Spiel. Beispiele dafür sind „**jemand ist nass bis auf die Knochen**" oder „**etwas sitzt tief in den Knochen**". Auch Redewendungen wie „**der Schreck fährt jemandem in die Knochen**" oder „**jemand hat sich bis auf die Knochen blamiert**" bringen zum Ausdruck, dass „**etwas in die Tiefe geht**".

Exkurs Kälte und Knochen

„**Jemand friert bis auf die Knochen**" ist eine häufig verwendete Redewendung. Sie wird verwendet, um auszudrücken, dass jemand sehr friert oder sich extrem kalt fühlt. Die Redewendung betont, dass die Kälte bis auf die Knochen geht. Tatsächlich gibt es einen kälteinduzierten Knochenschwund. Kälte geht in der Regel mit einer verminderten Stoffwechselaktivität einher. Dies betrifft auch die Knochen, die sich ständig ab- und wieder aufbauen. Bei Kälteexposition wird die Knochenneubildung reduziert, sodass es zu einem Verlust an Knochenmasse kommt.

Redewendungen, die sich auf die Knochen beziehen
- Jemand ist ein harter Knochen (jemand ist hart im Nehmen, hält viel aus).
- Jemand ist ein müder Knochen (jemand ist ohne Kraft und Antrieb).
- Etwas sitzt in den Knochen (etwas sitzt sehr tief).
- Der Schreck fährt jemandem in die Knochen (jemand erschrickt sehr stark).
- Jemand ist nass bis auf die Knochen (jemand ist vollkommen durchnässt).
- Etwas geht einem durch Mark und Bein (etwas geht einem durch und durch).
- Etwas fährt in die Knochen (etwas macht einen sehr betroffen),
- Hals- und Beinbruch (viel Glück!).
- Kein Mark in den Knochen haben (keine Kraft haben).
- Für jemanden die Knochen hinhalten (sich für jemanden aufopfern).
- Morsche Knochen haben (brüchige Knochen haben).
- Jemand ist nur mehr Haut und Knochen (bis auf die Knochen abgemagert sein).
- Sich bis auf die Knochen blamieren (sich sehr blamieren).

15.3 Kopf (wenn man „klar im Kopf ist")

Die meisten Redewendungen, die den Kopf betreffen, beziehen sich eigentlich auf das Gehirn. So bedeutet die Redewendung „**jemand ist frei im Kopf**", dass diese Person sich nicht besondere Gedanken über irgendein Problem machen muss. „**Hat man Rosinen im Kopf**", so bedeutet das, dass man unrealistisch optimistische Gedanken hat. „**Stroh im Kopf haben**" bedeutet, dass man nicht unbedingt mit Intelligenz gesegnet ist usw. Weitere Redewendungen beziehen sich auf Kopfschmerzen, von denen offenbar sehr viele Menschen betroffen sind, und das Gesicht bzw. die mimische Muskulatur, welche den Gesichtsausdruck beeinflusst.

Redewendungen, die sich auf Kopf und Gesicht beziehen
- Jemand ist frei im Kopf (jemand hat keine Sorgen).
- Klar im Kopf sein (einen klaren Verstand haben).
- Jemand hat Stroh im Kopf (jemand ist nicht besonders intelligent).
- Jemand hat Rosinen im Kopf (jemand hat unrealistische Hoffnungen oder Vorstellungen).
- Ein Schlag ins Gesicht (eine schwere Beleidigung).

15.3.1 Kopfschmerzen (wenn „der Schädel brummt")

Es gibt viele verschiedene Arten von Kopfschmerzen. Man unterteilt sie in primäre Kopfschmerzen und sekundäre Kopfschmerzen. Zu den primären Kopfschmerzen zählen Spannungskopfschmerzen, Migräne, Clusterkopfschmerzen und andere seltener vorkommende Kopf- und Gesichtsschmerzen. Als sekundäre Kopfschmerzen bezeichnet man Kopfschmerzen, die als Symptom einer anderen Krankheit auftreten. Beispiel dafür sind Kopfschmerzen bei Infektionen, Augenerkrankungen, Verletzungen oder als Nebenwirkung von Medikamenten. Die sprachlichen Ausdrücke beziehen sich meistens auf Spannungskopfschmerzen und Migräne. Wenn „**jemand unter Spannung steht**", erhöht sich der Tonus der Muskeln im Gesicht, Kiefer, Hals und Nacken, was zu Schmerzen führen kann. „**Hat man den Kopf voller Sorgen**" bereitet dies „**Kopfzerbrechen**". Man kann auch einem anderen Menschen „**Kopfzerbrechen bereiten**". Ausdrücke wie „**einen Sprung in der Schüssel haben**" oder „**einen Knoten im Kopf haben**" beschreiben eher migräneartige Kopfschmerzen. Dabei kommt es durch Gefäßspasmen im Gehirn einerseits zu Schmerzen (wenn sich die Gefäße ausdehnen) andererseits zu neurologischen Erscheinungen (wenn sich die Gefäße zusammenziehen). So hat der Ausdruck „**einen Sprung in der Schüssel haben**" auch eine doppelte Bedeutung, nämlich nicht ganz bei Verstand sein oder aber irrsinnige Kopfschmerzen zu haben. Gleicherweise hat die Redewendung „**einen Knoten im Kopf haben**" eine doppelte Bedeutung: Einerseits wird damit ein dumpfer Kopfschmerz beschrieben, andererseits beschreibt es ein umständliches Denken.

Redewendungen, die sich auf Kopfschmerzen beziehen
- Einen Sprung in der Schüssel haben (nicht ganz normal sein, starke Kopfschmerzen haben).
- Jemandem Kopfzerbrechen bereiten (jemandem Sorgen bereiten).

- Sich den Kopf zerbrechen (sich intensiv Gedanken über etwas machen).
- Einen Knoten im Kopf haben (nicht klar denken können, dumpfe Kopfschmerzen haben).
- Einen dicken Kopf haben (Kopfschmerzen haben, sich benommen fühlen).
- Der Kopf platzt gleich (starke Kopfschmerzen haben, geistig überlastet sein).
- Da dröhnt einem der Kopf (Lärmempfindlichkeit und Kopfschmerzen).
- Einen Kater haben (Kopfschmerzen nach übermäßigem Alkoholgenuss).

15.3.2 Gesicht und Mimik (wenn „das Gesicht Bände spricht")

Die mimische Muskulatur ist eine Gruppe von Muskeln im Gesicht, die es uns ermöglicht, verschiedene Gesichtsausdrücke zu bilden. Damit können nonverbal Emotionen rasch und über Sprachgrenzen hinweg vermittelt werden. Die mimische Muskulatur spielt in der zwischenmenschlichen Kommunikation eine ganz wichtige Rolle. Mimik läuft meist unbewusst ab und vermittelt Gefühle und Stimmungen, „**man zeigt sein wahres Gesicht**". Wenn man „**sein Gesicht verzieht**" kann das einen plötzlichen Stimmungsumschwung bedeuten, der von der Umwelt in der Regel sofort bemerkt wird. Wenn man „**ein langes Gesicht macht**", weiß man in welcher Stimmung sich jemand befindet, noch bevor ein einziges Wort gefallen ist. Wenn man ein „**süßsaures Lächeln aufsetzt**", wird damit eine Stimmung vermittelt, die gemischte Gefühle oder Emotionen ausdrückt. „**Strahlt jemand über das ganze Gesicht**" so bedarf es ebenso keiner weiteren Worte, um Freude mitzuteilen. Das Gesicht ist für manche Menschen so wichtig, dass sie sich als ganze Person mit ihm identifizieren. So kann man „**sein Gesicht wahren**" oder sein „**Gesicht verlieren**" und damit „**Ansehen gewinnen**" oder „**Ansehen verlieren**".

Wird die mimische Muskulatur bewusst gesteuert, empfindet man das als unharmonisch und man spricht von Grimassieren. „**Grimassen schneiden**" oder „**ein Gesicht schneiden**", sind oft nonverbale Botschaften, die etwas zum Ausdruck bringen sollen, was man nicht aussprechen will oder kann.

Redewendungen, die sich auf das Gesicht und die mimische Muskulatur beziehen
- Sein wahres Gesicht zeigen (jemand, der sich nicht verstellt).
- Sein Gesicht wahren/verlieren (sein Ansehen wahren bzw. verlieren).
- Ein Gesicht schneiden (grimassieren).

- Etwas hat ein Gesicht bekommen (etwas wird erkennbar).
- Ein anderes Gesicht bekommen (eine sichtbare Veränderung zeigen).
- Jemandem steht etwas gut zu Gesicht (jemandem passt etwas).
- Einer Gefahr ins Gesicht sehen (einer Gefahr entgegenstellen).[4]
- Ein langes Gesicht machen (Enttäuschung zeigen).[5]
- Ein schiefes Gesicht ziehen (missmutig dreinschauen).
- Ein Gesicht machen (ein Gefühl zum Ausdruck bringen; traurig, fröhlich, verwundert etc.).
- Jemandem steht etwas ins Gesicht geschrieben (jemandem ist etwas anzusehen).
- Jemandem nicht ins Gesicht sehen können (ein schlechtes Gewissen gegenüber jemanden haben).
- Über das ganze Gesicht strahlen (überaus glücklich sein).
- Ein süßsaures Lächeln haben (ambivalenter Gesichtsausdruck, der positive aber auch negative sarkastische Gefühle zum Ausdruck bringt).

15.4 Wirbelsäule (wenn man „Haltung bewahrt")

Die Wirbelsäule hat 3 mobile Abschnitte: die Halswirbelsäule (HWS), die Brustwirbelsäule (BWS) und die Lendenwirbelsäule (LWS). Funktionsstörungen aller 3 Abschnitte finden sich in der Sprache, wobei sich sprachlich gesehen die Wirbelsäule von der Wirbelsäulenmuskulatur nicht trennen lässt.

15.4.1 Die Halswirbelsäule (wenn einem „die Angst im Nacken sitzt")

Der Nacken umschreibt die Halswirbelsäule und die Nackenmuskulatur. Deren Funktion besteht darin, den relativ schweren Kopf zu tragen und gleichzeitig für eine maximale Beweglichkeit zu sorgen, sodass der Kopf in alle Richtungen gedreht und geneigt werden kann. Außerdem finden sich in der Nackenmuskulatur sehr viele Rezeptoren, die für Stellreflexe, die zur Erhaltung des Gleichgewichtes benötigt werden, notwendig sind. Neigt man den Kopf nach links und schaut gleichzeitig nach rechts, werden die Stellreflexe so gesetzt, dass man einen Rechtsdrall umgekehrt eben einen Links-

---

[4] Englisch: *Face up to it.*
[5] Englisch: *Have a face like a wet weekend.*

drall bekommt. Dieses Phänomen wird beim Reiten ausgenützt. Neigt man den Kopf des Pferdes mit den Zügeln zu einer Seite, geht es in diese Richtung. Die Nackenmuskulatur muss unheimliche Kraft in Form von Dauerleistung erbringen. Gleichzeitig muss sie dabei extrem fein gesteuert werden. Eine Meisterleistung, die sich leider bei kleinsten Fehlsteuerungen schon in Form von Nackenschmerzen bemerkbar macht. Bei Angst sagt man „**jemandem sitzt die Angst im Nacken**". Übt jemand Druck auf einen anderen Menschen aus, „**sitzt man jemandem im Nacken**". Will man jemand demütigen, dann „**beugt man ihm den Nacken**" übt man dabei Gewalt aus „**setzt man den Fuß in jemandes Nacken**". Vor allem Polizeigewalt wird oft auf diese Weise ausgeübt, indem vermeintliche Übeltäter zu Boden gedrückt werden und „**das Knie in den Nacken gesetzt wird**". Das hat nicht nur mit Sicherungsmaßnahmen, sondern auch mit Demütigung zu tun. So mancher Mensch hat diese „Technik" schon mit dem Leben bezahlen müssen. Früher hat man nicht das Knie im Nacken, sondern „**die Peitsche im Nacken**" gespürt. In manchen unterentwickelten Ländern ist das heute noch der Fall. Jedenfalls spricht man oft von „**einem Schlag in den Nacken**", wenn jemand etwas besonders hart trifft.

Bei all diesen Belastungen, die „**einem im Nacken sitzen**", darf es nicht wundern, dass viele Menschen „**einen steifen Nacken bekommen**". Man fordert sie sogar mit der Durchhalteparole „**halt den Nacken steif**" dazu auf, „**sich zu versteifen**". Wenn man sich auf etwas versteift, ist man „**hartnäckig**" an einer Sache.[6] Manche Menschen werden nicht nur durch Stress dazu gebracht, einen steifen Nacken zu bekommen, sondern tragen selbst dazu bei, indem „**sie sich auf etwas versteifen**". Ein „**steifer Nacken**" und Krankheiten der Halswirbelsäule und Nackenmuskulatur sind jedenfalls Ausdruck von eigentlich *unerträglicher* Last, die man aber trotzdem ertragen muss.

Exkurs „Nackenmuskulatur in der Schwerelosigkeit"

Die Nackenmuskulatur ist wie die Rückenmuskulatur wesentlich an der aufrechten Haltung beteiligt und arbeitet gegen die Schwerkraft. Wie stark die Nackenmuskulatur ist, sieht man an den Astronauten: In der Schwerelosigkeit des Weltraums fällt ihnen beim Schlafen der Kopf in den Nacken. Deshalb müssen sie anfangs das Kinn mit einem Band fixieren, um den Kopf in einer einigermaßen entspannten Position halten zu können.

---

[6] Schon in der Bibel wurde der Zusammenhang zwischen Starrheit und Nackensteife erkannt und von einem „hartnäckigem Volk" gesprochen (5. Moses 9,13).

Redewendung, die sich auf die Nackenregion beziehen
- Die Peitsche im Nacken spüren (unter starkem Druck stehen).
- Halt den Nacken steif (Ermutigung, durchzuhalten, stark zu bleiben).
- Hartnäckig sein (ausdauernd und unnachgiebig sein).[7]
- Jemandem den Nacken beugen (den Willen eines anderen Menschen brechen).
- Jemandem im Nacken sitzen (Druck auf jemanden ausüben).
- Die Faust im Nacken spüren (enormen Druck von jemandem oder etwas verspüren).
- Einen steifen Nacken haben (Verspannungen im Bereich des Nackens haben).
- Jemandem den Fuß in den Nacken setzen (jemanden unter extremen Druck setzen, demütigen).
- Es ist wie ein Schlag in den Nacken (etwas trifft einen völlig unerwartet und unangenehm).

15.4.2 Die Brustwirbelsäule (wenn jemand „aufrichtig ist")

Die Wirbelsäule sagt insgesamt sehr viel über die momentane „**Haltung**" aus. Ist jemand depressiv, oder wurde jemand gedemütigt, dann nimmt dieser Mensch oft eine „**gebeugte Haltung**" ein. Fühlt sich jemand wohl, hält sich diese Person normalerweise aufrecht und macht „**einen aufrichtigen Eindruck**". Gesunde (aufrichtige) Menschen werden von der Umwelt meist gerne gesehen. So ist die Bezeichnung „**ein gerader Michel**" ein althergebrachter Ausdruck dafür, dass man jemanden für „**aufrichtig**" und ehrlich hält.

Die Brustwirbelsäule findet man sprachlich vor allem als „Buckel". Der Buckel ist eigentlich ein sichtbarer Hinweis für eine Erkrankung der Brustwirbelsäule. Genetische Erkrankungen, Vitamin-D-Mangel, schwere Arbeit, Osteoporose mit Wirbelkörpereinbrüchen u. v. a. Krankheiten führen zu Verformungen der Brustwirbelsäule. Mediziner bezeichnen diese Verformungen der Brustwirbelsäule als Kyphose oder Kyphoskoliose. Im Volksmund, werden diese Veränderungen alle als „Buckel" bezeichnet. Die Verformung der Brustwirbelsäule kommt aber nicht nur durch Krankheiten zustande. Auch unterwürfiges Verhalten zeichnet sich unter anderem dadurch aus, dass man „**sich vor jemandem verbeugt**" und „**einen krummen Buckel macht**". Opfert man sich für einen anderen Menschen auf und übernimmt die Strafe für

---

[7] Englisch: *stiff-necked* (widerspenstig, starrköpfig).

jemanden anderen, „**hält man den Buckel für jemanden hin**". Eine Krümmung der Brustwirbelsäule kommt aber auch bei heftigem Lachen zustande. So kommen Ausdrücke zustanden wie „**sich den Bauch krümmen vor Lachen**" oder eben „**sich den Buckel voll lachen**". Auch bei der Bestellung von Feldern oder bei handwerklicher Tätigkeit muss oft in einer gebückter Haltung gearbeitet, also der Rücken gekrümmt werden, sodass schwere Arbeit oft mit dem Begriff „**für etwas oder für jemanden buckeln müssen**" umschrieben wird. Hat man viele Jahre gearbeitet und eine gekrümmte und steife Wirbelsäule, „**hat man viele Jahre am Buckel**". Schließlich drückt man „Ablehnung" auch dadurch aus, dass man jemandem den Rücken zuwendet. Dementsprechend drückt man eine ablehnende Haltung mit der Redewendung „**rutsch mir den Buckel runter**" aus.

Exkurs „Größenabnahme im Alter"

Alte Menschen nehmen oft an Körpergröße ab. Das ist kein Zeichen einer normalen Alterung, sondern ein relativ sicheres Zeichen für eine Osteoporose. Dabei kommt es zu Wirbelkörpereinbrüchen, welche die Betroffenen oft gar nicht wahrnehmen oder nur als kurzen Schmerz wahrnehmen, so als ob sie sich „**den Rücken verrissen hätten**". Jede ältere Person, die kleiner geworden ist, sollte deshalb unbedingt zum Arzt gehen. Doch nicht jede Abnahme der Körpergröße ist krankhaft. Im Laufe des Tages verlieren die Bandscheiben Flüssigkeit. Deshalb ist man am Abend etwa 1 cm kleiner als am Morgen. Im Normalfall erreicht man nach einer durchgeschlafenen Nacht wieder seine normale Körpergröße.

Redewendungen, die sich auf die Haltung beziehen
- Ein aufrechter Typ, ein aufrichtiger Kerl (jemand, der charakterlich integer, ehrlich, aufrichtig ist).
- Ein „gerader Michel" (altertümliche Bezeichnung für eine ehrliche, aufrichtige und anständige Person).
- Haltung annehmen (eine bestimmte Einstellung oder Denkweise annehmen).
- Haltung bewahren (in schwierigen Situationen ruhig, besonnen und gefasst bleiben).
- Aufrichtig sein (ehrlich sein).
- Sich den Buckel voll lachen (heftig lachen).
- Den Buckel für etwas hinhalten (die Verantwortung für etwas Unangenehmes übernehmen).
- Einen krummen Buckel machen (sich gegenüber jemanden unterwürfig verhalten).
- Rutsch mir den Buckel runter (lass mich in Ruhe).

- Für jemanden/etwas buckeln müssen (für jemanden/etwas schwer arbeiten müssen).
- Viele Jahre am Buckel haben (alt sein).
- Sich vor jemandem verbeugen (eine beschwichtigende Geste gegenüber einer ranghöheren Person).

15.4.3 Die Lendenwirbelsäule (wenn man „sein Kreuz auf sich nimmt")

Während Rückenschmerzen die Brustwirbelsäule betreffen, klagen Menschen bei Schmerzen in der Lendenwirbelsäule über „Kreuzschmerzen". Da die Muskulatur der Wirbelsäule nur teilweise dem Willen unterworfen ist, führt chronischer Stress zu einer dauerhaft erhöhten Spannung der Rückenmuskulatur. Vor allem im Bereich der Lendenwirbelsäule kommt es dadurch zu einer chronischen Überlastungsreaktion der kleinen Wirbelgelenke, zumal hier zu den Verspannungen noch das gesamte Gewicht des Oberkörpers hinzukommt. Diese Kreuzschmerzen werden meist einem Bandscheibenvorfall zugeschrieben, obwohl sie weitaus häufiger durch gereizte Facettengelenke der Lendenwirbel verursacht werden. Körperliche und seelische Belastungen führen schließlich zur Arthrose dieser Gelenke. Rücken- und Kreuzschmerzen werden selten mit Depressionen in Verbindung gebracht. Das ist schade, denn sie gehören nach Schlafstörungen zu den häufigsten Begleitsymptomen einer Depression und werden als Ursache für Kreuzschmerzen wenig beachtet.

In der Sprache hat sich die Kombination von psychischer und physischer Belastung, die zu Schmerzen im Bereich der Lendenwirbelsäule führt, in mehreren Redewendungen niedergeschlagen. So sagt man **„jemand nimmt sein Kreuz auf sich"**. Damit ist gemeint, dass jemand eine schwere körperliche oder seelische Belastung sowohl körperlich als auch psychisch ertragen muss.

Exkurs „Fibromyalgie"

Fibromyalgie wird manchmal, nicht ganz korrekt, auch als Weichteilrheumatismus bezeichnet. Dabei kommt es zu Schmerzen, die den ganzen Rücken sowie die großen Gelenke an Armen und Beinen betreffen. Die Diagnose wird klinisch gestellt. Der Arzt prüft, ob gewisse Punkte am Rücken, den Ellbogen, Hüften und Knien druckschmerzempfindlich sind. Die für eine Fibromyalgie typischen Druckschmerzpunkte finden sich genau dort, wo Sehnen von Muskeln ansetzen, die für aufrechte Haltung notwendig sind. Also Muskeln, die andauernd gegen die Schwerkraft arbeiten müssen.

Diese Muskeln können sich nur während der Tiefschlafphasen erholen. Hat man „schlaflose Nächte", oder „kann man vor Anspannung nicht schlafen" oder

„kann man keinen erholsamen Schlaf finden" fehlen die Tiefschlafphasen. Dadurch kommt es zu einer Daueranspannung der betroffenen Sehnen und zu Entzündungen an den Sehnenansatzstellen. Man „fühlt sich nicht nur angespannt", sondern „steht tatsächlich und Dauerspannung". Subjektiv muss man gar nicht merken, dass man unter einer Schlafstörung leidet. Denn von den 4 Schlafstadien kann nur der Tiefschlaf gestört sein, ohne dass der oberflächliche Schlaf gestört ist. So hat man das Gefühl, ausreichend geschlafen zu haben. Für die Behandlung einer Fibromyalgie ist daher ein guter Schlaf mit ausreichend langen Tiefschlafphasen, aber auch Traumphasen (REM-Schlaf) notwendig. Im REM-Schlaf sind die Muskeln gelähmt und können sich gut entspannen. Wenn man wieder „wie ein Murmeltier schlafen kann", verschwinden die Beschwerden meist von selbst.

Wenn man Schlafstörungen hat und sich die Muskulatur deshalb nicht ausreichend erholen kann, kommt es nicht nur zu einer Schädigung der Muskeln und Sehnen, sondern auch zu einer Schädigung der Gelenke. Durch das feste Zusammenpressen der Gelenkkörper kann sich der Gelenkknorpel nicht mehr richtig ernähren und degeneriert. Wenn diese Schädigung lange genug anhält, entstehen Veränderungen an den kleinen Gelenken der Wirbelsäule. *Spondylose, Spondylarthrose, Arthrose der Facettengelenke* usw. steht dann im Befund des Wirbelsäulen-Röntgens. Der Arzt wird Ihnen sagen, dass dies eine „normale" Alterserscheinung ist. Manchmal steht die vermehrte Spannung an den Hüften oder Knien im Vordergrund, denn auch die Lendenmuskulatur steht bei psychischen Belastungen unter Dauerspannung. Die Sprache sagt uns, dass man „mit beiden Beinen im Leben stehen" muss. So kommt es zu entsprechenden degenerativen Veränderungen an Hüft- und/oder Kniegelenken, was von den Medizinern als *Coxarthrose* bzw. *Gonarthrose* bezeichnet wird.

Doch wie kommt es zu diesen „Alterserscheinungen"? Nun, der Gelenkknorpel ist nicht durchblutet und kann sich daher nicht über das Blut ernähren, sondern nur über die Gelenkflüssigkeit. Man kann sich das wie bei einem Schwamm vorstellen: Wenn man einen schmutzigen Schwamm in einen Eimer Wasser taucht und ausdrückt, läuft die schmutzige Flüssigkeit aus dem Schwamm in den Eimer. Lässt man den Schwamm dann aus, saugt er sich wieder mit sauberem Wasser voll. Genauso verhält es sich mit dem Knorpel in den Gelenken: Bei jeder Bewegung wird der Knorpel ein wenig „ausgepresst" (die alte, verbrauchte Gelenkflüssigkeit wird dabei in den Gelenkspalt abgegeben) und anschließend saugt sich der Knorpel wieder mit frischer Gelenkflüssigkeit voll. Auf diese Weise wird der Gelenkknorpel ständig mit frischen Nährstoffen aus der Gelenkflüssigkeit versorgt. Damit die Gelenkflüssigkeit aber immer „frisch und sauber" ist, werden die Abbaustoffe von der gut durchbluteten Gelenkkapsel aufgenommen und frische Stoffe wieder an die Gelenkflüssigkeit abgegeben. Die Gelenkflüssigkeit wird also ständig erneuert und trägt so zur Ernährung des Knorpels bei. Deshalb ist Bewegung für die Gelenkgesundheit so wichtig, denn nur so bleiben die Gelenke gesund und funktionsfähig.

Störungen im Gehirn, wie sie bei Depressionen vorkommen, führen fast immer zu Schlafstörungen. Damit kommt es zu Überbelastung bzw. fehlenden Regeneration vor allem derjenigen Gelenke, die durch die tonische Muskulatur gehalten werden. Gelenkschmerzen und Muskelschmerzen sind dann die Folge. Klassische Schlafmittel führen hier meistens zu keiner Besserung, da sie die Schlafarchitektur zerstören. Wenn man solche Schlafmittel nimmt, wacht man am Morgen meist unerholt auf oder „**man fühlt sich wie gerädert**", ein sicheres Zeichen dafür, dass man ein nicht passendes Schlafmittel eingenommen hat oder aber an einer Schlafstörung leidet. Meist ist es besser, wenn man zur Behandlung von Schlafstörungen Antidepressiva oder Neuroleptika einnimmt, weil damit die gesunde Schlafarchitektur erhalten bleibt. Der Wechsel von Leichtschlafphasen, Tiefschlafphasen und Traumphasen findet in einem harmonischen Ablauf statt und „man wacht erholt auf".

Redewendungen, die sich auf die Lendenwirbelsäule beziehen
- Sein Kreuz auf sich nehmen (sein Leiden ertragen).
- Jemand hat sein Kreuz zu tragen (jemand muss etwas erdulden).
- Mit jemandem sein Kreuz haben (Sorgen mit jemandem haben).
- Mit jemandem über Kreuz kommen (mit jemandem streiten).
- Sich wie gerädert fühlen (ganz erschöpft sein).

15.5   Schultern (wenn man „etwas schultert")

Die Schulter hat tragende und schützende Funktionen und kann auch durch die eingenommene Haltung und Bekleidung Signalfunktionen haben. Der Nacken ist darüber hinaus auch Projektionsort von seelischen Spannungen. In manche Kulturen, z. B. in Japan, wird dem Nacken auch eine erotisierende Funktion zugeschrieben.

Redewendungen, die sich auf die Schulter beziehen
- Jemandem über die Schulter schauen (jemandem bei der Arbeit zusehen).
- Jemanden über die Schulter ansehen (verächtlich gegenüber jemandem sein).

- Jemandem sitzt der Schalk (der Schelm) im Nacken (jemand ist stets zu Streichen, Scherzen oder Unfug aufgelegt).
- Jemanden/etwas am Hals haben (unangenehme Verpflichtungen einer Person gegenüber haben).
- Etwas hängt einem zum Hals heraus (einer Sache überdrüssig sein).
- Sich etwas aufhalsen (sich eine Last oder Verpflichtung auferlegen).
- Sich jemandem an den Hals werfen (eine Beziehung mit überschwänglicher Leidenschaft hingeben).
- An jemandes Gängelband hängen (von einer Person kontrolliert und dominiert werden).
- Sich den Hals verrenken (unangemessene Anstrengung, um etwas zu sehen, zu hören oder zu erreichen).

15.5.1 Die Schulter hat tragende Funktion (wenn jemand „eine tragende Funktion hat")

Durch die relativ kräftige Rückenmuskulatur kann man mit der Schulter ziemlich schwere Lasten tragen. Vor allem bei Dauerbelastungen wird die Schulter gerne als „**tragende Funktion**" eingesetzt. Die vorwiegend tonische Rückenmuskulatur, welche andauernd gegen die Schwerkraft arbeiten muss, ist gut trainiert und kann daher viel länger Belastungen aushalten als die phasische Muskulatur der Arme. Das ist der Grund, warum bei vorhersehbarer Dauerbelastung Gegenstände eher mit der Schulter als mit den Händen getragen werden. So werden beispielsweise bei einer länger dauernde Prozession schwere Gegenstände, die von mehreren Männern getragen werden müssen, „**geschultert**". Ein Kind, das getragen werden muss, wird oft „**auf die Schulter genommen**". Handtaschen oder Aktentaschen werden oft mit einem Schulterriemen versehen, damit sie so länger getragen werden können. Wenn jemand etwas unterschätzt oder leichtsinnig an eine Sache herangeht, spricht man davon, dass jemand „**etwas auf die leichte Schulter nimmt**". Umgekehrt mag die ganze Last eines Unternehmen „**auf jemandes Schultern ruhen**". Wenn ein Mensch dauerhaft und verlässlich eine Funktion erfüllt, sagt man „**er spielt eine tragende Rolle**". Steht jemand unter andauernder seelischer Belastung, sagt man „**jemand muss etwas ertragen**". Schafft man etwas nicht mehr, wird es „**unerträglich**". Will man die Last eines anderen Menschen nicht übernehmen, sagt man „**rutsch mir den Buckel runter**". Kann man die Last des Lebens nicht mehr tragen, „**lässt man die Schultern hängen**". Hat man etwas gut gemacht, wird zum Lob „**jemandem auf die Schulter geklopft**". Ist jemand überheblich und lobt sich selbst, „**klopft er**

sich selbst auf die Schulter". Die tragende Funktion der Schultern findet sich jedenfalls in zahlreichen Redewendungen wieder.

Redewendungen, welche sich auf die tragende Funktion der Schulter beziehen

- Jemand hat eine tragende Funktion (jemand spielt eine wichtige und entscheidende Rolle).
- Auf jemandes Schulter ruhen (sich auf die Unterstützung, Hilfe oder Fürsorge einer anderen Person verlassen).
- Etwas schultern können (die notwendigen Fähigkeiten und Stärke haben, um mit der Herausforderung umzugehen).
- Etwas auf die leichte Schulter nehmen (etwas nicht ernst nehmen, etwas unterschätzen).
- Etwas ertragen müssen (etwas aushalten müssen).
- Etwas ist unerträglich (eine belastende Situation kann nicht mehr ausgehalten werden).
- Rutsch mir den Buckel runter (Ausdruck, dass jemandem eine Aussage oder Bitte gleichgültig ist).
- Die Schultern hängen lassen (jemand ist niedergeschlagen, entmutigt oder traurig).
- Jemandem auf die Schulter klopfen (jemandem Anerkennung und Lob ausdrücken).
- Sich selbst auf die Schulter klopfen (sich selbst loben).

15.5.2 Die Schulter hat eine Schutz- und Abwehrfunktion (wenn man „jemandem nicht abgeneigt ist")

Bei Ballspielen kann man oft beobachten, dass Kinder einen Ball mit der Schulter abwehren, wenn sie ihn nicht mehr fangen können. Es bereitet weniger Schmerzen, den Ball auf die Schulter zu bekommen, als ins Gesicht zu kriegen. Von jemandem, der viel aushalten kann, sagt man „**er hat einen breiten Buckel**" oder „**er hat breite Schultern**". Diese physische Abwehrfunktion wird auch im zwischenmenschlichen Bereich so wahrgenommen. Will man mit einem Menschen nichts zu tun haben, „**wendet man jemandem den Rücken zu**". Solche Reaktionen sind klare Zeichen für eine „**ablehnende Haltung**" gegenüber einem anderen Menschen. Die Körperhaltung signalisiert, ob man jemandem „**ab-geneigt**" oder „**zu-geneigt**" ist. Mag man einen Menschen, schenkt man ihm „**Zu-Wendung**".

Redewendungen, die sich auf die Schutzfunktion der Schulter beziehen
- Jemand hat breite Schultern (jemand ist stark, hält viel aus).
- Jemandem den Rücken zuwenden (sich von jemanden abwenden, sich von jemandem distanzieren).
- Abgeneigt sein (etwas nicht wollen).
- Zugeneigt sein (eine positive Einstellung gegenüber etwas/jemandem).

15.5.3 Die Schulter hat sexuelle Signalfunktion (wenn man „jemandem die kalte Schulter zeigt")

Mit der Schulter kann Abneigung oder Zuneigung signalisiert werden. Nacken und Schulter sind eine Körperregion, mit der auch sexuelle Signale gesetzt werden können. Vor allem bei Frauen kommt diese Funktion zum Tragen. Ballkleider sind nicht zuletzt deswegen oft schulterfrei. Früher galt *„schulterfreie Kleidung"* als ordinär und es war verpönt, wenn eine Frau zu viel von ihrer Schultern zeigte. Umgekehrt empfindet man *„hochgeschlossene Kleider"*, wie sie früher bei puritanischen Frauen üblich war als *„keusch"* und *„anständig"*. In Japan wird die Schulter-Nacken-Region von Frauen als besonders erotisch empfunden. Aber auch in Filmen aus den westlichen Ländern kann man sehen, wie Männer etwa eine Frau auf die Schulter oder den Nacken küssen, um Zärtlichkeit zum Ausdruck zu bringen. Wünscht eine Frau keine Avancen und möchte Ablehnung signalisieren, **„zeigt sie jemandem die kalte Schulter"**.

Redewendungen, die sich auf die sexuelle Signalfunktion der Nacken-Schulter-Region beziehen
- Jemandem die kalte Schulter zeigen (jemandem gegenüber ablehnend sein).[8]

15.6 Extremitäten (wenn man „jemandem unter die Arme greift")

Mit den Armen und Händen gestikulieren wir und begleiten damit unsere Sprache. Gesten sind so aussagekräftig, dass man sich damit sogar ohne Worte unterhalten kann. Treffen wir auf einen Menschen, dessen Sprache wir nicht

---

[8] Englisch: *She gave him the cold shoulder* (sie zeigte ihm die kalte Schulter).

verstehen, versuchen wir uns „**mit Händen und Füßen zu verständigen**".
Taubstumme Menschen haben damit eine eigene Gebärdensprache entwickelt, bei der die Hände eine wesentliche Rolle spielen.

15.6.1 Obere Extremität: Arme, Ellbogen und Hände („jemandem unter die Arme greifen")

Die obere Extremität umfasst den Arm (Ober- und Unterarm), das Ellbogen-
gelenk, das Handgelenk und die Hand. Sie spielt eine wichtige Rolle bei der
Bewegung, beim Greifen und bei der Ausführung vieler Tätigkeiten des täg-
lichen Lebens. Eigentlich gehört auch die Schulter dazu, die aber bereits weiter oben behandelt wurde. Die obere Extremität entspricht den Flügeln der
Vögel. Deshalb sind Ausdrücke, die sich auf die Flügel beziehen, genauso zu
bewerten wie Ausdrücke, die sich auf die Arme beziehen.

Die Hände sind vor allem zum Greifen da. Bei den Affen haben auch die
Füße eine Greiffunktion. Das Greifen muss extrem genau gesteuert werden.
Zerbrechliche Gegenstände müssen wir „**sanft anfassen**", bei harter Arbeit
müssen wir einen „**festen Griff**" haben. Um diese Anforderungen erfüllen zu
können, haben Hände und Füße im Lauf der Evolution eine extrem dichte
Versorgung mit Nerven bekommen. Sie wurden nicht nur zum *Greiforgan*,
sondern erfüllen auch eine *Tastfunktion*. Der Tastsinn betrifft zwar den ganzen
Körper, aber in den Händen und Füßen ist er am ausgeprägtesten. Nur die
Lippen haben eine ähnlich sensiblen Tastsinn. Wir begreifen Gegenstände,
um uns „**ein Bild zu machen**". Wir erkennen einen Gegenstand, indem wir
ihn abtasten und dadurch lernen, ihn zu verstehen. Der Tastsinn der Hände
ist so wichtig, dass wir davon sprechen, dass „**jemand etwas begriffen hat**",
wenn man zum Ausdruck bringen will, wenn jemand etwas verstanden hat.
Oder man sagt „**jemand ist schwer vom Begriff**" oder „**begriffsstutzig**",
wenn man sagen will, dass jemand sehr lange braucht, um etwas zu verstehen.

Wird etwas Heißes angefasst, kommt es zu einem reflexartigen Zurückziehen der Hand mit gleichzeitigem Öffnen der Finger. Diese Reaktion erfolgt
nicht bewusst, sondern ist ein Reflex, der im Rückenmark verschaltet ist und
daher sehr schnell abläuft. Erst nach dem Fallenlassen eines heißen Gegenstandes kommt das Signal „heiß" im Gehirn an. Im Gegensatz dazu steht das
bewusste Fallenlassen von Gegenständen. Dieser bewusste Akt des Fallen-
lassens findet sich auch in der Sprache wieder, wenn gesagt wird „**etwas oder
jemanden fallen lassen**". Interessanterweise sind das Fallenlassen eines heißen
Gegenstandes und das bewusste Fallenlassen einer Person in der Redewendung
„**jemanden fallen lassen wie eine heiße Kartoffel**" miteinander verbunden.

Redewendungen, welche die oberen Extremitäten betreffen

- Die Flügel hängen lassen (jemand ist entmutigt, niedergeschlagen, deprimiert, Zeichen einer Depression).
- Jemanden unter seine Fittiche nehmen (sich um jemanden kümmern und beschützen).[9]
- Etwas verleiht Flügel (etwas verleiht Kraft und Energie, Hinweis auf Manie).
- Etwas begreifen (etwas verstehen).
- Jemand ist schwer von Begriff (jemand braucht sehr lange, bis er etwas versteht).
- Jemand oder etwas ist handfest, eine handfeste Sache (eine realistische, konkret greifbare Angelegenheit/Person).
- Etwas in den Griff bekommen (etwas erfolgreich bewältigen).
- Jemanden auf den Arm nehmen (jemandem zum Spaß in die Irre führen).
- Jemandem unter die Arme greifen (jemandem helfen, unterstützen).
- Einen langen Arm haben (Macht haben, etwas zu beeinflussen).
- Sich den Arm ausreißen (große Anstrengungen unternehmen, um etwas zu erreichen).
- Jemanden fallen lassen wie eine heiße Kartoffel (sich von jemandem abwenden und nicht mehr unterstützen).
- Etwas oder jemanden fallen lassen (etwas/jemanden aufgeben).

15.6.2 Untere Extremität: Hüften, Beine, Knie und Füße (wenn man „mit beiden Beinen im Leben steht")

Zur unteren Extremität gehören die Hüfte, das Bein (Oberschenkel, Knie und Unterschenkel) sowie der Fuß und das Sprunggelenk. Mit den unteren Extremitäten stehen, gehen und laufen wir. Sie bieten uns Halt und eine stabile Verbindung mit dem Boden. Wesentlich für die „**Standfestigkeit**" ist das Zusammenspiel mit dem Gleichgewichtsorgan im Innenohr. Wenn dieses Zusammenspiel nicht mehr funktioniert, „**kommt man zu Fall**". Das kommt gar nicht so selten vor. Laut einem Bericht der WHO stellen Stürze die zweithäufigste Ursache für tödliche Unfälle dar.[10] Es ist also kein Wunder, wenn sich viele Redewendungen auf die Standfestigkeit beziehen. Ausdrücke wie „**mit beiden Beinen am Boden stehen**", „**bodenständig sein**", „**fest verankert im Leben stehen**" oder „**jemand ist standfest**" zeigen, wie wichtig für uns diese Verbindung zum Boden ist. Wenn jemand „**ins Wanken kommt**"

---

[9] Englisch: *to take someone under your wing* (sich um jemanden beschützend kümmern).

[10] WHO, W. H. O. (2021). Falls. World Health Organization: WHO. Retrieved from https://www.who.int/news-room/fact-sheets/detail/falls.

oder „**den Boden unter den Füßen verliert**", geht bildlich gesehen der stabile Kontakt zum Boden verloren. Im übertragenden Sinn verwendet man diese „**Verbundenheit**" auch auf den Geist. Wenn jemand unrealistische Gedanken hat oder durch zu viel Erfolg „**abhebt**", dann „**holt man ihn wieder auf den Boden der Realität zurück**" und fordert ihn auf, endlich „**auf dem Boden zu bleiben**". Wenn jemand durchgehalten hat, sagt man auch „**jemand *steht* seinen Mann**".

Bei Angst, Depression und manchen Krankheiten ist diese feste Verbindung mit dem Boden gestört.[11] Wenn man aus Angst zittert, nimmt die „**Standfestigkeit**" ab, und man muss mehr Ausgleichsbewegungen machen, um nicht umzufallen. So bekommt man bei Angst zunächst „**zittrige Knie**" und etwas später sogar „**schlotternde Knie**" welches eine Steigerungsform, das Angstzittern zum Ausdruck bringt. Wenn jemand keine Standfestigkeit zeigt und immer wieder „**in die Knie geht**", sagt man auch „**jemand hat weiche Knie bekommen**".

Exkurs „Gleichgewicht und Hirnleistung"

Wenn man ältere Menschen beim Spaziergehen beobachtet, kann man sehen, dass sie zeitweise anhalten, wenn sie sich besonders angeregt unterhalten. Durch das Anhalten wird die Gleichgewichtsarbeit von Augen, Innenohr und Kleinhirn reduziert, sodass die intellektuelle Leistungsfähigkeit kurzfristig davon profitieren kann.

Beim Laufen auf unebenem Gelände wird das Gleichgewichtshalten besonders beansprucht. Wenn man also statt auf Asphalt auf einem unebenen Waldpfad läuft, trainiert man nicht nur Muskeln und Kreislauf, sondern auch das Gleichgewichtig. Man bekommt nicht mehr so leicht „**wackelige Beine**".

Redewendungen, welche sich auf die unteren Extremitäten beziehen
* Mit beiden Beinen auf dem Boden stehen, mit beiden Beinen im Leben stehen (jemand, der realistisch ist).[12]
* Seinen Mann stehen (seine Aufgaben tüchtig bewältigen).
* Auf eigenen Beinen stehen (unabhängig und selbstständig sein).[13]
* Wieder auf die Beine kommen (wieder leistungsfähig sein).[14]
* Auf den Beinen sein (unterwegs sein).

---

[11] Feldman, R., Schreiber, S., C. G., P., & Been, E. (2020). Gait, Balance and Posture in Major Mental Illnesses: Depression, Anxiety and Schizophrenia. Journal of Medical Sciences. Retrieved from https://austinpublishinggroup.com/medical-sciences/fulltext/ams-v5-id1039.php.

[12] Englisch: *He's got his feet on the ground.*

[13] Englisch: *Stand on your own two feet.*

[14] Englisch: *finding his feet.*

- Jemand ist bodenständig (jemand ist lange an einem Ort ansässig oder jemand ist nicht abgehoben).
- Fest verankert sein (jemand ist stabil und standhaft).[15]
- Auf schwachen Beinen stehen, auf wackeligen Beinen stehen (ungewiss oder unsicher sein).
- Sich kaum noch auf den Beinen halten können (krank und gebrechlich sein).
- Ins Wanken kommen (unsicher werden).
- Angst macht Beine (fluchtartiges davonlaufen, wenn man Angst bekommt).
- Flaue Beine haben (wackelige Beine bekommen).
- Sich kalte Füße holen, sich nasse Füße holen (einen Misserfolg oder Ablehnung erfahren).
- Auf großem Fuße leben (über seine Verhältnisse leben).
- In die Fußstapfen eines anderen treten (die Nachfolge von jemandem antreten).
- Jemand ist umwerfend (jemand ist beeindruckend).
- Den Boden unter den Füßen verlieren (jemand wird die Existenzgrundlage genommen).[16]
- Schlotternde Knie bekommen (aus Furcht zitternde Knie bekommen).
- Mit zittrigen Knien (Kniezittern bei Angst).
- Jemandem auf die Beine helfen (jemandem aus einer schwierigen Lage heraus helfen).
- Jemandem ein Bein stellen (jemandem eine Falle stellen).
- Weiche Knie bekommen (Gefühl der Angst, Unsicherheit, Aufregung bekommen).[17]
- In die Knie gehen (nachgeben, kapitulieren).

---

[15] Englisch: *firmly established*.
[16] Englisch: cut the ground under someone's feet.
[17] Englisch: weak-kneed (Weiche Knie haben, bedeutet hier eher einen Mangel an Charakter oder Stärke).

Teil II

Redewendungen die sich auf den ganzen Körper, die Psyche oder Krankheiten beziehen

16

Wie sich psychische Krankheiten in der Sprache finden (wenn „jemand verrücktspielt")

Psychische Erkrankungen sind eine wahre Fundgrube für Redewendungen. Allein der Ausdruck „**ver-rückt**" beschreibt eigentlich eine Abweichung von der Norm und damit ein auffälliges Verhalten, das oft Folge einer psychischen Störung ist. Wenn jemand „**verrückt**" ist, meint man ein unvernünftiges Verhalten, das für die Umwelt nicht nachvollziehbar ist. Wenn jemand unruhig und chaotisch ist, sagt man „**jemand spielt verrückt**". In Ausnahmesituationen hört man Ausdrücke wie „**ich werd' verrückt**" oder „**das ist ja zum verrückt werden**". Auch der Rat „**lass dich nicht verrückt machen**" ist zu hören, wenn man jemanden beruhigen will. Übermäßige Motivation oder Antrieb wird mit dem Ausdruck „**etwas wie verrückt machen**" beschrieben. Neben der Verrücktheit gibt es noch zahlreiche andere sprachlich umschriebene Verhaltensbesonderheiten, die in den folgenden Abschnitten beschrieben werden.

Redewendungen, die auf psychische Auffälligkeiten deuten
- Verrückt spielen (sich unvernünftig, chaotisch verhalten).
- Wie verrückt (mit großem Einsatz).
- Verrückt nach jemanden sein (übermäßig verliebt sein).
- Sich nicht verrückt machen lassen (Ruhe bewahren).
- Ich werd' verrückt (Stress, Überforderung, Verwunderung).
- Nach etwas verrückt sein (gierig etwas haben wollen).
- Da wird doch der Hund in der Pfanne verrückt (Wenn jemand besonders erstaunt oder verärgert ist).
- Das ist zum verrückt werden (Ausdruck des Ärgern).

© Der/die Autor(en), exklusiv lizenziert an Springer-Verlag GmbH, DE, ein Teil von Springer Nature 2024
M. Ledochowski, *Redewendungen medizinisch erklärt*,
https://doi.org/10.1007/978-3-662-68356-9_16

16.1 ADHS (wenn man „Ameisen im Hintern hat")

Früher nannte man ein Kind, das nicht still sitzen konnte, einen „**Zappelphilipp**". Heute spricht man von „hyperkinetischen Störungen" oder „ADHS (Aufmerksamkeitsdefizit- und Hyperaktivitätssyndrom)". Bis zu 3 % aller Kinder erhalten diese Diagnose. Damit werden sehr viele Kinder pathologisiert, die eigentlich gar nicht krank sind, sondern nur einen ausgeprägten Bewegungsdrang haben. Solche Kinder gelten oft als „schwierig", weil sie für Eltern und Umwelt anstrengend sind, weil sie sich nicht so angepasst verhalten, wie es die Erwachsenen gerne hätten. Oft werden sie mit Medikamenten „ruhiggestellt".[1]

Die Beobachtung der *Sitzunruhe* hat sich auch in der Sprache niedergeschlagen.[2] So bezeichnet man solche Kinder umgangssprachlich als „**websig**" in Anspielung auf das lästige Verhalten von Wespen. Ausdrücke wie „**jemand hat Ameisen im Hintern**" oder „**Hummeln im Hintern**" beschreiben die Beobachtung von Sitzunruhe. Vor allem bei Kindern mit ADHS kann Sitzunruhe beobachtet werden. Es gibt auch Krankheiten, die bei Kindern zu Sitzunruhe führen, z. B. Madenwurm-Befall.

Unruhe, insbesondere Bewegungsunruhe, ist jedenfalls ein Symptom, das als sehr unangenehm empfunden wird. Dies hat sich auch in der Redewendung „**jemanden zappeln lassen**" niedergeschlagen, wenn man ausdrücken will, dass man jemanden absichtlich im Ungewissen lässt oder warten lässt und ihn damit bewusst quält.

Wenn jemand einen gesteigerten Antrieb hat, spricht auch davon, dass „**jemand Feuer im Hintern hat**". Hat jemand einen verminderten Antrieb, sagt man „**jemand hat Blei im Arsch**". Möchte man bei so einem Menschen den Antrieb steigern, gibt es die Redewendungen „**jemandem Feuer unter dem Hintern machen**" oder „**jemandem Dampf unter dem Hintern machen**". Offenbar wurde schon lange der Zusammenhang zwischen Sitzunruhe und gesteigertem Antrieb bemerkt. Antriebsstörungen sind jedenfalls ein wichtiges psychiatrisches Symptom.

---

[1] Thapar A, Cooper M. Attention deficit hyperactivity disorder. Lancet. 2016 Mar 19;387(10024):1240–50. doi: 10.1016/S0140-6736(15)00238-X. Epub 2015 Sep 17. PMID: 26386541.

[2] Im medizinischen Sprachgebrauch spricht man bei Sitzunruhe auch von Akathisie. Dieser Begriff umfasst aber noch viele andere neurologische Bewegungsstörungen, weshalb man ihn nicht mit Sitzunruhe gleichsetzen sollte.

Exkurs „Erethrismus mercurialis"

Unter *Erethrismus mercurialis* versteht man eine Verhaltensänderung, die bei chronischer Quecksilbervergiftung auftritt. Sie äußert sich in erhöhter psychischer Erregbarkeit und Unruhe. Das Krankheitsbild wird auch als „Hutmachersyndrom" bezeichnet, da es früher vor allem bei Hutmachern beobachtet wurde, die viel mit Quecksilbersalzen arbeiteten. Quecksilber führt unter anderem zu einer Störung des Zitronensäurezyklus, indem es den Pyruvat-Dehydrogenase-Komplex hemmt. Dadurch können die Nervenzellen nicht mehr ausreichend mit Energie versorgt werden. Vor allem der Ausfall der hemmenden Neuronen führt in der Folge zu Unruhe und Reizbarkeit. Ob die Redewendung **„Quecksilber im Hintern haben"** auf diese Beobachtung zurückgeht, ist nicht gesichert. Im Englischen hat die Beobachtung des seltsamen Verhaltens von Hutmachern zu der Redewendung **„mad as a hatter"** geführt. Im Deutschen wird der Ausdruck **„verrückt wie ein Hutmacher"** kaum verwendet. Der Zusammenhang zwischen chronischer Quecksilbervergiftung und unruhigem Verhalten von Kindern ist nach neueren Untersuchungen jedoch nicht gesichert.[3]

Redewendungen, welche sich auf Sitzunruhe oder ein ADHS beziehen
- Ameisen im Hintern haben (zappelig sein, nicht still sitzen können).[4]
- Pfeffer im Hintern haben (flott, temperamentvoll sein).
- Ein Zappelphilipp sein (unruhig sein).
- Jemanden zappeln lassen (jemanden absichtlich im Ungewissen lassen).
- Blei im Arsch haben (träge sein).
- Hummeln im Hintern haben (nicht still sitzen können).
- Feuer im Hintern haben (temperamentvoll sein).
- Jemandem Dampf unterm Hintern machen (jemanden antreiben).
- Jemandem Feuer unterm Hintern machen (jemanden antreiben).
- Quecksilber im Hintern haben (unruhig sein).

16.2 Histrionische Persönlichkeitsstörung (wenn jemand „aus einer Mücke einen Elefanten macht")

Eine histrionische Persönlichkeit zeichnet sich dadurch aus, dass sie sich ständig in den Mittelpunkt stellen muss und dazu neigt, alles aufzubauschen. Solche Menschen sind oft launenhaft und können ihre Impulse nicht oder nur schwer kontrollieren. In Beziehungen haben sie Schwierigkeiten im Umgang

---

[3] Kim S, Arora M, Fernandez C, Landero J, Caruso J, Chen A. Lead, mercury, and cadmium exposure and attention deficit hyperactivity disorder in children. Environ Res. 2013 Oct;126:105–10. doi: 10.1016/j.envres.2013.08.008. Epub 2013 Sep 10. PMID: 24034783; PMCID: PMC3847899.

[4] Englisch: *have ants in your pants*.

mit Nähe und Distanz. Bei Kritik entwickeln sie überschießende Gefühle wie Wut, Demütigungsgefühle oder Scham. Histrionische Persönlichkeiten sind auch Schauspieler (Histriones, lateinisch: die Schauspieler). Sie neigen dazu, gerne „**eine Szene zu machen**" oder „**alles zu dramatisieren**". Wenn jemand Kleinigkeiten aufbauscht, spricht man auch davon „**aus einer Mücke einen Elefanten zu machen**". Solche Menschen neigen eben dazu, alles aufzubauschen, aufzublasen oder zu übertreiben.

Redewendungen, die sich auf histrionische Persönlichkeitsstörungen beziehen
- Aus einer Mücke einen Elefanten machen (aus einer Kleinigkeit eine große Sache machen).[5]
- Jemandem eine Szene machen (einen Menschen lauthals zur Rede stellen).
- Sich in Szene setzen (sich auffallend verhalten, Aufmerksamkeit erregen).
- Die Szene beherrschen (sich in einer Situation dominierend verhalten).
- Ein Theater machen (etwas aufbauschen und damit Aufregung erzeugen).
- Viel Theater um etwas machen (sich aufregen).

16.3 Depression in der Sprache (wenn jemand „niedergeschlagen ist")

Schon die Bezeichnung Depression beinhaltet das Wort „**Niedergedrücktheit**"[6] und beschreibt treffend, wie sich Menschen mit dieser Erkrankung fühlen. Symptome, die bei Depressiven vermehrt auftreten sind Gefühl der Hoffnungslosigkeit, Neigung zum Grübeln, Antriebsstörungen, Lustlosigkeit, Interesselosigkeit und viele andere Beschwerden, die mit einer deutlichen Minderung der Lebensfreude einhergehen. Langfristig kommt es dann auch zu einer Minderung des Selbstwertgefühls. Die Betroffenen sagen manchmal: „**Ich fühle mich niedergeschlagen**". Ihre Muskulatur ist geschwächt und die Koordination oft gestört, sodass sie einen schleppenden Gang haben und öfters stolpern. Sie „**schlurfen durchs Leben**" oder „**stolpern durchs Leben**". Die häufig verschriebenen Antidepressiva vom SSRI-Typ verbessern zwar den Antrieb und die Muskelspannung, führen damit aber relativ oft zu Muskelkrämpfen und Muskelschmerzen, was ihre Anwendung einschränkt.

Wie Depressionen entstehen, weiß man noch immer nicht genau. Eine gewisse Rolle spielt eine gestörte Regulation von *Stresshormonen*. Depressive stehen

---

[5] Englisch: *making a mountain out of a molehill.*
[6] Lateinisch: deprimere = niederdrücken.

unter ständigem Stress. Selbst im Schlaf können sie ihre Körpertemperatur nicht oder nur schlecht herunterregulieren und haben eine gestörte Tagesrhythmik. Nachdem die Ausschüttung von Cortisol nicht heruntergefahren werden kann, sind Entspannungsphasen kaum möglich und die Betroffenen fühlen sich schon nach kleinsten Belastungen erschöpft. Manchmal sind sie andauernd erschöpft, auch wenn sie nichts getan haben. Eine weitere Rolle bei der Entstehung von Depressionen dürften Störungen in der Funktion von manchen Botenstoffen wie *Serotonin, Dopamin, Adrenalin und Noradrenalin* bestehen. Vor allem Serotonin spielt eine Rolle bei der Vermittlung von Vitalitätsgefühlen.

Exkurs: „Warum man müde wird, wenn man krank ist"

Wenn ein Tier krank und geschwächt ist, macht es ab einem gewissen Punkt keinen Sinn mehr zu kämpfen oder zu fliehen. Es sucht sich in ein Versteck und kauert sich dort nieder und wartet ab, bis sich der Körper von der Krankheit erholt hat. Auch Menschen zeigen diese Reaktion: Wenn sie krank sind, legen sie sich ins Bett und **„geben Ruhe"**. Schon Tage vor Krankheitsausbruch ändert sich das Verhalten. So fühlt man sich beispielsweise bei einem grippalen Infekt oft schon vor Ausbruch der Krankheit **„niedergeschlagen"**. Die Arbeit will einem nicht mehr so von der Hand gehen, die Konzentrationsfähigkeit sinkt, man macht bei schwierigen Aufgaben etwas mehr Fehler als sonst. Man ist schneller **„erschöpft"** als sonst oder man kann nicht mehr **„aus dem Vollen schöpfen"**. In der weiteren Folge bemerkt man eine verminderte Schmerztoleranz. Es beginnen Kopfschmerzen, Kreuzschmerzen, oder es tut einfach alles weh. Man fühlt sich krank. Begleitsymptome sind Gereiztheit, vermehrte Aggressivität und psychische Veränderung, die wir alle bei Depressiven sehen können.

Ausgelöst wird dieses Verhalten wahrscheinlich durch eine Stimulation des Immunsystems. Immer wenn man einen Infekt hat, eine Tumorerkrankung, eine Autoimmunerkrankung oder eine Verletzung beginnen im Rahmen einer Heilungsreaktion Reparaturprozesse. Dabei kommt es zur Ausschüttung von sogenannten proinflammatorischen Zytokinen. Bekannte Vertreter sind, Interferone, Interleukine etc. Diese Substanzen führen im ganzen Körper zu einer Veränderung des Tryptophanstoffwechsels indem ein Schlüsselenzym[7] stimuliert wird. Dadurch kommt es zu einer Abnahme der Serotonin- und Melatoninbildung. Die Folge sind die genannten Depressionssymptome sowie Schlafstörungen und eine Änderung im Essverhalten. Das erklärt auch, warum viele Menschen im Alterungsprozess oder beim Aufkeimen einer Tumorerkrankung zunächst Gewicht zunehmen und erst beim Ausbruch der Erkrankung abnehmen. Der Körper sorgt auf diese Weise vor und legt genügend Fettreserven an, um im Alter oder bei Ausbruch der aufkeimenden Erkrankung besser überleben zu können. Auch diese Veränderung hat man schon lange beobachtet, wenn man von **„Kummerspeck"** spricht.[8]

---

[7] Indolamin-2,3-Dioxygenase (IDO).
[8] Englisch: *comfort food* (Nahrung, die zur Stressreduktion gegessen wird).

Biochemisch gesehen sind Depressionen eine andauernde „Notfallreaktion". Durch die chronische Ausschüttung von Stresshormonen werden die Kohlenhydratspeicher in Muskel- und Leberzellen aufgebraucht. Den Betroffenen „**geht der Saft aus**". Außerdem kommt es zu einem Mangel an Nervenübertragungsstoffen wie Serotonin, Dopamin und Adrenalin. Das Gehirn spürt das und meldet „**Erschöpfung**", die Betroffenen „**fühlen sich ausgebrannt**" oder „**fühlen sich ausgelaugt**". In der Sprache der Mediziner wird dieser Zustand als „**Burn-out-Syndrom**" bezeichnet.

Bei jeder Kampfreaktion (z. B. psychischer Belastung am Arbeitsplatz, chronischem Streit zu Hause oder auch nach einer sportlichen Betätigung) finden ähnliche biochemische Reaktionen im Körper statt. Geht der Kampf „verloren", fühlen sich die Betroffenen im wahrsten Sinn des Wortes „**niedergeschlagen**".

Ist jemand depressiv, merkt man das nicht nur an der Niedergeschlagenheit. Der Energieverlust, der auch zu einer Schwächung der autochthonen Muskulatur der Wirbelsäule führt, bewirkt, dass die Betroffenen „**gebeugt durchs Leben gehen**". Umgekehrt gehen Menschen ohne solchen Problemen „**aufrecht**" oder „**erhobenen Hauptes**" durchs Leben. Von der Umwelt wird diese Haltung mit guter Stimmung und Ehrlichkeit assoziiert. Der juristische Ausdruck der „**Beugehaft**", dient eigentlich nur dazu, (vorübergehende) Depressionen auszulösen und damit bei den betroffenen Menschen „**den Willen zu brechen**". Das Gleiche gilt für Ausdrücke wie „**jemandem den Nacken beugen**" oder „**jemandem den Rücken beugen**".

Auch die Arme und Schultern signalisieren die Stimmungslage. So sieht man, dass Depressive „**die Schultern hängen lassen**" oder „**die Flügel hängen lassen**". Umgekehrt werden manische Episoden umschrieben mit „**etwas verleiht Flügel**". Ein großer Getränkehersteller hat das sogar zu seinem Werbeslogan gemacht.

Redewendungen, die sich auf depressives Verhalten beziehen
- Gebeugt durchs Leben gehen (leidend durchs Leben gehen).
- Jemandem den Rücken beugen (jemanden seinen Willen aufdrängen).
- Jemandem den Nacken beugen (jemanden unterwerfen).
- Sich unter das Joch beugen (sich unterwerfen).
- Sich durchs Leben schlagen (ein mühsames Leben voller Entbehrungen führen).
- Erhobenen Hauptes durchs Leben gehen (stolz durchs Leben gehen).
- Die Flügel hängen lassen (antriebslos, deprimiert sein).
- Die Schultern hängen lassen (mutlos, deprimiert sein).
- Jemandem geht der Saft aus (jemand fühlt sich erschöpft).

16.4 (Hypo-)Manie in der Sprache (wenn jemanden „der Hafer sticht")

Die Bezeichnung Manie stammt aus dem Altgriechischen μανία (*maníā*) und bedeutet wörtlich übersetzt so viel wie Wut, Raserei oder Wahnsinn. Tatsächlich bestehen diese Eigenschaften nur bei Menschen mit einer „Zornmanie", die aber sehr selten ist. In der Regel zeichnet sich Manie durch gesteigerten Antrieb sowie gehobene Stimmung aus. Die Betroffenen haben einen beschleunigten Gedankengang und einen gesteigerten Antrieb. Sie wirken läppisch, machen unpassende Witze, sind unverlässlich, reden viel und oft Unsinn. Sie „**bekommen eine lockere Zunge**" oder können nicht mehr „**ihre Zunge zügeln**" bzw. „**die Zunge im Zaum halten**". Das „**ungezügelte Verhalten**" äußert sich auch im Sexualleben. Die Libido ist gesteigert und die Betroffenen werden oft unangepasst zudringlich.

Die Minimalform einer Manie, die sogenannte *Hypomanie,* wird von der Umwelt oft nicht als auffälliges Verhalten bemerkt. Personen mit Hypomanie haben eine gehobene Stimmungslage, einen vermehrten Antrieb und ein vermindertes Schlafbedürfnis. Sie gelten deshalb als besonders leistungsfähig. Subjektiv fühlen sie sich so, „**als ob sie Bäume ausreißen könnten**". Ein weiteres Merkmal ist ihr gesteigerter Redefluss: Sie reden viel und sind in Berufen, in denen es darum geht, andere Personen zu „**überreden**" (z. B. als Vertreter, Verkäufer, Werbefachmann, Marketingmanager, Börsenmakler, Bankmanager, Geschäftsmann etc.) erfolgreich. Rückschläge oder Misserfolge lassen sie kalt, ihre Selbstkritik fehlt weitgehend, sodass sie auch zu riskanten Geschäften neigen. Das führt oft dazu, dass sie „**das große Geld machen**", aber nicht auf herkömmliche Art „**ihr Geld sauer verdienen**". Für sie gilt, dass sie „**das Geld locker sitzen haben**" oder „**ihr Geld verbraten**" bzw. ihr „**Geld auf die Straße werfen**". Oft leben sie über ihre Verhältnisse, führen ein luxuriöses Leben und „**werfen das Geld zum Fenster hinaus**". Für sie gilt nicht nur, dass sie „**das Geld mit beiden Händen ausgeben**". Sie „**ziehen das Geld auch den anderen Leuten aus der Tasche**". Gesetze „**sehen sie nicht so eng**". Sie sind die „**Macher**", zählen zu den „**Global Playern**". „**Geld regiert die Welt**" und das Geld wird von hypomanischen Menschen regiert.

> **Exkurs „Protestantische Ethik und katholische Ethik"**
>
> Während Katholiken ihren Reichtum eher verstecken, denn *„Leichter geht ein Kamel durch ein Nadelöhr, als dass ein Reicher in das Reich Gottes gelangt"* (Mk 10,25), ist es bei den Protestanten das Gegenteil. Protestanten sehen Reichtum als Begünstigung Gottes an. Reiche sind die von Gott „Auserwählten". Reichtum ist ein Zeichen, dass Gott Wohlgefallen an ihnen findet. Deshalb zeigen

> Protestanten eher ihren Reichtum, während Katholiken ihren Reichtum eher
> verbergen. Man nimmt an, dass diese Ansicht wesentlich zum wirtschaftlichen
> Aufstieg der protestantischen Weißen (WASP: White Anglo-Saxon Protestant) in
> den USA geführt hat. Die protestantische Ethik verkörpert eher hypomanisches
> Verhalten, während die katholische Ethik hier eher depressives Verhalten zeigt.
> Auch in der Sprache spiegelt sich die Einstellung zu Geld und Reichtum wider.
> Deutsche „**verdienen ihr Geld**", Engländer und Amerikaner „**machen Geld**",
> Franzosen „**gewinnen ihr Geld**" und Ungarn „**suchen ihr Geld**".

Menschen mit Manie sind in der Regel unruhig. Wenn die Unruhe ein sozial verträgliches Maß überschreitet, sagt man „**jemandem sticht der Hafer**" (warum ausgerechnet der Hafer sticht, ist nicht ganz klar, zumal Hafer eher eine beruhigende Wirkung hat).[9] Gefährlich werden Menschen mit Manie in Führungspositionen, da sie kaum kontrolliert werden. Sie überschätzen sich selbst regelmäßig und treffen riskante Entscheidungen. Manche Banken sind von Menschen mit Manie schon in den Ruin getrieben worden, weil Geldanlagen völlig unkritisch und mit hohem Risiko getätigt wurden. Die Gläubiger, die „in gutem Glauben" ihr Geld in so einer Bank angelegt haben, haben dann das Nachsehen: „**Sie müssen dann daran glauben**". Leider wird die Gefahr, die von (Hypo-)Manikern ausgeht, von der Umwelt immer noch nicht erkannt. Im Gegenteil, die Gesellschaft und insbesondere die Politik hofieren sie sogar und ermöglichen ihnen erst den sozialen Aufstieg. Der Staat und die Gesetze schützen meist den krankhaften Maniker (Manager) und nicht den arbeitenden und psychisch gesunden Normalbürger. Wenn jemand ein Milliardengeschäft anbahnt, sollte man immer daran denken, dass die betroffene Person an einer Manie erkrankt sein könnte! Im Kleinen geben diese Menschen unkritisch viel Geld aus. Im Wirtshaus geben sie beispielsweise eine ganze Runde Bier für alle Anwesenden aus. Man sagt „**jemand hat die Spendierhosen an**". Allein diesen Verhalten sollte schon an eine (Hypo-)Manie denken lassen. Davon zu unterscheiden ist jedoch großzügiges Verhalten, welches aber stets an die eigenen finanziellen Möglichkeiten angepasst ist.

Nach einer manischen Episode geraten viele Betroffene in eine tiefe Depression. In milderen Fällen haben sie nur Schamgefühle und möchten alles wiedergutmachen, was sie in ihrer manischen Phase „**verbockt haben**". Das Sprichwort „**Hochmut kommt vor dem Fall**"[10] beschreibt diese Beobachtung sehr gut: Zuerst kommt die manische Phase mit Arroganz und oft zer-

---

[9] Englisch: *sowing his wild oats* (beschreibt eine Episode, in der Jugendliche unkontrolliert und „wild" leben).

[10] Englisch: *pride goes before a fall*; Französich: *Il n'y a pas loin du Capitole à la Roche Tarpéienne*; Spanisch: *La soberbia precede a la destrucción.*

störerischer Selbstüberschätzung und danach der Rückfall in die Realität mit Scham und Depression. Diese Beobachtung, dass einer manischen Phase regelmäßig eine depressive Phase folgt, wurde schon zu biblischen Zeiten gemacht. So findet man im Alten Testament den Ausspruch: **„Kommt Hochmut, kommt auch Schande"** (Sprüche 11,2) oder **„Hoffart kommt vor dem Sturz und Hochmut kommt vor dem Fall"** (Sprüche 16,18).

Wenn manische Phasen regelmäßig mit depressiven Episoden wechseln, spricht der Mediziner von einer *bipolaren Störung*. Früher nannte man dieses Krankheitsbild auch Manisch-depressive Störung. In der Sprache umschrieb man diesen Zustand mit **„himmelhoch jauchzend und zu Tode betrübt"**. Der Umschlag von Manie zu Depression kann plötzlich und unerwartet erfolgen. Auch diese Beobachtung wurde schon vor langer Zeit gemacht und hat sich in der Redewendung **„manche faule Magd sticht der Hafer"** niedergeschlagen. Damit wird eine träge Person bezeichnet, die plötzlich aktiv wird und voller Tatendrang ist.

Exkurs: „Wie sich Veränderungen des Tryptophan-Stoffwechsels in der Sprache widerspiegeln"

Ich erinnere mich an einen Krankenhausdirektor mit regelmäßig auftretenden hypomanischen Episoden. Er konnte unglaublich schnell rechnen, sodass ihm niemand folgen konnte. Um sich nicht zu blamieren, widersprach auch niemand den vorgetragenen Rechenergebnissen. So stimmten alle Sitzungsteilnehmer regelmäßig, den in der Eile vorgerechneten Ergebnissen zu. Wenn man jedoch nach der Sitzung die ganze Angelegenheit in Ruhe nachrechnete, merkte man, dass das Rechenergebnis sehr oft falsch war. Die getroffene Entscheidung war eigentlich eine Fehlinvestition. Wertvolles Geld wurde für unnötige Prestigeobjekte ausgegeben und fehlte in der Patientenversorgung. Alles nur, weil niemand das hypomanische Verhalten erkannte und alle zu feige waren, zuzugeben, dass sie den beschleunigten Gedankengängen gar nicht folgen konnten.

Redewendungen, die sich auf manisch-depressives Verhalten beziehen

- Jemanden sticht der Hafer (jemand ist übermütig).
- Himmelhoch jauchzend und zu Tode betrübt (Wechsel zwischen Hochstimmung und depressiver Stimmung).
- Manche faule Magd sticht der Hafer (selbst die trägste Person kann unerwartet aktiv und energisch werden).
- Eine lockere Zunge bekommen (gesprächig werden).
- Die Spendierhose anhaben (jemand, der unkritisch spendabel ist).
- Jemand könnte Bäume ausreißen (jemand fühlt sich kräftig und ist voller Tatendrang).
- Etwas ausbaden müssen (die unangenehmen Folgen eines Ereignisses tragen müssen).
- Großspurig sein (angeberisches, prahlendes Verhalten haben).

16.5 Zwangsstörungen (wenn jemand „ein i-Tüpferl-Reiter ist")

Zwangsstörungen sind sowohl für die Betroffenen als auch für ihr Umfeld sehr belastend. Leichte Formen von Zwangsstörungen hat wahrscheinlich jeder schon einmal erlebt. Ein Beispiel wäre, wenn jemand die Wohnung verlässt und zurückkehrt, um zu überprüfen, ob der Herd oder das Bügeleisen wirklich ausgeschaltet sind. Das ist normal. Wenn jemand aber 3- oder 5-mal zurückgehen muss, um zu kontrollieren, ob der Herd wirklich aus ist, dann ist das schon sehr verdächtig für eine Zwangsstörung. Eine Zwangsstörung liegt eindeutig dann vor, wenn jemand das Haus gar nicht mehr verlassen kann, weil er immer wieder den Herd oder das Bügeleisen kontrollieren muss, weil es ja eingeschaltet sein könnte. In dem beschriebenen Fall würde es sich um einen Kontrollzwang handeln. Es gibt viele verschiedene Formen von Zwängen: Waschzwang, Ordnungszwang, Sammelzwang, Wiederholungszwang, Selbstzüchtigungszwang, um nur einige zu nennen. Auch der Hang zu grübeln ist eine Form der Zwangsstörung, wobei die Grübelinhalte sehr unterschiedlich sein können und Themen wie Verschmutzung, Ansteckungsgefahr mit Infektionskrankheiten, sexuelle Inhalte, religiöse Inhalte usw. beinhalten kann. Die betroffenen Personen werden als kleinlich beschrieben. In Österreich hat sich der Ausdruck „**i-Tüpfelchen Reiter**" etabliert, womit eine Person beschrieben wird, bei der alles seine exakte Ordnung haben muss. Es muss alles „**aufs Haar genau**" geordnet und „**auf den Punkt genau**" berechnet werden. Ihre Tätigkeit wird oft als „**Haarspalterei**" bezeichnet, womit gleichzeitig eine ablehnende Haltung ausdrückt wird.

Redewendungen, die sich auf zwanghaftes Handeln beziehen
- Haarspalterei (übertriebene Genauigkeit).
- Etwas auf den Punkt genau berechnen (sehr genau berechnen).
- Aufs Haar genau (äußerst genau).
- Jemand ist ein i-Tüpfelchen-Reiter (jemand, der alles übermäßig genau nimmt).

16.6 Dissoziative Störungen (wenn es „zum Davonlaufen ist")

Wenn jemand etwas Furchtbares erlebt hat, bleibt das in der Regel nicht ohne Folgen. Es kommt zu Schlafstörungen, ständig wiederkehrendes Denken an die traumatische Situation (Flash back), Depressionen, Angststörungen und vielen anderen Beschwerden. Dauern diese Beschwerden länger als 8 Wochen an, spricht man von einer *posttraumatischen Belastungsstörung (PTBS)*. Manchmal sind die Verletzungen so groß (oder die Ressourcen, die zur Verarbeitung solcher Verletzungen notwendig wären, so gering), dass es zu sehr ausgeprägten Verarbeitungsstörungen des traumatischen Erlebnisses kommt, die man dann als dissoziative Störungen bezeichnet. Einer dissoziativen Störung geht meistens eine *seelische oder körperliche Verletzung* voraus. Der Übergang von minimalen Reaktionsstörungen durch geringe Traumata bis zu schwersten Reaktionsstörungen ist fließend. Im schwersten Fall *„trennt"* der Mensch gewissermaßen sein Bewusstsein: Nicht ich, sondern jemand anderer hat das Schreckliche erlebt. Wenn die eigene Person als fremd empfunden wird, bezeichnet man das auch als *Depersonalisation*. Wird die Umgebung fremd, verzerrt oder stumpf empfunden, spricht man von *Derealisation*. Das Erleben des eigenen Ich oder der Umwelt fühlt sich plötzlich fremd an.

Die Reaktionen bei einer dissoziativen Störung können sehr unterschiedlich sein. Die häufigsten Arten und die entsprechenden Redensarten sind:

* Dissoziative Amnesie (*Verdrängungsreflex*): Es kann vorkommen, dass die betroffene Person jegliche Erinnerung an den Vorfall aus ihrem Gedächtnis löscht: **„Es will mir nicht in den Kopf gehen"**.
* Dissoziative Fugue (*Fluchtreflex*): Die betroffene Person läuft irgendwo hin und ist sich dieser Flucht gar nicht bewusst: **„Es ist einfach zum Davonlaufen"**.
* Dissoziativer Stupor (*Totstellreflex*): Es kommt zu Lähmungserscheinungen: **„Jemand ist vor Schreck erstarrt"**, **„jemand ist wie gelähmt"**, **„jemand liegt wie tot da"**.
* Dissoziative Krampfanfälle (*Kampfreflex*): Es kommt zu epilepsieähnlichen Krampfanfällen: **„Das Leben wird zum Krampf"**, **„jemand oder etwas ist ein Krampf"**.
* Dissoziative Blindheit (*psychogene Blindheit*): Jemand erblindet, weil er etwas Unerträgliches nicht mehr sehen kann: **„jemanden nicht mehr sehen können"**, **„jemand wird blind vor Wut"**.
* Dissoziative Taubheit (*psychogene Taubheit*): Jemand wird taub, weil er etwas Unerträgliches nicht mehr hören kann: **„Jemand oder etwas nicht mehr hören können"**.
* Dissoziative Geruchsstörungen: **„Jemanden nicht mehr riechen können"**.
* Dissoziative Stummheit (*psychogene Stummheit*, Mutismus): Sprachlosigkeit, wenn man mit der Umwelt nichts mehr zu tun haben will: **„Es hat jemandem die Sprache verschlagen"**; **„jemand ist sprachlos"**.

- Dissoziative Trance und Besessenheitszustände: Verlust der persönlichen Identität (Trance) oder Überzeugung von einer „Macht" beherrscht zu werden (Besessenheit): **„Jemand ist von etwas besessen", „jemand benimmt sich wie besessen", „jemand ist wie weggetreten"**.
- Dissoziative Identitätsstörung: Gefühl, dass mehrere Personen in einem leben. **„Zwei Seelen wohnen in meiner Brust"**.

Häufige Traumata, die zur Auslösung von dissoziativen Störungen führen können, sind: Vergewaltigung, sexuelle Gewalt, sexueller Missbrauch, Folter, Mord, Totschlag, Kampfhandlungen, Krieg, Flucht, Migration, Verlust eines geliebten Menschen, verlassen werden, Vernachlässigung, Misshandlung.

Redewendungen, welche sich auf dissoziative Störungen beziehen
- Es will mir nicht in den Kopf gehen (kein Verständnis für etwas haben).
- Es ist einfach zum Davonlaufen (Ausdruck höchster Unzufriedenheit).
- Jemand ist vor Schreck erstarrt (jemand ist durch ein erschreckendes Ereignis unfähig, etwas zu tun).
- Jemand ist wie gelähmt (sich vor Entsetzen nicht mehr bewegen können).
- Jemand liegt wie tot da (jemand liegt regungslos da).
- Das Leben wird zum Krampf (das Leben ist nicht mehr auszuhalten).
- Jemanden nicht mehr sehen können (jemanden nicht mehr ertragen können).
- Jemand ist blind vor Wut (jemand ist äußerst aufgebracht).
- Jemanden oder etwas nicht mehr hören können (von jemandem oder etwas genug haben).
- Jemandem verschlägt es die Sprache (jemand ist so verwirrt, dass er nicht mehr sprechen kann).
- Jemand ist sprachlos (jemand bringt vor lauter Bestürzung kein Wort mehr heraus).
- Jemand ist von etwas besessen, jemand benimmt sich wie besessen (jemand verfolgt etwas auf fanatische Art).
- Jemand ist wie weggetreten (unkonzentriert, geistesabwesend sein).
- Zwei Seelen wohnen in jemandes Brust (hin- und hergerissen sein, ambivalente Gefühle haben).

16.7 Weitere psychiatrische Symptome (wenn jemand „ein irrer Typ ist")

Irre bedeutet eigentlich nur eine Abweichung von der Norm. Dabei ist irre nicht unbedingt negativ besetzt. Wenn man etwas sensationell findet, sagt man **„das ist ja irre"**. Demgegenüber ist ein Irrweg oder der Ausdruck **„jemanden in die Irre führen"** wiederum negativ besetzt. Spricht man von einem **„Irren"**, meint man damit jemanden, der psychisch auffällig ist.

Redewendungen, die sich auf Verrücktheit oder Irre beziehen
* Jemanden in die Irre führen (jemanden dazu verleiten, etwas Falsches zu tun, jemanden täuschen).
* Das ist ja irre (das ist toll).
* Irren ist menschlich (jeder auch normale Mensch kann sich einmal irren).
* Sich in jemandem irren (jemanden falsch einschätzen).
* Etwas ist zum Verrücktwerden (etwas ist zum Verzweifeln).
* Schief gewickelt sein (jemand ist komisch).

Exkurs „Irre ist nicht gleich dumm"

Ein Auto muss wegen eines Defekts just vor einer Irrenanstalt anhalten. Der Fahrer steigt aus, sieht einen platten Reifen und macht sich daran, das Reserverad zu montieren. Dabei passiert ihm ein Malheur: Die Radmuttern fallen in einen Kanal. Während er nachdenkt, wie er wieder aus dieser Misere heraus kommen könnte, kommt ein „Irrer" vorbei und fragt, was denn sein Problem sei und ob er helfen kann. Der genervte Autofahrer schildert sein Problem, dass er keine Radmuttern hat, um das Reserverad zu montieren. Der Irre denkt kurz nach und sagt: „kein Problem, Sie nehmen einfach eine Radmutter von jedem Autorad und montieren damit das Reserverad. Dann können Sie zur nächsten Tankstelle fahren und 4 Radmuttern kaufen". Der Autofahrer ist über diesen guten Ratschlag ziemlich verblüfft und fragt: „Sind Sie nicht aus dieser Anstalt und irre?". Er bekommt zur Antwort „*irre bin ich schon, aber dumm bin ich nicht*".

16.7.1 Denkstörungen (wenn man „den Faden verliert")

Da Denkstörungen nicht beobachtet werden können, werden sie vom Arzt durch die Sprache bzw. Erzählungen des Patienten beurteilt. Man unterscheidet „*formale* Denkstörungen" von „*inhaltlichen* Denkstörungen". Zu den *formalen Denkstörungen* gehört beispielsweise die „Gedankenflucht"[11] Die Betroffenen „**verlieren den Faden**" während sie sprechen. Sie kommen „**vom Hölzchen aufs Stöckchen**" oder „**vom Hundertsten ins Tausendste**". All diese Ausdrücke beschreiben sehr schön das Symptom, das von Psychiatern auch als „*assoziativ gelockertes Denken*" bezeichnet wird, ein Symptom, das bei Manie beobachtet werden kann. Das Symptom „*den Faden verlieren*" ist dem Symptom „*Gedanken-abreißen*" sehr ähnlich. Letzteres tritt auch bei Hirnorganischen Störungen oder Absencen im Rahmen einer Epilepsie auf.

---

[11] Englisch: *losing the thread.*

Redewendungen, die sich auf Denkstörungen beziehen
- Vom Hölzchen aufs Stöckchen geraten (von einem Thema zum anderen springen).
- Vom Hundertsten ins Tausendste kommen (umschweifig reden).
- Den Faden verlieren (vergessen, was man eigentlich sagen wollte).

16.7.2 Sinnestäuschungen und Wahrnehmungsstörungen (wenn jemand „ins Narrenkastl schaut")

Zu den bekanntesten Wahrnehmungsstörungen gehören Halluzinationen, Pseudohalluzinationen und Illusionen. Je nachdem, welcher Sinn von einer Wahrnehmungsstörung betroffen ist, sprechen Mediziner von akustischen, optischen, gustatorischen, olfaktorischen oder körperlichen Wahrnehmungsstörungen. Auch hier bietet die Sprache einige Redewendungen, die sich darauf beziehen.

Ein Grund für das Auftreten von Halluzinationen ist oft das Fehlen von Umweltreizen. Jeder Mensch, der lange genug in ein dunkles und schallisoliertes Zimmer eingesperrt wird, kommt in die Situation, Halluzinationen zu erleben. Bei sehr eintöniger Arbeit kann es also vorkommen, dass jemand durch den Mangel an Reizen plötzlich Visionen hat, ein Geräusch hört oder Geister sieht. In Westfalen wurden Hirten früher auch „**Spökenkieker**" genannt, weil sie durch ihre reizarme Arbeitsumwelt immer wieder illusionäre Verkennungen hatten. Heute würde man sagen, „**jemand ist verträumt**" oder „**jemand ist ein Tagträumer**". Umgangssprachlich kann man die Redewendung hören, „**jemand schaut ins Narrenkastl**". Unter solchen Bedingungen der Reizarmut können auch Blinde plötzlich „**sehend**" werden, indem sie visuelle Halluzinationen erleben. Mediziner bezeichnen Halluzinationen bei Blinden als *Charles-Bonnet-Syndrom (CBS)*. Schon in der Bibel werden solche Fälle beschrieben.[12]

Beim Übergang vom Traumzustand in den Wachzustand steigt das Risiko für Wahrnehmungsstörungen. So haben mache Menschen Schwierigkeiten, von der Traumwelt in die reale Welt zu wechseln. Dabei können Situationen auftreten, bei denen Traum und Wirklichkeit nicht ganz voneinander getrennt werden können. Treten diese Zustände beim Aufwachen auf, nennt man sie *hypnagoge* Zustände oder im umgekehrten Fall beim Einschlafen

---

[12] Ledochowski M.: „Die Wunder der Bibel medizinisch erklärt", Springer-Verlag, Heidelberg 2023; ISBN 978-3-662-66473-5; DOI: https://doi.org/10.1007/978-3-662-66474-2.

hypnopompe Zustände. Hypnagoge Zustände sind gar nicht so selten, da es in den frühen Morgenstunden oft zu einer REM-Phase mit lebhaften Träumen kommt, ehe man „**aus dem Traum gerissen wird**".

Redewendungen, die sich auf Wahrnehmungsstörungen beziehen
- Jemand ist verträumt (jemand ist in Gedanken versunken und stellt sich nicht der Realität).
- Jemand ist ein Tagträumer (jemand, der seine Gedanken weit von der aktuellen Realität abschweifen lässt).
- Jemand schaut ins Narrenkastl[13] (jemand schaut ins Leere und schweift mit seinen Gedanken von der Realität ab).
- Aus dem Traum gerissen werden (unerwartete, oft schmerzhafte Konfrontation mit der Realität).

16.7.3 Impulskontrollstörungen (wenn „der Geduldsfaden reißt")

Psychische Krankheiten gehen sehr oft mit einer dauernden Stressbelastung einher. Der hohe Level an Stresshormonen führt oft zu motorischer Unruhe, ebenfalls ein häufiges Symptom bei psychiatrischen Erkrankungen. Menschen unter dauerndem Stress haben meistens Probleme geduldig zu sein. Sie müssen ihre Geduld ständig unter Kontrolle halten, bis die Kontrolle plötzlich nachlässt. Psychiater sprechen dann von Impulskontrollverlust. Im allgemeinen Sprachgebrauch sagt man „**jemandem reißt die Geduld**" oder „**der Geduldsfaden ist gerissen**".

Redewendungen, die sich auf Impulskontrollstörungen beziehen
- Jemandem reißt die Geduld (Jemand wird ungeduldig, gereizt, wütend).
- Der Geduldsfaden ist gerissen (jemand wird wütend).
- Geduld bringt Rosen (Geduld wird belohnt und bringt Erfolg).
- Sich in Geduld fassen (geduldig sein).
- Jemandes Geduld auf die Probe stellen (jemanden reizen).
- Übe Dich in Geduld (sei geduldig)[14]
- Jemand ist die Ruhe selbst (Jemand ist sehr besonnen und regt sich nicht leicht auf)[15]

---

[13] Österreichisch und Südbayerisch.
[14] Englisch: *sit tight.*
[15] Englisch: *cool as a cucumber.*

16.7.4 Antriebsstörungen (wenn jemand zur „Couch potato" wird)

Antriebsstörungen sind oft ein Hinweis auf eine gestörte Serotoninwirkung. Vor allem Menschen mit Depressionen zeichnen sich durch Antriebsstörungen aus. Die betroffenen Menschen stehen schwer auf, liegen am liebsten auf der Couch und schauen Fernsehen. Sie haben wenig soziale Kontakte und gehen kaum ins Freie. Sie werden zum „**Stubenhocker**". Auch im Deutschen wird oft der passendere englische Ausdruck „**Couch potato**" verwendet.

Exkurs „Faulheit"

Interessanterweise wird die Beobachtung von Antriebsstörungen und Trägheit mit dem Begriff Faulheit beschrieben. Tatsächlich kommt es im Rahmen von Gärungsprozessen im Darm zur Ausbildung von kurzkettige Fettsäuren (*short chain fatty acids*, SCFA). Normalerweise finden Gärungsreaktionen im Dickdarm statt. Wenn man zu viel isst oder Zucker (Alkohole) in Kombination mit Ballaststoffen zu sich nimmt, kann es dazu kommen, dass die Gärungsreaktionen schon im Dünndarm stattfinden. Die dabei anfallenden kurzkettigen Fettsäuren können im Dünndarm resorbiert werden und zu extremer Müdigkeit („**Faulheit**") führen. Dazu kommt, dass die betroffenen Personen die sehr übel riechenden kurzkettigen Fettsäuren mit der Atemluft abatmen und deswegen nicht gut riechen, sie werden im wahrsten Sinn des Wortes „**stinkfaul**".

Schon die Römer kannten dieses Phänomen und prägten den Spruch „**Plenus venter non studet libenter**" (ein voller Magen studiert nicht gern). Wenn man *wenig* isst und vor allem Kohlenhydrate reduziert, finden Gärungsprozesse nur im Dickdarm statt. Dort können kurzkettige Fettsäuren fast nicht in die Blutbahn gelangen und machen deshalb auch nicht müde. Die allgemein verbreitete Meinung, dass die Durchblutung des Gehirns nach dem Essen abnimmt, weil der Darm vermehrt durchblutet wird, ist falsch. Zwar nimmt nach einer Mahlzeit der Blutfluss in der A. mesenterica superior zu,[16] aber es kommt zu keiner Abnahme der Gehirndurchblutung.[17]

---

[16] Abdullah E, Lee JB, Notay K, Millar PJ. Postprandial superior mesenteric artery blood flow is related to changes in peripheral pulse wave harmonics and heart rate: implications for wearable technology? J Appl Physiol (1985). 2021 Aug 1;131(2):681–688. doi: 10.1152/japplphysiol.00903.2020. Epub 2021 Jul 15. PMID: 34264128.

[17] Bazar KA, Yun AJ, Lee PY. Debunking a myth: neurohormonal and vagal modulation of sleep centers, not redistribution of blood flow, may account for postprandial somnolence. Med Hypotheses. 2004;63(5):778–82. doi: 10.1016/j.mehy.2004.04.015. PMID: 15488646.

Redewendungen, die sich auf Antriebsstörungen beziehen
- Jemand ist ein Stubenhocker (jemand, der kaum außer Haus geht)[18]
- Jemand ist ein Couch-Potato (jemand bewegt sich kaum und sitzt vorwiegend vor dem Fernseher).
- Jemand ist ein fauler Sack (jemand ist ein fauler Mensch).
- Sich wie ein nasser Sack fühlen (sich miserabel fühlen).
- Jemand ist stinkfaul (jemand ist sehr faul).

---

[18] Englisch: „Couch potato".

17

Störungen des Biorhythmus (wenn jemand „Taktgefühl hat")

Unser ganzes Leben ist durch verschiedene Rhythmen geprägt. Tag und Nacht regeln unseren Schlaf- und Arbeitsrhythmus. Der Mondzyklus ist gleich lang wie der periodische Zyklus der Frau und entspricht in etwa den Monaten eines Jahres. Die Jahreszeiten wiederum sind durch unterschiedliche Tageslänge gekennzeichnet. Die Tageslänge hat wiederum Einfluss auf die Stimmung und das Essverhalten. Im Herbst, wenn die Tage kürzer werden, nimmt der Hunger zu und man legt „Winterspeck" an. Schließlich gibt es noch die verschiedenen Lebensabschnitte wie Kindheit, Jugend, Adoleszenz, Erwachsenenalter und Greisenalter, bis der Tod alle Zyklen beendet. Dann kann aber wieder ein neuer Lebenszyklus beginnen. Mit einem Wort Rhythmen prägen uns ein Leben lang und wir prägen die Lebensrhythmen.

17.1 Biorhythmus-Anpassungsstörungen (wenn jemand „taktvoll" oder „taktlos" ist)

Die Menschen leben nicht alle im gleichen Takt. So gibt es „**schnelllebige Menschen**", die sich durch einen deutlich schnelleren Lebensrhythmus auszeichnen als „**langsame Menschen**". Kann sich ein Mensch nicht mehr im selben Lebensrhythmus wie seine Umwelt bewegen, so empfinden wir ihn als unangenehm oder „**taktlos**". Umgekehrt sprechen wir von einer „**taktvollen Person**", wenn sie feinfühlend ist und sich dem Rhythmus der Umgebung anpassen kann. Man sagt von einem Menschen, dass er **Taktgefühl** besitzt, wenn diese Person mit ihrer Umwelt im (rhythmischen) Einklang steht. Solche Menschen bezeichnen wir auch als „**takt**". Wenn eine Maschine funktioniert, wird sie als „**intakt**" bezeichnet, zumal sich Maschinen meistens durch rhythmische Bewegungen auszeichnen. Eine dominierende Person „**gibt den Takt an**". Wenn ein Mensch durcheinander kommt, ist er „**aus dem Takt geraten**". Man kann auch jemandem stören und „**aus dem Takt bringen**".

Exkurs „Glockenläuten"

Wie wichtig der Gesellschaft das Taktgefühl ist, sieht man an alten Bräuchen, die uns Menschen in einen gleichartigen Lebensrhythmus zwingen. So zwingt das *Glockenläuten* zu festgelegten Zeiten die Dorfbewohner dazu, einen ähnlichen Lebensrhythmus einzuhalten. Das Gleiche gilt in islamischen Kulturen für den Ruf des Muezzins, der zu gewissen festgelegten Tageszeiten erfolgt. Wenn die Mehrzahl der Menschen zu einer gemeinsamen Zeit aufstehen, werden sie auch zu einer gemeinsamen Zeit müde und es ist für ausreichende Nachtruhe gesorgt. Soziale Konflikte, die durch unterschiedliche Lebensrhythmen entstehen können, werden durch solche Maßnahmen vermindert. Auch die Sonntagsruhe bei den Christen und die Ruhevorschriften für den Sabbat bei den Juden dienen dazu, den Wochenrhythmus in einer Gemeinde anzugleichen.

Nachdem unsere Gesellschaft immer schnelllebiger wird, besteht die Gefahr, dass Biorhythmen gestört werden. Soziale Konflikte und psychosomatische Erkrankungen sind damit vorprogrammiert.

Redewendungen, die sich auf das Taktgefühl beziehen
- Den Takt angeben (sich dominant verhalten, tonangebend sein).
- Jemanden aus dem Takt bringen (jemanden durcheinander bringen).
- Aus dem Takt geraten (gestört werden).
- Ein taktvoller Mensch (ein höflicher und feinfühlender Mensch).
- Ein taktloser Mensch (ein unhöflicher Mensch ohne jegliches Feingefühl).
- Ein paar Takte mit jemandem reden (jemanden zurechtweisen, jemanden die Leviten lesen).
- Taktgefühl besitzen (feinfühlig sein).
- Ein takter Mensch sein (ein Mensch, der in Ordnung ist).
- Etwas ist aus dem Takt geraten (etwas ist durcheinander gekommen).
- Etwas ist intakt (etwas funktioniert).
- Nach jemandes Pfeife tanzen (alles tun, was jemand anderer verlangt).

17.2 Das Delayed-Sleep-Phase-Syndrom (wenn jemand „ein Morgenmuffel ist")

Menschen mit einem Delayed-Sleep-Phase-Syndrom (DSPS) werden auch als „**Eulen**" oder als „**Nachtvögel**" bezeichnet. Sie gehen spät zu Bett und wachen sehr spät auf. Müssen sie im Rhythmus der anderen Menschen aufstehen, weil sie etwa zur Arbeit oder in die Schule gehen müssen, stellt sich regelmäßig schlechte Stimmung ein. Man bezeichnet sie deshalb auch gerne als „**Morgenmuffel**". Auch Menschen mit Depressionen zeichnen sich durch eine verzögerte Tagesrhythmik aus. Sie können nicht einschlafen, wachen in der Nacht oft auf und holen ihren Schlaf dann in den frühen Vormittagsstunden nach. Auf ihre Umgebung wirken sie tagsüber träge und faul. Wenn sie dann am Abend leistungsfähig werden, kann man die Redewendung hören: „**Abends wird der Faule fleißig**". Eine ungerechte Verurteilung von Menschen mit DSPS, denn sie sind nicht faul, sondern ihr Leistungsfenster ist nur verschoben. Jedenfalls sind Menschen mit einem Delayed-Sleep-Phase-Syndrom ausgesprochene **Abendmenschen** und keine **Morgenmenschen**.

Exkurs „Pubertät"

In der Pubertät verändert sich der Biorhythmus. Die Ausschüttung des Schlafhormons Melatonin setzt im Verlauf des Tages später ein als bei Kleinkindern und Erwachsenen. Jugendliche werden zu „Eulen". Sie gehen später zu Bett und würden länger schlafen, wenn sie könnten. Der Zwang, schon früh in die Schule zu gehen, widerspricht ihrer inneren Uhr. Das bewirkt einen chronischen Schlafmangel. Die Folgen können Leistungseinschränkungen und eine gestörte Hirnentwicklung sein. Würde man die Jugendlichen nur 30–60 min länger schlafen lassen, führte das schon zu besseren schulischen Leistungen und einer höheren Motivation.[1] Die Starrheit der Schulleitungen, flexible Schulzeiten zuzulassen, führt nicht nur dazu, dass die kognitiven Leistungen Jugendlicher abnehmen, sondern auch, dass soziale Konflikte steigen.

---

[1] Marx R, Tanner-Smith EE, Davison CM, Ufholz LA, Freeman J, Shankar R, Newton L, Brown RS, Parpia AS, Cozma I, Hendrikx S. Later school start times for supporting the education, health, and well-being of high school students. Cochrane Database Syst Rev. 2017 Jul 3;7(7):CD009467. doi: 10.1002/14651858.CD009467.pub2. PMID: 28670711; PMCID: PMC6483483.

Redewendungen, die sich auf den verzögerten Biorhythmus beziehen
- Jemand ist ein Nachtmensch (jemand, der die Nacht zum Tag macht).[2]
- Jemand ist ein Morgenmuffel (jemand, der am Morgen grantig ist und lange braucht, bis er in Gang kommt).[3]
- Jemand ist ein Morgenmensch (jemand ist schon am Morgen leistungsfähig und gut gelaunt).
- Jemand ist ein Abendmensch (jemand wird erst gegen Abende munter und leistungsfähig).
- Am Abend wird der Faule fleißig (jemand, der normalerweise träge ist und am Abend plötzlich aktiv und fleißig wird).

17.3 Das Advanced-Sleep-Phase-Syndrom (wenn jemand „mit den Hühnern aufsteht")

Im Gegensatz zum Delayed-Sleep-Phase-Syndrom (DSPS) gibt es auch ein Advanced-Sleep-Phase-Syndrom (ASPS). Die betroffenen Menschen werden auch „**Nachtigallen**" genannt oder als „**Morgenmenschen**" bezeichnet. Während Menschen mit DSPS ihre maximale Leistungsfähigkeit am Abend oder sogar in der Nacht haben, sind Menschen mit ASPS vor allem in den Morgenstunden besonders leistungsfähig. „**Morgenstund' hat Gold im Mund**" ist ein Ausdruck, der auf diese Menschen passt. In anderen Sprachen hat man diese vermehrte morgendliche Leistungsfähigkeit bei diesen Menschen auf göttliches Wohlwollen zurückgeführt, welches diesen Menschen zufiel. Nachdem sie früh aufstehen, bezeichnet man sie auch als „**Frühaufsteher**", früher sagte man auch „**jemand steht mit den Hühnern auf**". Im Alter kommt es häufig zu Ausschlafstörungen, mit sehr frühem Erwachen. Sprachlich äußert sich diese Beobachtung im Ausdruck „**senile Bettflucht**".

---

[2] Englisch: *to be a night owl.*
[3] Englisch: *to be grumpy in the mornings.*

Redewendungen, die sich auf den vorgeschobenen Biorhythmus beziehen

- Jemand ist ein Morgenmensch (jemand, der in der Früh am leistungsfähigsten ist).[4]
- Morgenstund' hat Gold im Mund (die besten Zeit um eine Arbeit zu erledigen, ist der Morgen).[5]
- Jemand steht mit den Hühnern auf (jemand steht sehr früh auf).[6]
- Jemand ist ein aufgewecktes Kind (ein Kind mit rascher Auffassungsgabe, ein aufmerksames Kind)
- Was dem einen seine Eule, ist dem anderen seine Nachtigall (was für eine Person günstig ist, bringt dem anderen Nachteile).
- Senile Bettflucht (wenn alte Menschen sehr früh aufstehen).

17.4 Schlafstörungen (wenn man „die ganze Nacht kein Auge zumacht")

Ein Drittel unseres Lebens verbringen wir schlafend. Schlaf ist essenziell für die Aufrechterhaltung unserer körperlichen und seelischen Gesundheit.

Die Bedeutung der Augen für den erholsamen Schlaf wurde schon lange erkannt. Heute wissen wir, dass Licht, welches in die Augen einfällt, im Gehirn dazu führt, dass das Schlafhormon Melatonin unterdrückt wird. Sobald es dunkel wird, hört die Schlafunterdrückung durch das Licht wieder auf und man **„wird vom Schlaf übermannt"**. Kann man die ganze Nacht nicht schlafen, hört man oft den Ausdruck **„ich habe die ganze Nacht kein Auge zugemacht"**. Das Schließen der Augen ist jedenfalls essenziell, um schlafen zu können. Wenn sich jemand ganz kurz zum Schlafen hinlegte, konnte man früher hören **„jemand nimmt ein Aug voll Schlaf"**, heute spricht man in Anspielung auf die Schlafmütze **„jemand nimmt eine Mütze voll Schlaf"** oder neudeutsch wird von *Powernapping* gesprochen. Wacht eine Person langsam auf, muss sie sich **„den Schlaf aus den Augen reiben"**, ebenfalls eine Anspielung auf die Mitwirkung der Augen für den Schlaf.

---

[4] Englisch: *to be an early bird.*

[5] Englisch: *The early bird catches the worm*; französisch: *L'avenir appartient à ceux qui se lèvent tôt*; spanisch : *Al que madruga Dios le ayuda* ; italienisch: *Il mattino ha l'oro in bocca.*

[6] Englische Redewendung: *Early to bed, early to rise makes a man healthy, wealthy and wise.*

Wesentlich für einen guten Schlaf ist der Erhalt einer gesunden Schlaf-architektur. Damit ist der Wechsel von Schlafphasen mit wenig Träumen (NREM-Phasen) und Traumschlafphasen (REM-Phasen) gemeint. Die Frage, warum man eigentlich träumt, ist nach wie vor nicht ganz geklärt.[7] Man weiß lediglich, dass REM-Phasen und Träume eng miteinander verbunden sind. Eine wesentliche Funktion des REM-Schlafes besteht darin, Wesentliches von Unwesentlichem zu trennen.[8] Im Traum wird unwesentliches vergessen. Damit sorgt der Körper, dass die Datenspeicher im Gehirn nie mit Ballast „überfüllt" werden. So werden die verbleibenden wichtigen Informationen rascher abrufbar. Lernt man beispielsweise für eine Prüfung, ist die Lern-geschwindigkeit vor allem davon abhängig, wie schnell und wie gut man die unwesentlichen Fakten, die man sich während des Lernens angeeignet hat, wieder vergisst.[9] Träume dienen somit **„die Spreu vom Weizen zu trennen"** und das Gedächtnis zu konsolidieren.[10] Eine weitere Funktion des REM-Schlafes besteht darin, den Organismus auf die Wachphase vorzubereiten. Menschen fühlen sich wacher und erholter, wenn sie aus der REM-Schlafphase aufwachen, als wenn sie **„aus dem Schlaf gerissen werden"** und sich gerade in einer NREM-Schlafphase befunden haben.[11] Schließlich dürfte das Träu-men im REM-Schlaf eine Art virtuelle Realität darstellen, mit der das Gehirn seine Bereitschaft zur adaptiven Interaktion mit der Welt aufrechterhält.[12] Was hat das mit Redewendungen zu tun? Es gibt den aus der Bibel stammen-den Spruch **„den Seinen gibt's der Herr im Schlaf"**,[13] mit dem zum Aus-druck gebracht werden soll, dass man unverdientes Glück erlangen kann, wenn man nur auf Gott vertraut. Tatsächlich haben viele Wissenschaftler die Erfahrung gemacht, dass sie die Lösung eines Problems zwar erahnen, aber nicht wirklich beweisen konnten, bis ihnen dann der **„erleuchtende Geistes-**

---

[7] Peever J, Fuller PM. Neuroscience: A Distributed Neural Network Controls REM Sleep. Curr Biol. 2016 Jan 11;26(1):R34–5. doi: 10.1016/j.cub.2015.11.011. PMID: 26766231; PMCID: PMC5846126.

[8] Ackermann S, Rasch B. Differential effects of non-REM and REM sleep on memory consolidation? Curr Neurol Neurosci Rep. 2014 Feb;14(2):430. doi: 10.1007/s11910-013-0430-8. PMID: 24395522.

[9] MacDonald KJ, Cote KA. Contributions of post-learning REM and NREM sleep to memory retrieval. Sleep Med Rev. 2021 Oct;59:101453. doi: 10.1016/j.smrv.2021.101453. Epub 2021 Jan 23. PMID: 33588273.

[10] Boyce R, Glasgow SD, Williams S, Adamantidis A. Causal evidence for the role of REM sleep theta rhythm in contextual memory consolidation. Science. 2016 May 13;352(6287):812–6. doi: 10.1126/science.aad5252. PMID: 27174984.

[11] Horner RL, Sanford LD, Pack AI, Morrison AR. Activation of a distinct arousal state immediately after spon-taneous awakening from sleep. Brain Res. 1997 Dec 5;778(1):127–34. doi: 10.1016/s0006-8993(97)01045-7. PMID: 9462884.

[12] Hobson, J. REM sleep and dreaming: towards a theory of protoconsciousness. *Nat Rev Neurosci* **10**, 803–813 (2009). https://doi.org/10.1038/nrn2716.

[13] Psalm 127, Vers 2 (Lutherbibel 1984).

blitz" kam. Dieser stellt sich oft im Traum ein, nämlich dann, wenn das Gehirn Unwichtiges von Wichtigem trennt und so eine Lösung plötzlich „**erträumt**" werden kann. Das hat aber nichts mit einer Eingabe durch Gott zu tun, sondern mit dem Loslassen und Entrümpeln der Gedanken während des Träumens.

Redewendungen, die sich auf die Rolle der Augen beim Schlafen beziehen
- Ein Auge voll Schlaf nehmen (ein kurzes Nickerchen machen).[14]
- Vom Schlaf übermannt werden (sehr müde werden).[15]
- Jemand nimmt eine Mütze voll Schlaf (jemand macht ein Nickerchen).
- Die ganze Nacht kein Auge schließen können (nicht schlafen können).
- Sich den Schlaf aus den Augen reiben (die Augen reiben, um wach zu werden).
- Den Seinen gibt's der Herr im Schlaf (unverdientes Glück erlangen).

---

[14] Englisch: *forty winks.*
[15] Englisch: *I could hardly keep my eyes open.*

18

Liebe, Lust und Leidenschaft (wenn man „sich Hals über Kopf verliebt")

Es gibt verschiedene Formen der Liebe: romantische Liebe, erotische Liebe, Nächstenliebe, Mutterliebe, Affenliebe und viele andere Formen, die es zu unterscheiden gilt. Im Allgemeinen wird Liebe als ein tiefes Gefühl der Zuneigung definiert. Im Lateinischen und Griechischen gibt es unterschiedliche Wörter für die *romantisch-erotische Liebe* (lateinisch: Amor; griechisch: Ἔρως-*Érōs*) und die *Nächstenliebe oder fürsorgliche Liebe* (lateinisch: Caritas; griechisch: ἀγάπη-*agápē*). Beim Menschen sind romantische Liebe und erotische Anziehung Vorläufer der Sexualität.

Sexualität und Fortpflanzung sind grundlegende biologische Verhaltensweisen. Ohne sie wäre die Evolution nicht möglich gewesen. Es gibt zahlreiche biologisch wirksame Moleküle, die Liebe, Anziehung, sexuelles Verhalten und Bindung steuern.[1] Die Literatur ist voll von Erzählungen, welche die Liebe besingen. „**Leidenschaftliche Liebe**" wird oft positiv dargestellt. Das Wort beschreibt jedoch bereits die Folgen einer solchen exzessiven und ungezügelten Liebe: Sie „**schafft Leiden**". Oft fällt die Bezeichnung „**jemand führt eine toxische Liebe**" oder „**jemand hat eine toxische Freundschaft**". Meist handelt es sich dabei um „**eine heiß-kalte Liebe**", die sich durch *On-off-Beziehungen* bemerkbar macht. Solche Beziehungen bestehen meistens, wenn gleichzeitig *Bindungsängste* und *Verlustängste* bestehen. Nähe-Distanz-Probleme sind oft sehr schmerzhaft und werden als „**leidenschaftlich**" bezeichnet, denn sie „**schaffen Leiden**". Werden bei solchen Beziehungen aus tiefer Zuneigung plötzlich Hass,

---

[1] Zeki S. The neurobiology of love. FEBS Lett. 2007 Jun 12;581(14):2575–9. doi: 10.1016/j.febslet.2007.03.094. Epub 2007 May 8. PMID: 17531984.

© Der/die Autor(en), exklusiv lizenziert an Springer-Verlag GmbH, DE, ein Teil von Springer Nature 2024
M. Ledochowski, *Redewendungen medizinisch erklärt*,
https://doi.org/10.1007/978-3-662-68356-9_18

so wird sie auch als „**Hassliebe**"[2] bezeichnet. Alle diese Ausdrücke sind Zeichen einer *affektiven Ambivalenz* eines oder beider Partner.

Exkurs „Biochemie der Liebe"

Liebe ist nicht nur zur Erhaltung der Menschheit, sondern auch zur Erhaltung der eigenen Gesundheit überlebenswichtig. Sie stellt so wie Hunger ein grundlegendes Bedürfnis eines jeden Menschen dar. Deshalb unterliegen Liebesgefühle einer komplexen biochemischen Regulation. Bei der Entwicklung der Liebe können verschiedene Phasen gesehen werden.

Zunächst kommt es zur *Kontaktaufnahme*, bei der Pheromone, also Düfte, Aussehen, Charme, Verhalten usw. eine Rolle spielen. In der Phase der Kontaktaufnahme wird entschieden, ob jemand als attraktiv empfunden wird oder ob man „jemanden aufregend findet" oder nicht. In dieser Phase „**verliebt man sich Hals über Kopf**" oder es kommt zur „**Liebe auf den ersten Blick**".

In der frühen Phase der Liebe, allgemein auch als *romantische Liebe* bezeichnet, kommt es zu einer Aktivierung der limbischen Strukturen im Gehirn. Hier werden auch Furcht- und Angstreaktionen reguliert. Dabei spielen *Dopamin*, *Adrenalin und Noradrenalin* eine Rolle. In dieser Phase kann man „**bis über beide Ohren verliebt sein**", man spricht auch von „**heißer Liebe**" oder „**aufregender Liebe**".

Die spätere Phase der Liebe ist hauptsächlich durch *Paarbindung* gekennzeichnet. Dabei spielen die Neuropeptide *Oxytocin* und *Vasopressin* sowie *Neurotrophine* eine wichtige Rolle.[3] Diese Bindungshormone führen oft zu lebenslanger Zuneigung. In der Sprache hat sich diese Beobachtung in dem Ausdruck „**alte Liebe rostet nicht**" niedergeschlagen.

Redewendungen, die sich auf die Liebe beziehen
- Leidenschaftliche Liebe (eine gefühlsbetonte, nicht vom Verstand gelenkte, oft zerstörerische Liebe).
- Alte Liebe rostet nicht (eine Liebe aus früherer Zeiten bleibt immer bestehen).
- Mit Lust und Liebe (mit Freude).
- Von Luft und Liebe leben (ohne Geld leben).
- Eine toxische Liebe (leidenschaftliche Liebe, die Leiden schafft).
- Sich Hals über Kopf verlieben (sich plötzlich und unüberlegt verlieben).[4]
- Bis über beide Ohren verliebt sein (vollkommen verliebt sein).
- Wenn man auf jemanden steht (wenn man jemanden attraktiv findet).

---

[2] Englisch: *love-hate relationship*; Französich: *amour-haine*.
[3] Marazziti D, Palermo S, Mucci F. The Science of Love: State of the Art. Adv Exp Med Biol. 2021;1331:249–254. doi: 10.1007/978-3-030-74046-7_16. PMID: 34453303.
[4] Englisch: *head over heels in love*.

18.1 Phase der Partnerwahl und der Verliebtheit („je später der Abend, desto schöner die Gäste")

Vermehrung der eigenen Spezies ist eine wesentliche Grundlage der biologischen Evolution. Bei der geschlechtlichen Vermehrung muss der Partner, die Partnerin zunächst erwählt werden. So spricht man von „**der oder dem Auserwählten**", wenn man sich verliebt hat und verkünden will, wer denn diese Person ist. Die Partnerwahl ist stark von den kulturellen Hintergründen geprägt. Immer spielt jedoch dabei die potenzielle Nachkommenschaft eine Rolle. Frauen wählen eher Männer mit hohem Ansehen, Macht und Vermögen, da damit die Aufzucht ihres potenziellen Kindes gesichert ist. Männer wählen demgegenüber Frauen, die sich durch Schönheit auszeichnen und damit versprechen, gute Gene an die Nachkommenschaft weiterzugeben. Dabei wird bei der Partnersuche die eigene Attraktivität mit der Attraktivität des potenziellen Partners verglichen und Partner ausgesucht, die einem in gewisser Hinsicht ähnlich sind. Unter Evolutionsbiologen wird das als *assortatives Paarungsverhalten* bezeichnet. In der Sprache spiegelt sich dieses Verhalten in dem Ausdruck „**gleich und gleich gesellt sich gern**" wider. Das assortative Paarungsverhalten findet sich auch in der Redewendung „**je später der Abend, desto schöner die Gäste**". Diese Redewendung dürfte nicht bloß eine Höflichkeitsfloskel sein, sondern ein Phänomen beschreiben, dass Menschen als attraktiver empfunden werden, wenn sich an einem Abend schon sehr viele Paare gefunden haben und die Wahrscheinlichkeit für eine erfolgreiche Partnerwahl immer mehr abnimmt.

Hat man jemanden auserkoren und „**ein Auge auf jemanden geworfen**", so geht es darum, diese Person „**zu erobern**" bzw. dessen „**Herz zu erobern**". Man „**läuft der geliebten Person nach**", oder „**man steht auf sie**". Heute würde man ausgeprägtere Formen dieses Verhaltens als „*stalken*" bezeichnen und als unangepasste, ja sogar strafbare Handlung betrachten. An sich gehört das „**Hinterherlaufen**" oder „**jemandem nachlaufen**" bei vielen Spezies zum normalen Balzverhalten.[5]

Ist die Verfolgung der erwählten Person nicht von Erfolg gekrönt und war die ganze Anstrengung des Umwerbens eines potenziellen Partners umsonst, dann spricht man von „**verlorener Liebesmüh'**" oder „**vergeblicher Liebes-**

---

[5] Dougherty LR. Meta-analysis shows the evidence for context-dependent mating behaviour is inconsistent or weak across animals. Ecol Lett. 2021 Apr;24(4):862–875. doi: 10.1111/ele.13679. Epub 2021 Jan 20. PMID: 33471386.

müh'".[6] Die Betroffenen sprechen auch davon, dass sie „**einen Korb bekommen haben**". Es gibt viele Erklärungen für diese Redewendung.[7] Alle gängigen Erklärung haben aber nichts mit biologischen Vorgängen zu tun. Was aber in der Natur sehr wohl vorkommt, ist die Abweisung eines Liebeswerbers. Dementsprechend gibt es Ausdrücke wie „**jemandem eine Abfuhr erteilen**" oder „**jemanden abblitzen lassen**" oder „**jemanden auf Distanz halten**".

Redewendungen, die sich auf die Partnerwahl beziehen

* Jemand ist der oder die Auserwählte (der Freund oder die Freundin, mit der man zusammen sein möchte).
* Gleich und gleich gesellt sich gern (Menschen mit gleichen Interessen schließen sich öfter zusammen).[8]
* Je später der Abend, desto schöner die Gäste (Entschuldigung für verspätete Gäste).
* Auf jemanden stehen (jemanden mögen).
* Jemandem nachlaufen (jemanden aus Liebe verfolgen).
* Von jemandem einen Korb bekommen (von jemandem abgewiesen werden).[9]
* Jemandem eine Abfuhr erteilen (Ablehnung eines Liebesantrages).[10]
* Jemanden abblitzen lassen (Zurückweisung von Annäherungsversuchen).
* Jemanden auf Distanz halten (jemanden nicht an sich heranlassen).

18.1.1 Visuelle Reize (wenn man „sich in jemanden verschaut")

Das Aussehen spielt bei der Partnerwahl eine wichtige Rolle. Schon aus der Ferne kann man den Körperbau und das Bewegungsmuster erkennen und entscheiden, ob man jemanden attraktiv findet. Die entsprechenden Redewendungen sind „**jemanden hinreißend finden**", „**sich zu jemandem hingezogen fühlen**" oder „**an jemandem Gefallen finden**". Durch visuelle Reize beurteilen wir schon aus der Distanz, ob „**jemand schön ist**", „**abgrundtief hässlich ist**" oder „**hässlich wie die Nacht ist**". Schönheit ist immer Aus-

---

[6] Shakespeare spricht von „Love's Lavour's Lost".

[7] Autoren der Wikimedia-Projekte. (2004, October 01). Einen Korb geben – Wikipedia. Retrieved from https://de.wikipedia.org/w/index.php?title=Einen_Korb_geben&oldid=234098679.

[8] Englisch: *Birds of a feather flock together*; russisch: одного поля ягоды (Knochen aus demselben Gebiet).

[9] Englisch: *to get the push*; französich: *envoyer sur les roses*.

[10] Englisch: *to get the brush-off; to get the push*.

druck für Gesundheit und gute Gene. Findet man sein Gegenüber schön, so würde das vor allem bedeuten, dass man einer gemeinsamen Nachkommenschaft positiv gegenübersteht. So einen Menschen sieht man gerne an, vielleicht sogar ein bisschen zu lange, sodass der Ausdruck „**sich in jemanden verschauen**" zutreffen mag. Spielen visuelle Reize bei der Partnerfindung eine besondere Rolle, spricht man auch von „**Liebe auf den ersten Blick**". Wenn man „**sich Hals über Kopf verliebt**" kann es vorkommen, dass man die „**Kontrolle über sich verliert**". Verliebtheit mit Realitätsverlust wird auch mit der Redewendung „**Liebe macht blind**" oder „**blind vor Liebe**" umschrieben.

Redewendungen, die sich auf Reaktionen zu visuellen Reizen bei der Partnerwahl beziehen
- Liebe auf den ersten Blick (sich augenblicklich ohne genauere Prüfung in jemanden verlieben).
- Liebe auf den zweiten Blick (Liebe entsteht erst, nachdem man jemanden besser kennengelernt hat).
- Sich zu jemandem hingezogen fühlen (jemanden attraktiv finden, gerne haben).
- Sich in jemanden verschauen (sich in jemanden verlieben).
- An jemandem Gefallen finden (jemanden gerne haben).
- Jemand ist hässlich wie die Nacht (jemand ist sehr hässlich).[11]
- Liebe macht blind (Verliebtheit führt zu Realitätsverlust).
- Sich Hals über Kopf in jemanden verlieben (intensive und plötzliche Verliebtheit, bei der alle Vernunft über Bord geworfen wird).

18.1.2 Olfaktorische Reize (wenn man „jemanden dufte findet")

Gerüche dienen nicht nur dazu, Nahrung zu finden und vor dem Verzehr auf Verträglichkeit zu prüfen, sondern spielen auch bei der Partnersuche und Partnerwahl eine wichtige Rolle. So sagt man zu einem Menschen, den man mag, „**jemanden gut riechen können**". Findet man einen Menschen anziehend, kann es sein, dass man „**ihn dufte findet**". Findet man einen Menschen abstoßend, sagt man, dass „**man jemanden nicht riechen kann**".

Im Tierreich spielen Duftstoffe eine besonders wichtige Rolle bei der Fortpflanzung. Mittels Sexuallockstoffen, sogenannten Pheromonen, finden viele

---

[11] Englisch: *as ugly as sin.*

Tiere erst paarungsbereite PartnerInnen. Auch beim Menschen spielen solche Duftstoffe, sogenannte Copuline, eine wichtige Rolle bei der Partnerwahl. Mithilfe von Sexuallockstoffen kommt es nicht nur bei Insekten, sondern auch bei Menschen dazu, dass sie „**aufeinander fliegen**". Bei Schmetterlingen ist es besonders gut zu beobachten, dass sie sich bei Paarungsbereitschaft gegenseitig im Flug folgen. Beim Menschen kann man als Folge einer kulturellen Entwicklung das Parfüm als Ersatz für Sexuallockstoffe sehen.[12] In der Praxis bewirken Parfums aber genau das Gegenteil: Die körpereigenen Duftstoffe werden durch das künstliche Parfum so überdeckt, dass sie ihre natürliche Wirkung, den Partner anzuziehen, gar nicht mehr entfalten können.

Redewendungen, die sich auf olfaktorische Reize bei der Partnerwahl beziehen
- Jemanden gut riechen können (jemanden mögen).
- Jemanden nicht riechen können (jemanden nicht mögen).
- Jemand ist dufte (jemand ist großartig).
- Aufeinander fliegen (jemanden als PartnerIn aussuchen).

18.1.3 Gustatorische Reize (wenn man „jemanden zum Fressen gern hat")

Der Geschmackssinn ist eng mit dem Geruchssinn verbunden. So gibt es in einigen Dialekten eine Gleichsetzung von schmecken und riechen. „**Jemanden nicht schmecken zu können**" ist gleichbedeutend mit „**jemanden nicht riechen zu können**". Auf jeden Fall hat Schmecken auch etwas mit Liebe zu tun. So versuchen sich Partner gegenseitig „**das Leben zu versüßen**". Menschen, die man sehr gerne hat, findet man „**süß**" usw. Auch die Redewendung „**Liebe geht durch den Magen**" zeigt, dass Essen etwas mit Liebe zu tun hat. Nach Sigmund Freud durchläuft der Mensch bei der Entwicklung der Sexualität eine anale, eine orale und eine genitale Phase. In jeder dieser Phasen gibt es eine *erotische* (normale) und eine *sadistische* (abnormale) Entwicklung. So gesehen gibt es eine *oral-erotische* und eine *oral-sadistische Phase*, die wir Menschen durchlaufen. Soweit die Theorie. Sprachlich finden wir Ausdrücke wie „**Liebesbiss**" oder „**jemanden zum Fressen gernhaben**". Beides sind Ausdrücke, die auf oral-sadistisches Verhalten hinweisen. Während Liebesbisse bei Kindern noch als normal angesehen werden können, sind sie bei Er-

---

[12] Sexuallockstoffe. (2014, December 04). Retrieved from https://www.spektrum.de/lexikon/neurowissenschaft/sexuallockstoffe/11777.

wachsenen eher ein Hinweis auf einen Entwicklungsrückstand. Liebesbisse von Erwachsenen können sogar zu schwersten Verletzungen führen.[13] Die gesamte Literatur über Vampirgeschichten beruht unter anderem auf dem Phänomen des erotischen Liebesbisses, wobei hier auch Dominanzverhalten eine Rolle spielen dürfte.

Das Fressen von Körperteilen der eigenen Spezies kommt sowohl bei Tieren als auch beim Menschen vor. So fressen Säugetiere regelmäßig die Nachgeburt auf, was auch bei Menschen vorkommt.[14] Plazentophagie ist in letzter Zeit in Mode gekommen. Deshalb gibt es noch keine Redewendung dazu. Aber es gibt Slogans, die oft Vorläufer für Redensarten sind. Mit den Schlagworten **„Plazenta ist Superfood"** oder **„Plazenta ist Lebensspender"** oder **„Plazenta wirkt Wunder"** werden Plazenten roh, gekocht oder in Kapselform verzehrt.[15] Sogar Rezepte für *„Plazenta-Smoothie"* werden im Internet angeboten.[16] Manche Frauen verwenden Salben, die aus Plazentaextrakten hergestellt wurden (Placentubex™) in der Annahme, dadurch eine besonders schöne Haut zu bekommen. Die Praxis der *Plazentophagie* ist jedenfalls nicht selten. Die Befürworter der Plazentophagie argumentieren, dass der Verzehr der Plazenta gesundheitliche Vorteile habe und zu einer schnelleren Erholung nach der Geburt sowie zu einer erhöhten Milchproduktion bei stillenden Müttern führe. Wissenschaftliche Studien zu diesem Thema werden von den Befürwortern aber nicht vorgelegt.

Menschenopfer und Kannibalismus ziehen sich durch die gesamte Menschheitsgeschichte. Christliche Messfeiern basieren noch heute auf einem symbolisierten kannibalistischen Ritual. So glauben strenggläubige Christen, dass im Rahmen der Eucharistie eine *Transsubstantiation* (Verwandlung von Brot und Wein in Fleisch und Blut) stattfindet. Dabei praktizieren sie eigentlich ein oral-sadistisches Verhalten, bei dem sie durch die Einverleibung ihres Gottes eine besondere Vereinigung erfahren. Sie haben ihn einfach **„zum Fressen gern"**.

Fallbericht „Totgeburt"

In einem Tiroler Krankenhaus erleidet eine junge Frau eine Totgeburt. Während sie noch auf der Station in ihrem Bett liegt, wird der leblose Fötus ausgeschieden.

---

[13] Fallouji MA. Traumatic love bites. Br J Surg. 1990 Jan;77(1):100–1. doi: 10.1002/bjs.1800770134. PMID: 2302496.

[14] Selander J, Cantor A, Young SM, Benyshek DC. Human maternal placentophagy: a survey of self-reported motivations and experiences associated with placenta consumption. Ecol Food Nutr. 2013;52(2):93–115. doi: 10.1080/03670244.2012.719356. PMID: 23445390.

[15] https://www.plazentakapseln.de/ (Zugegriffen: 8.9.2023).

[16] https://inverbindunggehen.de/blog/plazentasmoothierezept (Zugegriffen: 8.9.2023).

Eine Krankenschwester, die das mitbekommt, läuft aus dem Zimmer, um den diensthabenden Arzt zu holen. Als dieser am Krankenbett erscheint, war der Fötus verschwunden. Nachdem man den Fötus nirgends finden konnte, machte man eine Röntgenaufnahme von ihrem Bauch und stellte Knochen eines Kindes in Magen der Mutter fest. Sie hatte ihr eigenes Kind aufgegessen. Ein Verhalten, das man aus dem Tierreich kennt.

Redewendungen, die sich auf Mund und Partnerwahl beziehen
- Jemanden gut schmecken können (jemanden gernhaben).
- Jemanden zum Fressen gernhaben (jemanden sehr gernhaben).
- Liebe geht durch den Magen (mit einem guten Essen seine Liebe beweisen).
- Liebesbiss (sanfter, nicht verletzender Biss im Rahmen eines erotischen Vorspiels).

18.1.4   Auditive Reize (wenn jemand „eine sexy voice hat")

Es gibt angenehme oder unangenehme Stimmen. Stimmen können Wärme oder Zärtlichkeit ausstrahlen oder Aggression und Hass. Der Tonfall der Stimme kann erotisch, anziehend oder abstoßend sein. Die Art zu sprechen, trägt wesentlich zur Attraktivität einer Person bei. Jedenfalls kann eine erotische Stimme eine starke Anziehungskraft haben. So gibt es Ausdrücke wie „**eine Stimme zum Dahinschmelzen**" oder „**eine verführerische Stimme**". Beschreibungen wie „**eine samtig-weiche Stimme**" oder „**flüstern wie Samt und Seide**" beschreiben ebenfalls erotische Komponenten der Stimme. Was eine „**sexy Stimme**" oder „**eine Stimme zum Verlieben**" ausmacht, ist Gegenstand aktueller Forschung.[17]

Exkurs „Gibt es eine sexy Voice"?
Offenbar beeinflusst die Stimmlage auch die Partnerwahl. Findet man Gefallen an einer Person, ändert man die Stimmlage. So konnte bei Stimmanalysen im Rahmen von Speed-Dating festgestellt werden, dass Männer ihre Stimme senkten, wenn sie mit einer Frau sprachen, die sie als sehr attraktiv einstuften. Frauen

---

[17] Kogan VV, Reiterer SM. Eros, Beauty, and Phon-Aesthetic Judgements of Language Sound. We Like It Flat and Fast, but Not Melodious. Comparing Phonetic and Acoustic Features of 16 European Languages. Front Hum Neurosci. 2021 Feb 23;15:578594. doi: 10.3389/fnhum.2021.578594. PMID: 33708080; PMCID: PMC7940689.

sprachen nicht nur mit tieferer Stimme, sondern auch leiser, wenn sie jemand attraktiv fanden. Sowohl Männer als auch Frauen bevorzugten Partner mit einer tieferen Stimme.[18]

Redewendungen, die sich auf Reaktionen zur Stimme bei der Partnerwahl beziehen

- Jemand hat eine „sexy Voice" (jemand hat eine erotisch anziehende Stimme).
- Eine Stimme zum Dahinschmelzen (Stimme, die angenehm und verführerisch klingt).
- Eine verführerische Stimme (eine verlockende Stimme mit betörender Wirkung).
- Eine samtig-weiche Stimme (eine Stimme, die sanft und geschmeidig klingt).
- Flüstern wie Samt und Seide (Jemand, der mit einer sanften Stimme flüstert, die eine erotische Wirkung hat).

18.1.5 Taktile Reize (wenn man „auf Tuchfühlung geht")

Bei der Partnersuche und später auch bei der Partnerbindung spielen Berührungen eine große Rolle. Körperkontakt bzw. Fellkontakt bei den Tieren führt zu einer Reihe von Veränderungen, welche Wohlbefinden auslösen. Man spricht davon, „**mit jemandem in Kontakt zu treten**". Man „**reicht sich die Hand**", um „**Kontakt aufzunehmen**". Bei der Partnersuche kann es vorkommen, dass „**man auf Tuchfühlung geht**", um auszudrücken, dass man jemandem sehr nahe gekommen ist.

Frauen, die anziehend wirken wollen „**zeigen mitunter viel Haut**" oder „**zeigen viel Bein**" und unterstreichen damit ihre erotische Ausstrahlung. Gewissermaßen fordern sie damit zu „**Hautkontakt**" auf. Für manche Tiere ist Fellkontakt sogar so wichtig, dass sie sterben, wenn sie keinen körperlichen Kontakt mehr haben können. Wenn sich Menschen körperlich angezogen fühlen, suchen sie „**Hautkontakt**" oder „**Kuscheln miteinander**". Damit wird das Hormon Oxytocin ausgeschüttet, welches für soziale Bindung wesentlich ist und deshalb auch als Kuschelhormon bezeichnet wird. Auch wenn „**man sich in die Arme nimmt**" bzw. „**jemanden umarmt**" kommt es zur Ausschüttung von Bindungshormonen.[19]

---

[18] Pisanski K, Oleszkiewicz A, Plachetka J, Gmiterek M, Reby D. Voice pitch modulation in human mate choice. Proc Biol Sci. 2018 Dec 19;285(1893):20181634. doi: 10.1098/rspb.2018.1634. PMID: 30963886; PMCID: PMC6304053.

[19] Dunbar RI. The social role of touch in humans and primates: behavioural function and neurobiological mechanisms. Neurosci Biobehav Rev. 2010 Feb;34(2):260–8. doi: 10.1016/j.neubiorev.2008.07.001. Epub 2008 Jul 11. PMID: 18662717.

Der Kontakt der Lippen beim Küssen spielt bei der Partnerwahl eine besonders wichtige Rolle. Schon bei der Partnersuche wird von „**sinnliche Lippen**" oder „**Kusslippen**" gesprochen. Beim Küssen kommt es nicht nur zur besonders intensiven Ausschüttung von Bindungshormonen, sondern zu einem intensiven Abtasten des geliebten Menschen. Keine anderer Körperteil hat so viele Sensoren zum Tasten wie die Lippen.

Redewendungen, die sich auf Berührungsreize beziehen
- Sinnliche Lippen haben (erotische, oft voluminöse Lippen haben).
- Einander die Hände reichen (sich versöhnen, begrüßen, einig sein).
- Auf Tuchfühlung gehen (jemandem sehr nahe kommen).
- Jemanden in die Arme schließen (jemanden liebevoll umarmen).
- Jemanden umarmen (mit jemandem großflächig in Kontakt treten).
- Sich an jemanden wie eine Katze anschmiegen (sich eng an jemanden kuscheln).
- Kuschelzeit haben (sich Zeit für gemeinsame Zärtlichkeit nehmen).

18.2 Liebe und Sex (wenn man etwas „mit Lust und Liebe macht")

Liebe und Sex sind in der Regel sehr angenehme Erfahrungen. Sie dienen der Fortpflanzung und der Brutpflege und sind damit auch sehr wichtig für den Fortbestand einer Spezies.

18.2.1 Sexuelle Fantasien (wenn man „seine Traumfrau trifft")

Sex findet vor allem im Kopf statt. Nicht erfüllte Fantasien werden oft in der Traumwelt ausgelebt. So kommt es, dass man von einer „**Traumfrau**" oder einem „**Traummann**" spricht, wenn es jemanden gibt, der alle Eigenschaften, die man sich nur wünschen kann, in einer Person vereinigt. Wird jemand besonders stark ersehnt, sagt man auch „**jemand ist der Traum seiner schlaflosen Nächte**". Unerfüllte Wünsche können tatsächlich „**jemandem schlaflose Nächte bereiten**". Bleiben die Träume im realen Leben unerfüllt, kann man die Redewendung „**aus der Traum**" vernehmen, oder „**es hat sich ausgeträumt**". Hat ein Paar ein erfülltes Liebesleben mit intensiven sexuellen Erlebnissen, spricht man auch von „**traumhaftem Sex**".

Von „**Liebesträumen**" ist die Rede, wenn jemand über romantische Liebesszenen träumt. Von „**feuchten Träumen**" spricht man, wenn jemand Träume mit sexuellem Inhalt erlebt. Die weitgehende Annahme, dass der Ausdruck „feuchte Träume" von spontanen nächtlichen Ejakulationen stammen könnte, erscheint eher unwahrscheinlich. Während des normalen Schlafes kommt es bei Männern zwar zu spontanen nächtlichen Erektionen, aber fast nie zu spontanen Ejakulationen. Jedenfalls gibt es kaum Fallberichte, in denen spontane nächtliche Ejakulationen beschrieben werden.

Redewendungen, die sich auf Träume und sexuelle Fantasien beziehen
* Liebesträume (Träume, in der romantische Liebesszenen erlebt werden).
* Jemand ist eine Traumfrau oder ein Traummann (eine Person, die alle gewünschten Eigenschaften in sich vereint).
* Jemand ist der Traum meiner schlaflosen Nächte (Umschreibung für eine besonders ersehnte Person).
* Jemandem schlaflose Nächte bereiten (jemanden sehr beunruhigen).
* Traumhaften Sex haben (sehr zufriedenstellenden Sex haben).
* Feuchte Träume haben (Träume mit sexuellem Inhalt haben).
* Aus der Traum! Etwas ist ausgeträumt (etwas Gewünschtes ist nicht mehr erreichbar).

18.2.2   Temperaturveränderungen und Sex (wenn man „heißen Sex hat")

Wenn man sein Gegenüber als angenehm empfindet, sagt man: „**Mit dieser Person kann man warm werden**". Wenn man Abneigung empfindet, sagt man „**diese Person lässt einen kalt**". Empfindet man sexuelle Gefühle für jemanden, sagt man, dass man „**auf jemanden heiß ist**". Dabei kommt es tatsächlich zu einer vermehrten genitalen Durchblutung.[20] Thermografisch (= bildliche Darstellung der Oberflächenwärme eines Körpers) konnte nachgewiesen werden, dass sich im Rahmen der Durchblutungssteigerung auch die Körperwärme im Genitalbereich deutlich erhöht.[21] Damit kommt es zur Vor-

---

[20] Bossio JA, Singh M, Pukall CF. Concurrent Assessment of Penile Blood Flow and Circumference as Indicators of Male Sexual Arousal. J Sex Med. 2018 Nov;15(11):1570–1578. doi: 10.1016/j.jsxm.2018.08.016. PMID: 30415812.

[21] Kukkonen TM, Binik YM, Amsel R, Carrier S. Thermography as a physiological measure of sexual arousal in both men and women. J Sex Med. 2007 Jan;4(1):93–105. doi:10.1111/j.1743-6109.2006.00399.x. PMID: 17233778.

bereitung der Erektion beim Mann[22] bzw. der vermehrten Lubrikation bei der Frau.[23] Dieser Temperaturanstieg tritt nicht nur bei starker Erregung, sondern bereits bei bloßem Interesse am Sexualpartner auf. Solche Beobachtungen der Temperaturveränderung verschiedener Körperregionen haben sich schon lange in der Sprache niedergeschlagen. So sagt man **„man ist heiß auf jemanden"**. Bei Filmen spricht man von „heißen Sexszenen" oder „heißem Sex" und man spricht von einer **„heißen Show mit heißen Mädchen"**. Auch bei Männern spricht man von einem **„heißen Typen"**. Ein Liebespaar gibt sich **„heiße Küsse"**.

Die Temperaturerhöhung hat ihren Sinn. Einerseits ist die vermehrte Durchblutung der Sexualorgane Voraussetzung für eine normale Sexualfunktion mit vermehrter Lubrikation der Vagina bzw. der Erektion beim Mann. Andererseits führt die Temperaturerhöhung und Durchblutungssteigerung zu einer verbesserten Infektabwehr. Wie wichtig diese Temperaturerhöhung zur verbesserten Infektabwehr ist, weiß man aus der Chirurgie. Bei Operationen, bei denen eine Unterkühlung des Körpers erfolgen muss, besteht eine erhöhte Infektionsgefahr der Operationswunde.[24] Durch die Abkühlung des Körpers kommt es zu einer Verengung der Gefäße, was eine verminderte Durchblutung und damit eine verminderte Sauerstoffversorgung zur Folge hat, sodass Infekte in diesem Bereich leichter angehen können. Umgekehrt führt eine verbesserte Durchblutung zu Temperaturanstieg und verbesserter Abwehrlage. Die erhöhte Temperatur bewirkt zusätzlich noch einen schnelleren Ablauf der biochemischen Reaktionen, sodass man annehmen kann, dass das „heiß werden" auch dazu führt, sein Immunsystem auf Hochtouren zu bringen. Gerade beim Geschlechtsverkehr ist das Infektionsrisiko besonders hoch. Die Schleimhäute sind dicht mit Keimen besiedelt und durch die mechanische Beanspruchung entstehen kleinste Verletzungen, die das Eindringen fremder (oder eigener!) Keime in die Blutbahn begünstigen.

[22] Bossio JA, Singh M, Pukall CF. Concurrent Assessment of Penile Blood Flow and Circumference as Indicators of Male Sexual Arousal. J Sex Med. 2018 Nov;15(11):1570–1578. doi: 10.1016/j.jsxm.2018.08.016. PMID: 30415812.

[23] Bouchard KN, Pukall CF. Validation of laser Doppler flowmetry for the continuous measurement of women's genital response. Psychophysiology. 2023 May;60(5):e14230. doi: 10.1111/psyp.14230. Epub 2022 Dec 7. PMID: 36478223.

[24] Simegn GD, Bayable SD, Fetene MB. Prevention and management of perioperative hypothermia in adult elective surgical patients: A systematic review. Ann Med Surg (Lond). 2021 Nov 14;72:103059. doi: 10.1016/j.amsu.2021.103059. PMID: 34840773; PMCID: PMC8605381.

Redewendungen, die auf die Temperaturregulation und Sex beziehen
- Heißer Sex (sehr lustbetonter Sex).
- Auf jemanden heiß sein (jemanden begehren).
- Ein heißer Typ (eine erotisch anziehende Person).
- Ein heißes Mädchen (ein erotisch anziehendes Mädchen).
- Eine heiße Show mit heißen Mädchen (eine erotisch erregende Show).
- Heiße Küsse (sehr leidenschaftliche Küsse).
- Heiße Höschen (Hotpants).
- Mit jemandem warm werden (sich mit jemandem anfreunden).
- Heiße Sex-Szenen (erotische Darstellungen).
- Heiß aufeinander sein (jemanden sehr begehren).
- Heiße Nächte mit jemandem verbringen (mit jemanden schlafen).
- Jemand ist ein heißes Mädchen (jemand ist ein sexuell begehrenswertes Mädchen).

18.3 Partnerbindung, Liebe, Hass und Trennung

18.3.1 Hormone und Partnerschaft (wenn man „jemanden braucht wie Luft zum Atmen")

Bei der Partnerbindung spielen mehrere Hormone eine wichtige Rolle. Die wichtigsten Hormone sind *Oxytocin* und *Vasopressin*.[25] Beide werden im Hinterlappen der Hypophyse gebildet und führen durch Aktivierung des Belohnungssystems zu Bindungsverhalten mit oft lebenslang bestehender Partnerschaft. Bei der Stimulation des Belohnungssystems spielt Dopamin eine wichtige Rolle, sodass, dieser Transmitter ebenfalls zur Paarbindung beiträgt.

Oxytocin wurde als das Hormon bekannt, das bei der Geburt die Wehen auslöst und beim Stillen den Milchfluss anregt. Später fand man heraus, dass Oxytocin auch durch sexuelle Stimulation der Brustwarzen und beim gemeinsamen Orgasmus ausgeschüttet wird. Heute weiß man, dass Oxytocin allein durch Haut- oder Körperkontakt wie Umarmen, Küssen oder Streicheln ausgeschüttet wird und dazu führt, dass sich zwei Menschen aneinander gebunden fühlen. Deshalb wird es manchmal auch als Kuschelhormon, Bindungshormon oder Liebeshormon bezeichnet. Oxytocin hat aber auch eine allgemeine soziale Funktion, denn es fördert nicht nur die Paarbindung, sondern auch Empathie und Vertrauen gegenüber anderen Menschen. Die Tatsache, dass Hautkontakt, Bindungsverhalten und Mitgefühl etwas miteinander zu tun haben, findet sich in der Redewendung „**jemand ist eine treue Haut**" wieder.

---

[25] Young LJ, Wang Z. The neurobiology of pair bonding. Nat Neurosci. 2004 Oct;7(10):1048–54. doi: 10.1038/nn1327. PMID: 15452576.

Vasopressin ist eigentlich ein Hormon, welches das Durstgefühl steuert. Steigt Vasopressin an, hat man keinen Durst mehr, fehlt es, beginnen die betroffenen Menschen zu trinken. Trinkt jemand mehr als 4 l pro Tag, sollte man schon an eine Störung der Vasopressin-Produktion denken. Nachdem Wassermangel lebensbedrohlich ist, führt ein Mangel an Vasopressin auch zu Stressgefühlen. Umgekehrt, kann durch Trinken die Stressreaktion reduziert werden. Vasopressin hat eine gewisse beruhigende Wirkung. Erst seit kurzem weiß man, dass Vasopressin auch eine bedeutende Rolle bei der Paarbindung spielt. Es führt zu Vertrauensbildung, Loyalität und Bereitschaft zur Verteidigung des Partners. Monogames Verhalten und Treue werden wesentlich von Vasopressin mitbestimmt. Die Redewendung „**jemand ist eine treue Seele**" beschreibt die Wirkung von Vasopressin sehr gut. Interessanterweise gibt es auch in der Sprache Hinweise auf den Zusammenhang von Durstgefühl und Zuwendung. In altem Deutsch sowie im Französischen wird das (sexuelle) Verlangen nach jemanden auch umschrieben mit „**mich dürstet nach dir**" („**j'ai soif de toi**").

Dopamin ist der wesentliche Transmitter im Belohnungssystem. Säugetiere und auch wir Menschen sind süchtig nach Belohnung. Drogen und Sex sind wesentliche Auslöser, die zur Aktivierung des Belohnungssystems führen können. Aber auch angepasstes soziales Verhalten führt zu einer Aktivierung des Belohnungssystems. So spielt Dopamin auch bei der Entstehung von Motivation eine wesentliche Rolle und kann die euphorischen Gefühle der Verliebtheit verstärken. Es verstärkt auch die Motivation, Zeit mit dem Partner zu verbringen. Sprachlich kann diese Wirkung von Dopamin umschrieben werden mit der Redewendung „**jemanden brauchen wie die Luft zum Atmen**".

Serotonin beeinflusst Stimmung und Emotionen. In Bezug auf die Partnerbindung kann Serotonin eine Rolle bei der Regulierung von negativen Emotionen spielen. Auch bei der Bewältigung von Stress in einer Beziehung spielt Serotonin eine Rolle. Mangel an Serotonin führt unter anderem auch zu Streit und findet sich in der Redewendung „**Stress mit jemandem haben**".

Die Geschlechtshormone *Testosteron* und *Östrogen* können ebenfalls Einfluss auf die Paarbindung haben. Testosteron (bei Männern) und Östrogen (bei Frauen) kann das sexuelle Verlangen und die Bereitschaft zur Paarung beeinflussen, während Östrogen mit emotionalen Bindungen und sozialen Interaktionen in Verbindung gebracht wird. Sprachlich kann man Redensarten hören wie „**jemand ist testosterongesteuert**", wenn jemand von männlicher Impulsivität geleitet wird. Sei es in männlichem Dominanzverhalten oder gesteigertem sexuellen Antrieb. In der Literatur wird dieser Zustand umschrieben mit „**Der Geist ist willig, aber das Fleisch ist schwach**". Der Ausdruck „**jemand ist testosterongeladen**" umschreibt eher männlich aggressives Verhalten.

Schließlich gibt es noch das Hormon Cortisol, welches eigentlich ein Stresshormon ist. In der Anfangsphase einer Beziehung kann die Freisetzung von Cortisol aufgrund von Unsicherheiten und Stress auftreten. Langfristig kann jedoch eine stabile und unterstützende Beziehung dazu beitragen, den Cortisolspiegel zu senken und das allgemeine Wohlbefinden zu steigern. So ist die Redewendung „**jemand hat eine beruhigende Wirkung auf eine andere Person**" als Cortisolunterdrückung zu verstehen. Damit werden regenerative Energien geschaffen, die sprachlich mit der Redewendung „**in der Ruhe liegt die Kraft**" umschrieben werden.

Redewendungen, die sich auf die Paarbindung und Partnerschaft beziehen
- In der Ruhe liegt die Kraft (Geduld und Gelassenheit bringen einen oft weiter als Hektik).
- Eine beruhigende Wirkung auf jemanden haben (Entspannung und emotionale Erleichterung bringen).
- Jemanden brauchen wie Luft zum Atmen (auf jemanden angewiesen sein).
- Stress mit jemandem haben (mit jemanden Ärger haben).
- Jemand ist testosterongeladen (jemand zeichnet sich durch aggressives Verhalten aus).
- Jemand ist testosterongesteuert (jemand zeichnet sich durch einen erhöhten Sexualtrieb aus).
- Der Geist ist willig, aber das Fleisch ist schwach (Spruch aus der Bibel Matthäus 26.41).
- Mich dürstet nach dir (ich habe Verlangen nach dir).
- Jemand ist eine treue Seele (jemand ist treu und verlässlich).
- Jemand ist eine treue Haut (jemand ist treu und verlässlich).

18.3.2 Trennung und Hass (wenn „Liebe in Hass umschlägt")

Wie bereits beschrieben, führt romantische Liebe zur Ausschüttung einer Reihe von Hormonen, welche Paarbindung und Wohlbefinden hervorrufen.[26] Durch diese biochemischen Veränderungen kann es zu einem regelrechten „**Liebesrausch**" kommen, der sogar Suchtcharakter annehmen kann. Kommt

---

[26] Young, L. J., & Wang, Z. (2004). The neurobiology of pair bonding.

es durch Trennung zu einem „**Liebesentzug**", fallen diese Hormonwirkungen weg. Es kommt zu Empfindungen wie „**Lieblosigkeit**", „**Herzlosigkeit**" und „**Gefühlskälte**". Das bedeutet Stress für die betroffene Person, was sich in einem gleichzeitigen Anstieg von Cortisol und Adrenalin äußert. In ausgeprägten Fällen kann es zu Schlafstörungen, Angstattacken oder Depressionen kommen. Diese Symptome erinnern an einen Drogenentzug. Es entsteht „**Liebeskummer**". Um die Entzugssymptomatik zu lindern, kommt es zu neuerlichen Annäherungsversuchen. Manchmal kommt es dabei zu unangepasstem Verhalten wie Stalking oder sogar Gewaltausübung.[27] Bleiben auch diese Versuche erfolglos, wandelt sich die ursprüngliche Liebe manchmal in Hass.

Bei Hass kommt es zu gegenläufigen Reaktionen im Hormonprofil, wie sie bei der Partnerbindung beschrieben wurden, da die Bindungshormone, wie bereits erwähnt, so schnell abfallen, dass es zu Entzugserscheinungen kommen kann. Hassgefühle lassen sich sogar im fMRT sichtbar machen. Es gibt zwei Regionen (Putamen und Insula), die sowohl bei Liebe als auch bei Hass erhöhte Aktivität zeigen.[28] So gesehen gehören Liebe und Hass zusammen. Vor allem in unreifen Beziehungen kommt es zu ambivalenten Gefühlen, die oft mit dem Ausdruck „**Hassliebe**" beschrieben werden.

Exkurs „Rosenkrieg"

Kommt es zwischen zwei Menschen nach langer Partnerschaft zu einer Trennung, werden oft absichtlich gegenseitige Verletzungen herbeigeführt. Man spricht auch davon, dass diese Menschen „**einen Rosenkrieg führen**". Der Ursprung der Redewendung „einen Rosenkrieg führen" liegt vermutlich im England des 15. Jahrhunderts. Damals lieferten sich die Adelsfamilien York und Lancaster mehrere dramatische Kämpfe um den englischen Thron (1455–1487). Beide Familien waren miteinander verwandt und stammten aus dem königlichem Haus Plantagenet ab. Das Haus York führte eine weiße Rose in ihrem Wappen, während im Wappen des Hauses Lancaster eine rote Rose zu sehen war. Der Konflikt ging als „**War of the Roses**" (auf Deutsch „Rosenkriege") in die Geschichte ein. Bis heute hat sich der Begriff Rosenkrieg als Bezeichnung für eine Auseinandersetzung zwischen Verwandten oder sich trennenden Ehepaaren erhalten.[29]

---

[27] Ostermeyer B, Friedman SH, Sorrentino R, Booth BD. Stalking and Violence. Psychiatr Clin North Am. 2016 Dec;39(4):663–673. doi: 10.1016/j.psc.2016.07.010. Epub 2016 Aug 6. PMID: 27836159.

[28] Zeki S, Romaya JP. Neural correlates of hate. PLoS One. 2008;3(10):e3556. doi: 10.1371/journal.pone.0003556. Epub 2008 Oct 29. PMID: 18958169; PMCID: PMC2569212.

[29] Hoffmann, S. (2021). Rosenkrieg: So entstand die Redensart. geolino.de. Retrieved from https://www.geo.de/geolino/redewendungen/21906-rtkl-redewendung-rosenkrieg-fuehren.

Redewendungen, die sich auf Trennung und Hass bei Partnerschaften beziehen

- Stress mit jemandem haben (mit jemandem streiten oder Ärger haben).
- Einen Rosenkrieg führen (einen verletzenden Ehestreit führen).
- Eine Trennung hat einen bitteren Geschmack hinterlassen (eine Trennung war sehr enttäuschend).
- Eine Hassliebe (eine ambivalente Beziehung, bei der Phasen der Liebe mit Phasen des Hasses wechselt)[30]

---

[30] Englisch: *love-hate*; spanisch: *amor-odio*.

19

Soziale Verhaltensmuster und Sprache (wenn man „jemandem den Wind aus den Segeln nimmt")

Redewendungen sind sprachliche Mittel, die oft verwendet werden, um Verhalten in einer Gruppe zu beschreiben. Mit dem Ausdruck „**jemandem die Daumen drücken**" wird unterstützendes Verhalten für jemanden beschrieben. Viele soziale Situationen können mit Redewendungen kurz und bündig beschrieben werden. So beschreibt die Redewendung „**wer den Schaden hat, muss für den Spott nicht sorgen**" eine Situation der Schadenfreude, bei der man sich über eine geschädigte Person noch lustig macht, anstatt ihr zu helfen. Dieses soziale Verhalten wird hauptsächlich bei dominanten Personen verwendet, die Schaden erleiden. Erst seit kurzen gibt es Untersuchungen dazu, welche soziale Funktionen Schadenfreude hat.[1]

Auch für das Einordnen in eine Gruppe gibt es Redewendungen. So bezeichnet der Ausdruck „**mit dem Strom schwimmen**" *konkordantes* Verhalten und „**gegen den Strom schwimmen**" *diskordantes* Verhalten. Ein langweiliges, vollkommen angepasstes Leben ohne jeglichen Widerstand wird mit der Redewendung beschrieben „**Nur tote Fische schwimmen mit dem Strom**".

Redewendungen, welche soziale Interaktionen beschreiben
- Jemandem die Daumen drücken (jemanden gutes Gelingen bzw. Glück wünschen).
- Wer den Schaden hat, muss für den Spott nicht sorgen (wer Unglück erfährt, wird oft dafür verlacht).

---

[1] Lange J, Boecker L. Schadenfreude as social-functional dominance regulator. Emotion. 2019 Apr;19(3):489–502. doi: 10.1037/emo0000454. Epub 2018 May 17. PMID: 29771546.

M. Ledochowski, *Redewendungen medizinisch erklärt*, https://doi.org/10.1007/978-3-662-68356-9_19

- Mit dem Strom schwimmen (sich anpassen, sich der Mehrheit anschließen).
- Gegen den Strom schwimmen (sich trotz möglicher Nachteile anders verhalten als die Mehrheit).
- Nur tote Fische schwimmen mit dem Strom (beschreibt Menschen, die keine Eigeninitiative oder kritische Denkfähigkeit haben).

19.1 Demütigungsverhalten (wenn man „die Hose herunterlassen muss")

Innerhalb einer Gruppe wird die Rangordnung oft dadurch bestimmt, dass man rangniedere Individuen demütigt. So kommt es in Schulen, am Arbeitsplatz, im Sportunterricht und neuerdings auch im Internet zu demütigenden Verhaltensweisen. Demütigungen dienen dazu, Macht und Kontrolle über andere Personen auszuüben und wird auch als manipulative Taktik eingesetzt, um Handlungen von Personen zu beeinflussen. Manchmal dient demütigendes Verhalten jedoch nur, um Frustrationen und Aggressionen abzubauen oder das eigene Selbstwertgefühl zu steigern, indem man andere Menschen schlecht macht. Diese und andere Funktionen haben schon lange in Redewendungen ihren Ausdruck gefunden. So sagt man, „**jemandem den Kopf waschen**", wenn man „**jemandem eine Lektion erteilen**" will. Noch ausgeprägteres Demütigungsverhalten wird mit der Redewendung „**jemandem den Kopf scheren**" zum Ausdruck gebracht. Das gewaltsame und demütigende Abschneiden der Haare wurde im Lauf der Geschichte immer wieder als Form der Bestrafung oder Erniedrigung verwendet. So wurden in der Nachkriegszeit Frauen, welche mit dem feindlichen Soldaten ein Verhältnis eingegangen sind, die Haare als sichtbares und demütigendes Zeichen geschoren. Beim Eintritt in einen katholischen Orden werden heute noch als sichtbare Ausübung der neuen Machtverhältnisse, dem Novizen oder der Novizin die Haare geschoren.

Auch die erzwungene Entblößung gewisser Körperteile wurde und wird zur Demütigung praktiziert. So spricht man von „**Bloßstellung**", wenn man von einem Menschen etwas preisgibt, was dieser lieber verborgen gehalten hätte. Etwas vulgärer ausgedrückt sagt man „**die Hose herunterlassen**", wenn man jemanden dazu zwingt, eine unangenehme Sache zuzugeben. „**Jemanden vor den Augen der Welt entblößen**" ist eine Redewendung, die beschreibt, wie jemand öffentlich und evtl. sogar nackt gedemütigt wird. Im übertragenen Sinne meint man damit das öffentliche Zurschaustellen von Fehlern und Schwächen einer Person. Im Mittelalter war dies sogar eine etablierte Form der Bestrafung, wenn „**jemand an den Pranger gestellt wurde**".

Auch heute trifft der Ausdruck „**Jemanden bloß vorführen**" zu, wenn sich beispielsweise Demonstranten nach der Festnahme bei der Polizei nackt ausziehen müssen und sich im Intimbereich „aus Sicherheitsgründen" untersuchen lassen müssen.

Wenn jemand gedemütigt wird, ist die Folge oft ein Zustand von Angst, Wut oder unterdrückter Aggression. In Anlehnung an das Verhalten von Tieren, insbesondere von Hunden, die den Schwanz einziehen, wenn sie geschlagen werden, spricht man auch bei Menschen von einem „**Schwanzeinzieher**" oder einem „**geschlagenen Hund**". Eine weitere Reaktion auf eine Demütigung ist es, „**sich zu (ver)beugen**". Auch hier gibt es zahlreiche Redewendungen, die dieses Verhalten beschreiben. So sagt man „**sich dem Willen von jemandem beugen**", was so viel bedeutet, wie sich den Wünschen oder Forderungen einer anderen Person zu fügen, auch wenn man anderer Meinung ist. Wenn man unter Druck gesetzt wird, kann es vorkommen, dass „**man sich dem Druck beugt**". Weitere Demütigungsgesten sind „**das Knie zu beugen**" oder „**in die Knie zu gehen**" oder gar „**sich in den Staub zu werfen**". Demütigungsverhalten findet man im Tierreich und bei Menschen gleichermaßen und findet sich dementsprechend in der Sprache wieder.

Redewendungen, die Demütigungsverhalten beschreiben

* Jemandem den Kopf waschen (jemanden zurechtweisen).
* Jemandem eine Lektion erteilen (jemandem zurechtweisen).
* Jemanden bloßstellen (absichtliche öffentliche Demütigung einer Person).
* Die Hosen herunterlassen müssen (eine unangenehme Tatsache zugeben müssen).
* Den Schwanz einziehen (ängstlich zurückziehen, resignieren).
* Ein geschlagener Hund (jemand, der gedemütigt wurde und sich ängstlich fühlt).
* Vor jemandem buckeln (sich unterwürfig verhalten).
* Sich dem Druck beugen (dem Druck von anderen Menschen nachgeben).
* Sich dem Willen von jemandem beugen (sich jemandem unterwerfen).
* Sich jemandem unterwerfen (die Autorität eines anderen anerkennen).

19.2   Konkurrenzverhalten (wenn man „jemandem in die Quere kommt")

Demütigungsverhalten und Konkurrenzverhalten sind eng verwandt. Sie sind essenzielle Mechanismen der Evolution und kommen bei Tieren und Menschen regelmäßig vor. Dabei geht es im Wesentlichen um Überlebenskampf,

Nutzung von Ressourcen, Aufbau von sozialen Strukturen und Fortpflanzungserfolg.

In Gruppen lebende Tiere und Menschen konkurrieren oft um sozialen Status bzw. um die Rangordnung. Redewendungen, die solches Verhalten beschreiben, sind **„sich an die Spitze kämpfen"**, **„jemandem den Rang ablaufen"**, **„sich die Hörner abstoßen"** usw. Konkurrenzverhalten ist auch notwendig bei der Aufteilung von lebensnotwendigen Ressourcen wie Nahrung, Wasser und Lebensraum. Redewendungen, die Konkurrenzverhalten im Kampf um die Aufteilung von Ressourcen beschreiben, sind **„jemandem auf die Füße treten"**, **„das Rennen machen"**, **„den Kürzeren ziehen"** oder gar **„über Leichen gehen"**. Auch der Fortpflanzungserfolg ist essenziell für das Überleben der eigenen Spezies. Nicht nur im Tierreich gibt es deshalb Konkurrenzverhalten, wenn es um die Paarung geht. Beispiele für Redewendungen, die sich auf die Konkurrenz im Paarungsverhalten beziehen, sind **„jemandem die Show stehlen"**, **„den Rivalen in den Schatten stellen"** u. v. a. Während im Tierreich Konkurrenzverhalten stark reguliert ist, gibt es bei Menschen faires oder unfaires Verhalten. So beschreiben Redewendungen wie **„mit allen Wassern gewaschen sein"** einen sehr geübten Kämpfer in Wettbewerbssituationen. **„Alle Register ziehen"** bedeutet so viel wie alle verfügbaren Mittel im Konkurrenzkampf einzusetzen. **„Mit Ellenbogenmentalität zu agieren"** beschreibt ein rücksichtsloses Verhalten im Konkurrenzkampf.

Redewendungen, welche sich auf Konkurrenzverhalten beziehen

- Alle Register ziehen (alle verfügbaren Mittel in einem Wettbewerb einsetzen, erfolgreich zu sein).
- Das Feld anführen (die Führung in einem Wettbewerb einnehmen).
- Das Rennen ist noch nicht gelaufen (obwohl es Konkurrenz gibt, ist der Ausgang des Wettbewerbs noch ungewiss).
- Das Rennen machen (erfolgreich in einem Wettbewerb abschneiden).
- Den ersten Platz belegen (als Sieger in einem Wettbewerb hervorgehen).
- Den heißen Atem im Nacken spüren (die Bedrohung durch Verfolger spüren).
- Den Kürzeren ziehen (in einem Konflikt oder Wettbewerb den Nachteil haben oder verlieren).
- Den Rivalen in den Schatten stellen (die Leistungen eines Konkurrenten übertreffen).
- Ein harter Brocken sein (eine starke Konkurrenz darstellen).
- In die Vollen gehen (mit vollem Einsatz an einem Wettbewerb teilnehmen).
- Jemandem den Rang ablaufen (jemanden übertrumpfen).
- Jemandem den Wind aus den Segeln nehmen (die Pläne eines Konkurrenten beeinträchtigen).

* Jemandem in die Quere kommen (jemanden im Wettkampf behindern).
* Jemandem die Show stehlen (die Aufmerksamkeit von jemand anderem überstrahlen).
* Jemanden in die Schranken weisen (jemandem zeigen, dass er nicht dominieren oder gewinnen kann).
* Mit allen Wassern gewaschen sein (sehr geschickt im Umgang mit Wettbewerbssituationen sein).
* Mit Ellenbogenmentalität agieren (rücksichtslos handeln, um sich durchzusetzen).
* Sich an die Spitze kämpfen (durch Einsatz die Führung in einem Wettbewerb übernehmen).
* Sich den Sieg erkämpfen (einen Sieg erringen).
* Sich die Hörner abstoßen (Prozess des Lernens und des Erwerbs von Erfahrung in Wettkämpfen).
* Sich einen Vorsprung erarbeiten (einen zeitlichen oder strategischen Vorteil gegenüber der Konkurrenz gewinnen).
* Um die Wette laufen (sehen, wer schneller ist).
* Über Leichen gehen (ohne Rücksicht auf Verluste in einem Wettbewerb kämpfen).

19.3 Kriegerische Handlungen (wenn „jemand im Stich gelassen wird")

Kampf und Konkurrenzverhalten von Gruppen führt zu kriegerischen Handlungen. Kämpfen ist ein Phänomen, das sowohl im Tierreich, als auch bei den Menschen vorkommt. Mit Kämpfen werden Rangordnung, sozialer Status, Reichtum, Macht, Einfluss und viele andere soziale Faktoren bestimmt. In der Regel geht es darum, einen Vorteil zu erlangen oder jemand anderem Schaden zuzufügen. Die Kulmination des Kämpfens endet im Krieg, der die Menschen zu allen Zeiten geprägt hat. Kriege wurden von Söldnern und Soldaten geführt. Diese haben ihre eigenen Redensarten entwickelt, sodass man auch von einer „**Soldatensprache**" spricht.

„**Ins Gras beißen**" ist eine Redewendung, mit der das Sterben umschrieben wird. Ursprünglich wurde es vor allem bei Soldaten, die auf dem Schlachtfeld ihr Leben lassen mussten, gebraucht und kommt in mehreren Sprachen vor.[2]

---

[2] Englisch: *to bite the dust*; französisch: *mordre la poussière* (in den Staub beißen).

Allerdings wird in anderen Sprachen eher der Ausdruck „**in den Staub bei-ßen**" verwendet. Auch der Ausdruck „**jemanden im Stich lassen**" hat kriege-rische Wurzeln. Ein Ritter, der in voller Rüstung im Kampf oder bei einem Turnier vom Pferd gefallen ist, konnte sich ohne fremde Hilfe nicht mehr auf-richten. Hat ihm niemand geholfen, konnte er leicht von seinem Gegner mit der Lanze (ab)gestochen werden. Seine Gehilfen haben den Ritter also „**im Stich gelassen**". Wenn jemand eine andere Person verdrängt oder über-trumpfen will, sagt man, dass „**man jemanden aussticht**". Wenn jemand de-sertierte, „**sich aus dem Staub machte**" oder „**die Flinte ins Korn warf**", dann war mit solchen Personen „**kein Krieg zu gewinnen**". Im Verlauf krie-gerischer Handlungen kam es immer wieder vor, dass „**jemand die Karre aus dem Dreck ziehen**" musste. All die kriegerischen Fertigkeiten mussten „**von der Pike auf gelernt**" sein.

Während früher Redewendungen eher aus einer Zeit stammten, in der „**Schulter an Schulter**" und „**Mann gegen Mann**" auf dem Schlachtfeld ge-kämpft wurde, gibt es heute moderne kriegerische Redewendungen. So hat man „**jemanden auf dem Radar**", wenn man ausdrücken will, dass man je-manden oder etwas sehr genau beobachtet. Wenn jemand etwas geheim hält, z. B. weil er ein Konkurrenzunternehmen gründen will, „**befindet er sich im Stealth-Modus**".

Heute werden auch viele kriegerische Ausdrücke *im übertragenen Sinn* ge-braucht. Wenn man hört, dass „**jemand einem anderen einen Stich ins Herz versetzte**", meint man damit nicht, dass „**jemand erdolcht**" wurde, sondern dass jemand eine andere Person zutiefst seelisch verletzt hat. Oder wenn man „**jemandem den Laufpass gibt**", ist damit die Beendigung einer Beziehung gemeint. Ursprünglich hat man bei Entlassung aus dem militärischen Dienst einen Entlassungsschein oder „**Laufpass**" bekommen. Auch der Ausdruck „**etwas im Schilde führen**" bedeutet eher, dass jemand etwas heimlich plant und nicht, dass jemand eine Waffe hinter seinem Schild verborgen hält.

Kampf muss aber nicht immer nur mit Gewalt oder List in Verbindung ge-bracht werden. Man kann auch um „**Anerkennung kämpfen**" oder „**gegen den inneren Schweinehund kämpfen**".

Redewendungen, die sie auf kriegerische oder Kampfhandlungen beziehen
- Jemanden im Stich lassen (jemandem nicht helfen und seinem Schicksal überlassen).
- Jemandem einen Stich versetzten (jemanden kränken, seelisch verletzen).

- Jemanden ausstechen (jemanden verdrängen).
- Ein Stich ins Herz (eine schwere seelische Verletzung).
- Die Karre im Dreck stehen lassen (ein Problem nicht bearbeiten).
- Keinen Stich machen (leer ausgehen).
- Jemandem den Todesstoß versetzen (jemanden endgültig vernichten).
- Jemandem einen Dolchstoß versetzen (jemanden heimtückisch angreifen und als Gegner ausschalten).
- Jemandem einen Schlag versetzen (jemanden verletzen).
- Jemandem einen Eseltritt versetzen (jemandem einen Tritt versetzen, der ohnehin schon besiegt am Boden liegt).
- Etwas von der Pike auf lernen (etwas von Grund auf erlernen).
- Sich aus dem Staub machen (sich davon machen).
- Jemandem den Laufpass geben (eine Beziehung abbrechen).
- Die Flinte ins Korn werfen (resignierend aufgeben).
- Etwas im Schilde führen (etwas heimlich planen).
- Vernagelt sein (begriffsstutzig sein, ein Brett vor dem Kopf haben).
- Jemand ist im Stealth-Modus (*beeing on stealth mode*, jemand schleicht umher, jemand verbirgt etwas).
- Jemandem auf dem Radar haben (jemanden genau beobachten).
- Mit harten Bandagen kämpfen (unerbittlich kämpfen).

19.4   Verhalten beim Spielen (wenn man „hoch pokert")

Spielen ist Simulation der Realität. Wenn man kleinen Hunden beim Spielen zusieht, kann man einen ständigen Wechsel zwischen Flucht- und Kampfverhalten sehen. Sie üben in der Kindheit durch Simulation das spätere Verhalten in der Realität. Je älter man wird, desto häufiger „**wird Ernst aus dem Spiel**" und man wendet das Verhalten an, dass man während der Zeit des Spielens gelernt hat. Hat man etwas „**spielend erlernt**" entwickelt man eine gewisse Expertise, bis es **„jemandem spielend leichtfällt**", eine Fertigkeit auszuüben. Das von der Natur vorgesehene spielende Erlernen wird in der Praxis leider noch viel zu wenig praktiziert. Stattdessen wird immer noch „**Zuckerbrot und Peitsche**" von vielen Lehrpersonen angewandt. Dabei würde von Natur aus alles „**spielend funktionieren**" oder „**spielend ablaufen**".

Menschen, die spielen, lernen „**miteinander zu spielen**" oder „**gegeneinander zu spielen**". Sie erlernen fair zu spielen oder wie es die Engländer sagen ein „**fair Play**" zu führen. Und sie lernen sich in der Gruppe zu verhalten und „**kein Spielverderber zu sein**". Man lernt auch, wann es besser ist

„jemanden aus dem Spiel zu lassen" und wann es besser ist zu sagen „da spiele ich nicht mit". Auch, „mit Anstand zu gewinnen" und „kein schlechter Verlierer zu sein", sondern „ein guter Verlierer zu sein" wird beim Spielen gelernt. Früher konnte man die abfällige, von Arthur Schopenhauer stammende Redewendung hören „wer keine Gedanken auszutauschen hat, tauscht Karten aus". Beim *Kartenspielen* kann man auch sehr viel lernen. Die Kartenspieler lernen den Umgang mit Zufall und Risikoverhalten, beispielsweise wann es besser ist, „wenn man nicht hoch pokert". Kinder lernen aber auch, mit ungleichen Verteilungsverhältnissen umzugehen, wenn jemand „die besseren Karten hat" oder die „schlechteren Karten hat". Sie lernen beim Spiel auch, dass „sich das Blatt wenden kann", dass ein Vorteil in einen Nachteil umschlagen kann oder umgekehrt. Wenn jemand unfair spielt und seinen Vorteil ausnützt, kann es sein, dass man den Ausdruck „sich mit jemandem spielen" zu hören bekommt. Vor allem beim „Liebesspiel" kann es dazu kommen, wenn eine Person in einer emotional besseren Position ist.

Exkurs „Spieltheorie"[3]

Unter Spieltheorie versteht man einen Wissenschaftszweig, der menschliches Handeln als Spiel begreift. Mit ihrer Hilfe kann das Verhalten in Entscheidungssituationen berechnet werden, das nicht nur vom eigenen, sondern auch vom psychologischen Verhalten anderer Akteure bestimmt wird. Man unterscheidet zwischen kooperativer und nichtkooperativer Spieltheorie. Im einen Fall können die Spieler untereinander Koalitionen bilden, im anderen Fall spielt jeder im Eigeninteresse. Die Spieltheorie findet Anwendung in der Marktwirtschaft, bei strategischen militärischen Entscheidungen, bei strategischen Entscheidungen in Unternehmen und in vielen anderen sozialen Situationen. Man könnte die Spieltheorie auch als die Wissenschaft vom strategischen Handeln bezeichnen.

Jeder, der schon einmal das Spiel „Schere, Stein, Papier" gespielt hat, wird bemerkt haben, dass es Menschen gibt, die bei diesem Spiel besonders gut sind. Sie haben nicht nur Glück, sondern auch eine Strategie entwickelt. Diese Strategie kann bewusst „gelernt" oder unbewusst (spielerisch) „erlernt" werden. Die Grundlagen der Spieltheorie wurden von Mathematikern und Psychologen entwickelt und finden vor allem bei wirtschaftlichen und militärischen Entscheidungen Anwendung.[4] Spielen hat also eine durchaus wichtige Funktion.[5]

---

[3] Florian Bartholomae, Marcus Wiens: Spieltheorie, eine anwendungsorientiertes Lehrbuch; Spinger-Verlag, Heidelberg, 2020. https://link.springer.com/book/10.1007/978-3-658-28279-0.

[4] Rieck, C. (1993). Was ist Spieltheorie? In: Spieltheorie. Gabler Verlag. https://doi.org/10.1007/978-3-322-87083-4_2.

[5] Fischer, E.P. (2020). Eigen, Manfred/Winkler-Oswatitsch, Ruthild: Das Spiel. In: Arnold, H.L. (eds) Kindlers Literatur Lexikon (KLL). J.B. Metzler, Stuttgart. https://doi.org/10.1007/978-3-476-05728-0_22966-1.

Redewendungen, die sich auf das Spielen beziehen
- (Sich) mit jemandem spielen (Emotionen, Erwartungen oder Hoffnungen einer Person ausnützen).
- Hoch pokern (mit hohem Risiko spielen).
- Die besseren/schlechteren Karten haben (bessere/schlechtere Ausgangsposition haben).
- Das Blatt wendet sich (die Lage oder die Umstände ändern sich).
- Das Liebesspiel (annäherndes Verhalten zweier Menschen, die sich näher kommen wollen).
- Es fällt spielend leicht (etwas fällt sehr leicht).
- Etwas spielend erlernen (etwas sehr leicht erlernen).
- Miteinander/gegeneinander spielen (kooperatives bzw. konkurrierendes Verhalten).
- Jemanden aus dem Spiel lassen (jemanden nicht in etwas hineinziehen).
- Ein guter Verlierer sein (es akzeptieren, wenn man verloren hat).
- „Weil sie nämlich keine Gedanken auszutauschen haben, tauschen sie Karten aus …" (Zitat von Arthur Schopenhauer[6]).

19.5   Normatives Verhalten und Konformitätszwang (wenn jemand „aus der Reihe tanzt")

Überall auf der Welt neigen Menschen dazu, auf Fremde mit heftigen Abwehrreaktionen zu reagieren. Demagogen haben sich immer wieder auf das **„gesunde Volksempfinden"** berufen, um Stimmung gegen Minderheiten oder Andersdenkende zu machen. (Siehe dazu die öffentliche Diskussion österreichischer PolitikerInnen zum Thema **„Normaldenkende Menschen"**[7]). Schon Kleinkinder zeigen eine Neigung zu normativen Verhalten, wenn sie sich über hinkende oder stotternde Spielkameraden lustig machen. Dieses Verhalten wird teilweise über das Hormon *Oxytocin* vermittelt und dürfte genetisch verankert sein.[8] Es zwingt **„widerspenstige Individuen"** zur An-

---

[6] Aphorismen zur Lebensweisheit, by Arthur Schopenhauer – A Project Gutenberg eBook. (2019, May 27). Retrieved from https://www.gutenberg.org/files/47406/47406-h/47406-h.htm.

[7] Röhrer, L. (2023). Was hinter der Debatte über die „Normaldenkenden" steckt. NÖN – Niederösterreichische Nachrichten. Retrieved from https://www.noen.at/niederoesterreich/politik/aufregung-was-hinter-der-debatte-ueber-die-normal-denkenden-der-oevp-steckt-375722295.

[8] Lee M, Lori A, Langford NA, Rilling JK. Enhanced endogenous oxytocin signaling in the brain modulates neural responses to social misalignment and promotes conformity in humans: A multi-locus genetic profile approach. Psychoneuroendocrinology. 2022 Oct;144:105869. doi: 10.1016/j.psyneuen.2022.105869. Epub 2022 Jul 13. PMID: 35868206; PMCID: PMC9553010.

passung in der Gruppe. „**Fällt jemand aus der Reihe**", so wird dieses nicht-konforme Verhalten sowohl im Tierreich als auch bei den Menschen bekämpft. Früher mag konformes Verhalten ein Selektionsvorteil gewesen sein, weil es den Zusammenhalt der Gruppe stärkte. Heute ist es sicher kein Vorteil mehr. Die Talente von Außenseitern sind in einer arbeitsteiligen Gesellschaft von enormem Vorteil für die Gruppe und wichtig für die Fortentwicklung der Gesellschaft.

Gruppenkonformes Verhalten gilt jedenfalls als höflich. So kleidet man sich zu bestimmten Anlässen ähnlich und demonstriert damit Gleichheit. Es gehört zum guten Ton, „**nicht aus der Reihe zu tanzen**".

Gruppen, in denen Konformität besondere Bedeutung zugemessen wird (Militär, Polizei etc.), tragen sogar die exakt gleiche Kleidung, nämlich „**Uniformen**". Damit wird nicht nur Konformität, sondern auch eine „durchgehende Befehlsgewalt" zur Schau gestellt. Auch die Kleidung von Angehörigen der Kirche tragen eine Kleidung, die kirchenkonformes Verhalten signalisiert. Das Gleiche gilt für Vereine, Parteien sowie Trachten, welche die Zugehörigkeit zu einer Region oder einer gewissen Gesellschaftsschicht signalisieren. In manchen Privatschulen wird auch eine Schuluniform getragen. Wenn jemand einer Gruppe beitritt, die sich durch hohen Konformitätszwang auszeichnet, wird diese Person „**in eine Uniform gesteckt**". Solange jemand dieser Gruppe angehört, muss man „die Uniform tragen" und damit zur Schau stellen, dass man eine gewisse Rolle oder Position übernommen hat. Ist diese Person besonders angepasst und ordentlich „**trägt sie die Uniform wie ein Buch**". Vor allem bei feierlichen Anlässen trifft diese Redewendung für Uniformierte zu, wenn sie dort stolz ihre Funktion und ihren Rang zu Schau stellen. Wenn eine Person diese Gruppe wieder verlässt, „**hängt sie die Uniform an den Nagel**".

Redewendungen, die sich auf Konformitätszwang beziehen
- Aus der Reihe tanzen (sich anders verhalten als die Gruppe).
- Aus der Reihe fallen (sich anders verhalten als die Mehrheit).
- In geordneten Bahnen verlaufen (Dinge laufen strukturiert und vorhersehbar).
- Zurück zur Normalität finden (den gewohnten Zustand wiederherstellen).
- Etwas auf die Reihe kriegen (etwas in Ordnung bringen).
- Durchgehende Befehlsgewalt (jemand hat uneingeschränkte Autorität oder Kontrolle über eine bestimmte Gruppe).
- Gegen den Strom schwimmen (sich gegen die allgemeine Meinung stellen).

- Sein eigenes Ding machen (unabhängig von den Erwartungen anderer handeln).
- Sich nicht in eine Schublade stecken lassen (nicht den Erwartungen oder Konventionen entsprechen).
- Sich von der Masse abheben (anders sein als die Mehrheit).
- Nicht dem Herdentrieb folgen (seine eigenen Wege gehen).
- Seine Individualität bewahren (sich nicht anpassen und seine persönliche Einzigartigkeit beibehalten).
- Jemanden in eine Uniform stecken (jemandem eine gewisse Rolle zuordnen).
- Die Uniform an den Nagel hängen (eine berufliche Karriere beenden).
- Die Uniform wie ein Buch tragen (die Uniform stolz und perfekt zur Schau stellen).

20

Häufige Intoxikationen, die sich in der Sprache wiederfinden (wenn jemand „benebelt ist")

Das Gehirn ist eines der empfindlichsten Organe. Es reagiert sehr empfindlich auf Schädigungen durch Umwelteinflüsse oder Fehlfunktionen innerer Organe. So können organische Erkrankungen, lange bevor sie durch moderne medizinische Diagnoseverfahren erfasst werden können, ihre Spuren hinterlassen, indem sie bestimmte Hirnfunktionen beeinträchtigen. Dieses Phänomen wird in der Medizin als organisches Psychosyndrom (OPS) bezeichnet. Das OPS ist in der Medizin bekannt, wenn es darum geht, Hirnleistungsstörungen zu erklären, die bei Menschen auftreten, bei denen bereits eine schwere innere Erkrankung vorliegt. Weniger bekannt ist, dass ein OPS bereits Jahre vor dem „nachweisbaren" Auftreten einer Erkrankung der inneren Organe auftreten kann. So ist das Gehirn aufgrund seiner hohen Empfindlichkeit oft das erste Organ, das durch eine minimale Fehlfunktion des Körpers oder durch Umweltbelastungen (z. B. Stress) in Mitleidenschaft gezogen wird. Die meist stoffwechselbedingte Schädigung des Gehirns verursacht keinen Schmerz. Das Gehirn weiß daher auch nicht, woher die Schädigung kommt und reagiert in diesen Fällen immer mit dem gleichen Reaktionsmechanismus – dem organischen Psychosyndrom (OPS). Dieses äußert sich bei den verschiedensten Menschen meistens auf die gleiche Art: Müdigkeit, Konzentrationsstörungen, Leistungsabfall, Unlustgefühle, Gereiztheit, erhöhte Schmerzempfindlichkeit (z. B. bei Kopfschmerzen, Kreuzschmerzen, Menstruationsschmerzen, Brustschmerzen etc.).

Chronische Vergiftungserscheinungen äußern sich sehr häufig als organisches Psychosyndrom (OPS). In der Sprache finden sich zahlreiche Redewendungen, die auf chronische Vergiftungserscheinungen durch gesellschaftlich akzeptierte Suchtmittel hinweisen. In vielen Kulturen ist der Gebrauch

M. Ledochowski, *Redewendungen medizinisch erklärt*, https://doi.org/10.1007/978-3-662-68356-9_20

bestimmter Drogen „erlaubt". Sei es Kokain, Betelnuss, Marihuana, Nikotin oder Alkohol. Alle diese Drogen bringen eine kurzfristige Distanzierung von der harten Realität und damit eine subjektive Erleichterung des Lebens. Chronischer Gebrauch führt jedoch zum Gegenteil: Krankheit durch Vergiftung.

20.1 Nikotin und andere Drogen, die geraucht werden (wenn jemand „benebelt ist")

Tabak, Marihuana, manche Kräutermischungen und einige getrocknete Pilze können geraucht werden. Die Aufnahme ihrer berauschenden Inhaltsstoffe erfolgt durch Inhalation und über die Schleimhäute. Die meisten berauschenden Substanzen führen zu einem vorübergehenden angenehmen Gefühl. Manche Substanzen haben eine aggressionshemmende Wirkung. So gab es bei den Indianern das Ritual des „**Rauchens einer Friedenspfeife**" vor Friedensverhandlungen. Die leicht distanzierende und beruhigende Wirkung des Nikotins führte auch zur „**Zigarette danach**", die nach einem üppigen Essen, nach gutem Sex, aber auch nach einer Stresssituation genossen wird. Auch das „**einlegen einer Raucherpause**", ist auf die vorübergehend beruhigende Wirkung von Nikotin zurückzuführen.

Viel häufiger aber führt das Rauchen von Suchtmitteln zu einer Beeinträchtigung der Gehirnfunktion. Man ist im wahrsten Sinn des Wortes „**benebelt**". Im Englischen verwendet man auch den Ausdruck „**brain fog**" und meint damit, dass „**einem alles verschleiert vorkommt**". Rauch führt zu einer Raucherkonjunktivitis und brennt in den Augen. „**Sich den Rauch aus den Augen wischen**", ist eine Redewendung, die man verwendet, wenn man eine Schwierigkeit überwinden konnte.

Den suchterzeugenden Charakter von Rauchwaren beschreiben Redewendungen wie „**an der Zigarette hängen**". Menschen, die andauernd rauchen und „**wie ein Schornstein qualmen**", nehmen einen unangenehmen Körpergeruch an.

Redewendungen, die sich auf das Rauchen beziehen
- Wenn jemand benebelt ist (jemand ist in seinen Sinnen getrübt).
- Jemanden in der Pfeife rauchen (mit jemandem leicht fertig werden).
- An der Zigarette hängen (nikotinabhängig sein).
- Die Zigarette danach (Rauchen einer Zigarette nach einer erledigten Aufgabe oder einer Mahlzeit).
- Qualmen wie ein Schornstein (sehr stark rauchen).
- Eine Raucherpause einlegen (eine Pause machen, um zu rauchen).
- Sich den Tabak verkneifen (etwas vermeiden oder sich zurückhalten).
- Sich den Rauch aus den Augen wischen (eine Schwierigkeit überwinden).

20.2 Alkoholwirkungen (wenn jemand „eine Schnapsnase hat")

Alkohol ist das häufigste Gift, welches Menschen in den „zivilisierten" Ländern regelmäßig und freiwillig zu sich nehmen. Anfänglich kommt es zu angenehmen Gefühlen und leichter Enthemmung. So kommt es, dass man bei einem freudigen Ereignis „**auf etwas anstößt**" oder „**auf etwas trinkt**". Alkohol hat in geringen Mengen auch eine gewisse angstlösende Wirkung, was dazu führt, dass manche Menschen vor einer schwierigen Aufgabe „**sich Mut antrinken**". Befindet sich jemand in einer schwierigen Situation und hat „**Sorgen, die einem über den Kopf wachsen**" neigt man dazu, „**seine Sorgen hinunterzutrinken**". Mediziner bezeichnen diese Art von Alkoholkonsum als Erleichterungstrinken. Was von den Medizinern als Erleichterungstrinken bezeichnet wird, findet sich auch in der Redewendung wieder, wenn man sagt „**sich etwas schönzutrinken**". Das angenehme Gefühl des leichten Rausches wird sprachlich auch verwendet, um zu beschreiben, dass etwas besonders war. So spricht man von „**berauschenden Festen**" oder „**einer berauschenden Schönheit**" oder von „**einem berauschenden Ausblick**", wenn man auf einem Berggipfel steht und einen herrlichen Ausblick hat. Hier kommt das Phänomen der leichten Hyperventilation dazu, welches anfänglich zu einem leichten Schwindelgefühl führt, ähnlich wie bei einem leichten Rausch.

Geht der Alkoholkonsum über einen leichten Schwips hinaus, wird man betrunken. Man wird gesprächiger, „**die Zunge löst sich**" und man spricht ungehemmter und unkontrollierter.[1] Die Beobachtung, dass man nach Alkoholgenuss nicht nur eine lockere Zunge bekommt, sondern sich auch oft „**verplappert**" und „**ehrlicher redet**", hat zu der in vielen Sprachen vorkommenden Redewendung geführt „**im Wein liegt die Wahrheit**" (Lateinisch: *in vino veritas*, griechisch: Ἐν οἴνῳ ἀλήθεια – *En oinō alētheia*). Wenn jemandem die Wahrheit ins Gesicht gesagt wird, sagt man auch „**jemandem reinen Wein einschenken**".

Bei den Germanen führte dies zur Gewohnheit, dass sie bei Ratssitzungen Alkohol tranken, weil sie glaubten, niemand könnte effektiv lügen, wenn er betrunken ist. Ähnliche Beobachtungen wurden auch in anderen Kulturen gemacht:[2]

---

[1] Alkohol löst Zungen, aber keine Probleme (Zitat von Werner Mitsch).
[2] Wissenswertes über Wein – In vino veritas. deutschlandfunkkultur.de (2023, June 11). Retrieved from https://www.deutschlandfunkkultur.de/wissenswertes-ueber-wein-in-vino-veritas-100.html.

- Chinesisch: „Nach dem Wein folgt die wahre Rede."
- Babylonischer Talmud: „Rein kommt der Wein, rauskommt ein Geheimnis."
- Persisch: „Bist du betrunken, sagst du die Wahrheit." (مستی و راستی).
- Russisch: „Was der Nüchterne denkt, das plaudert der Betrunkene aus." („Что у трезвого на уме, то у пьяного на языке").

Nimmt der Alkoholkonsum noch mehr zu, treten teils massive Hirnfunktionsstörungen auf, die bis zum Koma führen können. In so einem Zustand spricht man davon, dass **„jemand total zu ist"** oder **„total fett ist"**. Die Hirnfunktionsstörungen können ziemlich massiv ausfallen, sodass es zu Halluzinationen kommt und man **„weiße Mäuse sieht"** (im Englischen sieht man nicht weiße Mäuse, sondern **„rosa Elefanten"**[3])

Chronischer Alkoholgenuss kann zu einer Reihe von Krankheiten führen. Manche Alkoholfolgen **„stehen ins Gesicht geschrieben"**. Dazu gehören beispielsweise die **„Schnapsnase"** oder die **„Trinkernase"**. Mit diesem Ausdruck wird eine rote, evtl. auch knotig veränderte Haut der Nase beschrieben. Der Hautarzt spricht dann von *„Rosazea"*, wenn es zusätzlich auch zu Knotenbildung auf der Nase gekommen ist, von *„Rhinophym"*. Bei dieser entzündlichen Hauterkrankung spielt Alkoholkonsum eine wesentliche Rolle. Das Vermeiden von jeglichem Alkohol ist tatsächlich Voraussetzung dafür, dass eine Rosazea vollständig abheilen kann.

Exkurs „Alkohol"

Alkohol wird oft zu gesellschaftlichen Anlässen getrunken. Er enthemmt und macht die meisten Menschen gesprächiger. Die Betrunkenheit kommt nicht nur durch den Alkohol zustande, sondern auch durch ein Abbauprodukt des Alkohols, dem besonders giftigen Acetaldehyd. Dieses Molekül verursacht einen Rausch und am Tag danach Katerstimmung. Manche Menschen können Acetaldehyd nicht so gut abbauen, weil sie einen Mangel an dem Enzym Acetaldehyd-Dehydrogenase (ALDH) haben. Dieser Enzymmangel kommt vor allem in Japan vor. Deshalb sind Japaner oft alkoholintoleranter und können leicht **„unter den Tisch getrunken werden"**. Auch in Europa finden sich Enzymvarianten, die zu einer Abbaustörung von Alkohol führen. Typischerweise berichten die Betroffenen über Alkoholunverträglichkeit und Flush-Symptomatik, wenn sie Alkohol trinken.

---

[3] Englisch: *to see pink elephants.*

Redewendungen, die sich auf die Wirkungen von Alkohol beziehen
* Eine Schnapsnase haben (eine große rote Nase haben).
* Eine Trinkernase haben (eine gerötete Nase haben).
* Sich etwas schöntrinken (Alkohol trinken, um eine unangenehme Situation angenehmer zu erleben).
* Weiße Mäuse sehen[4] (Zeichen eines Alkoholdelirs).
* Im Wein liegt die Wahrheit (in vino veritas, Ἐν οἴνῳ ἀλήθεια – *En oinō alētheia; wenn man Alkohol trinkt, kann man sich nicht mehr so gut verstellen und redet „ehrlicher")*.
* Sich Mut antrinken (Alkohol trinken, um seine Angst zu überwinden).
* Seine Sorgen hinuntertrinken (zur Erleichterung Alkohol trinken).
* Rauschende Feste feiern (enthemmte Feste feiern).
* Einen über den Durst trinken (zu viel trinken, sich besaufen).
* Jemanden unter den Tisch trinken (mit jemandem so viel Alkohol trinken, bis dieser betrunken ist).
* Trinken wie ein Loch (sehr viel Alkohol trinken).
* Auf etwas trinken, auf etwas anstoßen (zu einem gewissen Anlass mit anderen trinken).
* Etwas ist berauschend (schön) (etwas ist besonders schön).

20.3 Bleiintoxikation (wie es zu „bleierner Müdigkeit" kommt)

Bleivergiftungen werden heute kaum noch beobachtet. Bis in die späte Neuzeit waren Bleivergiftungen jedoch keine Seltenheit. Grund dafür war der häufig konsumierte Bleizucker (Bleiazetat). Bleiazetat schmeckt süß, ist gut wasserlöslich und wurde deshalb jahrhundertelang zum Süßen von Wein verwendet. Trotz seiner Giftigkeit wurde Bleizucker bis ins 19. Jahrhundert als Zuckerersatz (Defrutum) verwendet. Der Komponist Ludwig van Beethoven und der deutsche Papst Clemens II. starben wahrscheinlich deshalb an Bleivergiftung.

Vor allem im antiken Rom wurde der Wein durch Zugabe von Bleiazetat gesüßt, weil er sonst zu sauer schmeckte.[5] Dieser gesüßte Wein war wesentlich teurer als der „normale" ungesüßte Wein. Nur die reiche Oberschicht konnte sich den gesüßten Wein leisten, während arme Leute mit dem sauren Wein vorliebnehmen mussten. Dass dieser soziale Unterschied im Verbrauch von

---

[4] Englisch: *to see pink elephants.*
[5] Eisinger J. Lead and wine. Eberhard Gockel and the colica Pictonum. Med Hist. 1982 Jul;26(3):279–302. doi: 10.1017/s0025727300041508. PMID: 6750289; PMCID: PMC1139187.

Wein tatsächlich bestand, kann man aus Ausgrabungen ersehen. Archäologen unterscheiden die Knochen von römischen Legionären und römischen Offizieren am Bleigehalt in den Knochen. Die Offiziere konnten sich den teuren, mit Bleiazetat gesüßten Wein leisten, während die Legionäre sich nur den sauren Wein leisten konnten. Deshalb haben die Knochen von römischen Offizieren einen höheren Bleigehalt als die Knochen der Legionäre und können so gut unterschieden werden.[6]

Exkurs: „Wie es in der Antike zu chronischen Bleivergiftungen kam"

Im antiken Griechenland gab es eine Vorschrift, die das Eindicken der Weintrauben in mit Blei überzogenen Töpfen vorschrieb. Der derart über dem Feuer erhitzte und eingedickte Weintraubensirup wurde als Sapa bezeichnet und war über lange Zeit haltbar. Dies wurde auch durch den entstehenden Bleizucker (Bleiazetat) bedingt, welcher Bakterien und Pilze abtötete. Die errechneten Bleikonzentrationen in der Sapa lagen bei beträchtlichen 0,2–1 g/l. Sapa war vor allem bei den Aristokraten beliebt, um den Wein und andere Speisen zu süßen, sodass sich die Reichen mit etwa 250 μg Blei/Tag vergifteten. Wesentlich gesünder lebten damals die Sklaven, bei denen die Bleiaufnahme bei 15–35 μg/Tag lag. Ein Deutscher nimmt heute noch immer durchschnittlich 0,5–30 μg Blei pro Tag mit der Nahrung auf. Manche Historiker führen den Untergang Roms auf die chronische Bleivergiftung der Oberschicht zurück[7]

Der übermäßige Genuss von süßem Wein führte vor allem in der Oberschicht zu einer chronischen Bleivergiftung. Vor allem die „**Bleigicht**" führte zu chronischen Gelenkschmerzen. Man vermutet, dass das römische Bäderwesen vor allem aus diesem Grund entstanden ist. Durch den Aufenthalt im warmen Wasser wurden die Gelenkschmerzen gelindert. Neben Gelenkschmerzen (**Bleigicht**) und Abnahme der intellektuellen Fähigkeiten (**Bleienzephalopathie**) kommt es bei einer chronischen Bleivergiftung zu einer Blutarmut (**Bleianämie**) mit entsprechend blasser Haut (**Bleiblässe**) und einer ausgeprägten Müdigkeit (**bleierner Müdigkeit**). Eine Zusammenfassung häufiger Symptome bei chronischer Bleivergiftung findet sich in u. a. Liste „Veränderungen bei chronischer Bleivergiftung".

---

[6] Persönliche Mitteilung eines Archäologen.
[7] Fred Fuhrmann: Toxikologie für Naturwissenschaftler, Teubner-Verlag, Frankfurt 2006.

Exkurs „Bleivergiftung im alten Rom"

Eine der wesentlichen Folgen einer chronischen Bleivergiftung ist eine Schädigung des Gehirns. Mediziner sprechen von einer **Bleienzephalopathie**. Möglicherweise sind das eigenartige Verhalten und die Gewalttakte der letzten römischen Kaiser auf so eine Bleienzephalopathie zurückzuführen.

Nachdem vor allem die Oberschicht an chronischer Bleivergiftung gelitten hatte, ist anzunehmen, dass viele Fehlentscheidungen gegen Ende des weströmischen Reiches auch auf eine kollektive auftretende Bleienzephalopathie der römischen Oberschicht zurückzuführen sind. Schließlich ging im Jahr 476 das weströmische Reich unter. Damals hatte eine Römerin eine Seitentüre in der Stadtmauer Roms geöffnet und die Feinde in die Stadt gelassen. Diesem Verrat gingen viele Tage des Hungers und des Durstes voraus, haben doch die Germanen unter der Führung von Odoaker die Stadt belagert und von Nahrung und Wasser abgeschnitten.

Der Belagerung waren jahrelange Querelen vorangegangen und die Römer haben unnachgiebig mit den Germanen verhandelt, weil sie glaubten, dass ihre Stadt uneinnehmbar war. Angeblich wollten die Germanen gar nicht Rom in ihre Gewalt bringen, sondern nur Siedlungsrechte in Italien erlangen. Nach der Völkerwanderung hatten sie keine Heimat mehr und wären für Grund und Boden in Italien sogar bereit gewesen, für die Römer in den Krieg zu ziehen. Ähnlich wie heute hat damals Migration stattgefunden. Man wollte die Zuwanderer nicht und schätzte ihre Macht falsch ein. Bis sich die germanischen Stämme vereinten und unter Odoaker 476 schließlich Rom zu Fall brachten.

Interessanterweise überlebte das oströmische Reich noch mehr als 1000 Jahre länger. Erst 1453 fiel Konstantinopel in die Hände der Osmanen. Ein Grund für das längere Bestehen des oströmischen Reiches könnte darin liegen, dass der Wein in Konstantinopel süßer war und nicht mit Bleiazetat gesüßt werden musste. Vielleicht hatten Asterix und Obelix gar nicht so unrecht mit ihrer Redewendung *„die spinnen die Römer"*

Anmerkung: In den Weichteilgeweben hat Blei eine Halbwertszeit von etwa 20 Tagen. Das Blei in diesen Depots wird entweder ausgeschieden oder als Bleiphosphat anstelle von Calciumphosphat in die Knochen und Zähne eingelagert. Dort bildet es ein sehr langlebiges Depot mit einer Halbwertszeit von 5–20 Jahren. Bei Erwachsenen befinden sich 90 % des Bleis in den Knochen, bei Kindern nur 60 %. Wenn Knochensubstanz abgebaut wird, z. B. bei Calciummangel, Stress, während einer Kortisontherapie, durch Azidose oder während der Schwangerschaft, kann der Blutbleispiegel ansteigen und ohne zusätzliche Bleizufuhr Symptome einer akuten Bleivergiftung auslösen, die sogenannte Bleikrise.

Veränderungen bei chronischer Bleivergiftung

- **Blutbild**: Blutarmut („*Bleianämie*") und daraus resultierende blasse Haut („*Bleiblässe*") sowie Müdigkeit („*bleierne Müdigkeit*").
- **Gehirn**: „*Bleienzephalopathie*", Depression, Demenz, Intelligenzabbau, Kopfschmerz („*Bleiblockade*")
- **Nerven**: Polyneuropathie, Lähmungserscheinungen („*die Füße sind schwer wie Blei*", „*Beine wie Blei haben*").
- **Darm**: Bauchschmerzen durch Spasmen der glatten Muskulatur („*Bleikoliken*").
- **Knochen und Gelenke**: Knochenschmerzen, Gelenkschmerzen („*Bleigicht*", „*Blei in den Knochen haben*").
- **Zahnfleisch**: Bildung einer dunklen Verfärbung durch Bleisulfat, welches durch sulfatreduzierende Bakterien gebildet wird („*Bleisaum*").
- **Infertilität**: vor allem bei Männern, führte zu Auswirkungen im römischen Familienrecht und Erbrecht.

Redewendungen, die sich auf eine chronische Bleivergiftung beziehen
- Bleierne Müdigkeit (erschöpfende Müdigkeit).
- Bleierne Beine haben, Blei in den Beinen haben (schwere Beine haben, erschöpft sein).
- Die Füße sind schwer, wie Blei (schwere Beine haben, nicht mehr gehen können).
- Blei im Hintern haben (sitzen bleiben, nicht aufbrechen wollen, träge sein).
- Jemandem wie Blei im Magen liegen (jemandem schwer zu schaffen machen).

20.4 Das Multiple Chemical Sensitivity Syndrome (wenn „alles zum Kotzen ist")

Das *Multiple Chemical Sensitivity Syndrome (MCS)* ist eine Störung, bei der Gerüche Krankheitssymptome auslösen können. Auf sie trifft der Ausdruck **„etwas oder jemanden nicht riechen können"** besonders zu. Sie leiden sehr unter unserer Umwelt, in der die Belastung durch Gerüche und Duftstoffe ständig zunimmt. Für die meisten Menschen ist eine solche Geruchsempfindlichkeit nicht nachvollziehbar. Es gibt jedoch eine „normale" Variante von MCS, die den meisten Menschen bekannt ist: Schwangere Frauen leiden häufig unter *Schwangerschaftserbrechen*. Das liegt daran, dass die Plazenta ein Hormon namens HCG (humanes Choriongonadotropin) produziert. Dieses Hormon erhöht die Geruchsempfindlichkeit und die Erregbarkeit des Brechzentrums im Gehirn, was dazu führt, dass **„alles zum Kotzen ist"**. Sinn dieser

Veränderung ist es, das ungeborene Kind im Uterus vor Giften zu schützen. Indem die Mutter empfindlicher auf Gerüche reagiert und die Brechschwelle herabsetzt, vermeidet sie Nahrung, die dem Kind schaden könnte. Dies ist vor allem im ersten Drittel der Schwangerschaft wichtig, da der Fötus zu diesem Zeitpunkt noch keine Enzyme besitzt, die Giftstoffe aus der Nahrung abbauen können. So ist zum Beispiel das Koffein in einer Tasse Kaffee für die Mutter völlig ungefährlich, für den Fötus aber bereits ein problematisches Gift. Trotzdem verzichten viele Mütter nicht auf dieses Gift, weil sie das nicht nachvollziehen können. Die Ursache für MCS gilt als bisher unbekannt. Es dürfte jedoch die erhöhte Geruchsempfindlichkeit, ähnlich wie beim Schwangerschaftserbrechen, eine Rolle spielen. Manche Menschen entwickeln diese Geruchsempfindlichkeit, auch wenn keine Schwangerschaft vorliegt.

Redewendungen, die sich auf Geruchsempfindlichkeit beziehen
- Alles ist zum Kotzen (alles widert einen an).
- Etwas oder jemanden nicht riechen können (etwas oder jemanden nicht ausstehen können).

21

Redewendungen, die die Ernährung betreffen („man ist, was man isst")

Essen hat vor allem die Funktion, uns mit Energie und lebensnotwendigen Stoffen zu versorgen. Darüber hat das Essen aber auch soziale Funktionen. Wir nehmen meistens Mahlzeiten gemeinsam mit anderen Menschen ein. Damit das möglich ist, werden gemeinsame Essenszeiten festgelegt. Frühstück, Mittagessen, Abendessen und Jausen sind solche festgelegten Zeiten. In der Schweiz wird sogar die exakte Uhrzeit für die „**Brotzeiten**" festgelegt. Um neun Uhr setzt man sich zum „**Znüni**" und um 16 Uhr zum „**Zvieri**" zusammen, um gemeinsam seine Jause zu sich zu nehmen. Neben den festgelegten Zeiten gibt es auch festgelegte Rituale. Man wünscht sich einen „**guten Appetit**" oder sagt „**Mahlzeit**" oder verknüpft es mit einem guten Wunsch, indem man sagt, „**lasst euch das Essen gut schmecken**". Gläubige Menschen verbinden die Nahrungsaufnahme mit einem „**Tischgebet**". Die Summe aller Maßnahmen, die bei der Nahrungsaufnahme gesetzt werden, bezeichnet man als „**Esskultur**", oder man spricht von „**Tischsitten**". Die Bedeutsamkeit der Nahrungsaufnahme findet sich in der Redewendung „**Essen und Trinken hält Leib und Seele zusammen**". Damit soll zum Ausdruck gebracht werden, dass Essen und Trinken gut für den Körper *und* die Seele sind. Wie sehr wir an den Einfluss von Nahrung auf die Gesundheit glauben, kann man allein daran sehen, dass im Fernsehen regelmäßig Sendungen über gesunde Ernährung zu sehen sind. Die Beschäftigung mit gesunder Ernährung nimmt bei immer mehr Menschen schon krankhafte Ausmaße an. Eine zwanghafte Beschäftigung mit gesunder Nahrung bezeichnet der Mediziner als „*Orthorexie*". Es ist die am häufigsten vorkommende Essstörung. Kommt dann noch die Sucht nach sportlicher Betätigung dazu, spricht man von „*Ano-*

rexia athletica". Wird Fasten und Körpergewicht lebensbestimmend, spricht man von *„Anorexia nervosa"*: Oft hört man den Ausdruck **„jemand ist ein Hungerkünstler"**.

Auch Sympathiekundgebungen können über die Zubereitung von Nahrungsmitteln erfolgen. Das äußert sich in Redewendungen wie **„etwas mit Liebe zubereiten"** oder **„Liebe geht durch den Magen"**. Ungezügelte Liebe oder Zuneigung findet sich in der Redewendung **„jemanden zum Fressen gernhaben"**. Möchte man jemanden Mut vor einer unangenehmen Begegnung machen, sagt man, **„er wird dich schon nicht fressen"**.

Auch negative Emotionen werden mit der Nahrungsaufnahme in Zusammenhang gebracht. So ist jemand mit schlechter Stimmung **„angefressen"**. Bereitet etwas Sorgen, dann **„frisst es an einem"**. Nützt ein Mensch einen anderen aus, sagt man, **„er frisst ihm die Haare vom Kopf"**. Es wundert jedenfalls nicht, dass es zahlreiche Redewendungen gibt, die sich auf die Nahrungsaufnahme und die Mahlzeiten beziehen, sowie die Stimmungsänderungen, die damit einhergehen können.

Redewendungen, welche sich auf das Essen beziehen
- Etwas frisst an jemandem (etwas bereitet Sorgen).
- Jemandem die Haare vom Kopf fressen (auf Kosten von jemand anderem leben, jemanden ausnützen).
- Ich fresse einen Besen (ich bezweifle sehr).
- Kreide gefressen haben (einen sehr milden Ton anschlagen).
- Jemanden zum Fressen gernhaben (jemanden sehr gerne haben).
- Er wird dich schon nicht fressen (wenn man jemanden Mut vor einer unangenehmen Begegnung zuspricht).
- Über den Zaun fressen (seine Kompetenzen überschreiten, fremdgehen).
- Erst kommt das Fressen, dann die Moral (es ist wichtiger seinen Hunger zu stillen, als moralisch zu handeln).
- Jemanden ansehen, als wolle man ihn fressen (jemanden sehr grimmig ansehen).
- Jemanden zum Frühstück fressen (jemanden seine Macht spüren lassen).
- Die großen Fische fressen die kleinen (die Mächtigen unterdrücken die Schwachen).
- Etwas frisst an einem (etwas bereitet großen Kummer).
- Etwas frisst an der Leber, etwas frisst am Herz (etwas bereitet großen Ärger).
- Etwas ist ein gefundenes Fressen (etwas ist sehr willkommen).
- Essen und Trinken hält Leib und Seele zusammen (essen und trinken sind für eine gesunde Seele und einen gesunden Körper wichtig).
- Jemandem aus der Hand fressen (jemandem ergeben sein, alles tun, was dieser will).

- Jemand kann mehr als Brot essen (jemand vollbringt überdurchschnittliche Leistungen).
- Mit jemandem ist nicht gut Kirschen essen (jemand ist unfreundlich, autoritär).
- Man ist, was man isst (von dem, was man zu sich nimmt, baut man seinen Körper und sein Wesen auf).
- Es wird nichts so heiß gegessen, wie es gekocht wird (oft es etwas nicht so schlimm, wie es angekündigt wurde).
- Wes Brot ich ess, des Lied ich sing' (jemanden, bei dem man angestellt ist, sollte man besser loben als kritisieren).
- Schönwetter essen (wenn du deinen Teller leer isst, dann gibt es morgen schönes Wetter).

21.1 Stimmungsänderungen nach dem Essen (wenn man „angefressen ist")

Sehr viele Menschen kennen das: Man nimmt eine herrliche Mahlzeit zu sich und dann überkommt einen eine unwiderstehliche Müdigkeit. Schon die Römer kannten den Ausspruch „plenus venter non studet libenter" („**ein voller Bauch studiert nicht gern**"). Wenn man zu viel gegessen hat, schlägt sogar die Stimmung um und „**man ist angefressen**". Bei Patienten mit Reizdarmsyndrom konnte sogar gezeigt werden, dass nach einem Essen depressive Reaktionen verstärkt auftraten.[1] Warum es dazu kommt, weiß man noch nicht ganz genau, es gibt aber zahlreiche Hypothesen, wie dieses allgemein bekannte Phänomen entsteht. Eine gängige Hypothese ist, dass es nach einem üppigen Essen durch eine hohe Insulinausschüttung zu einer reaktiven Unterzuckerung mit Müdigkeit kommt. Eine andere Erklärung besteht darin, dass es durch die vermehrte postprandiale Durchblutung der Eingeweide zu einer geringeren Durchblutung im Gehirn kommt und dadurch Müdigkeit ausgelöst wird. Beide Hypothesen konnte ich selbst in eigenen (nicht publizierten) Untersuchungen widerlegen. Es konnte jedoch nachgewiesen werden, dass nach einer Mahlzeit, vor allem wenn sie reich an Kohlenhydraten ist, die

---

[1] Van Oudenhove L, Törnblom H, Störsrud S, Tack J, Simrén M. Depression and Somatization Are Associated With Increased Postprandial Symptoms in Patients With Irritable Bowel Syndrome. Gastroenterology. 2016 Apr;150(4):866–74. doi: 10.1053/j.gastro.2015.11.010. Epub 2015 Nov 18. PMID: 26602216.

kurzkettigen Fettsäuren deutlich ansteigen. Die *kurzkettigen Fettsäuren riechen schlecht* („**jemand ist faul**") und führen zu extremer Müdigkeit. Durch ihre gute Fettlöslichkeit führen sie im Gehirn vermutlich zu Funktionsstörungen und Stimmungsschwankungen. Die Art und Menge der gebildeten Gifte im Rahmen von Gärungsreaktionen im Darm hängt von der Art der aufgenommenen Nahrung, von Motilitätsstörungen des Darmes und vom Mikrobiom ab. Hier bedarf es noch weiterer Untersuchungen, warum manche Menschen „**faul**" sind und immer wieder „**angefressen sind**". Ein Patient sagte mir einmal: Nach jedem Essen bin ich zuerst müde und dann aggressiv.

Exkurs: „Nahrungsaufnahme und Stimmung"

Nahrungsaufnahme, Fasten und Stimmung hängen eng miteinander zusammen. Wenn man schlechter Stimmung ist, isst man schneller und gieriger, sogar die Größe der einzelnen Bisse nimmt zu.[2] Wenn man ab dem Nachmittag fastet, kommt es nicht nur zu Abnahme von übermäßigem Gewicht, sondern auch zu einer Verbesserung der Stimmung.[3] (Siehe dazu auch „Wie kommt es zu Süßhunger bzw. Kohlenhydrathunger?").

21.2　Qualitative Auswahl von Nahrungsmitteln („was der Bauer nicht kennt, frisst er nicht")

Die Nahrungsaufnahme wird durch *Hunger* und *Appetit* gesteuert. Hunger entsteht immer dann, wenn es zu einem Energiemangel kommt. Kommt Hunger auf, isst man alles, egal, ob es sich dabei um Nahrungsmittel handelt, die Kohlenhydrate, Eiweiße oder Fette enthalten. Appetit hingegen steuert die Nahrungsmittelauswahl. Je nachdem, welche Nährstoffe gerade benötigt werden, kommt es zur Auswahl unterschiedlicher Lebensmittel. Man kann also ohne weiteres keinen Hunger, aber noch großen Appetit auf etwas haben.

Die Steuerung der Nahrungsmittelauswahl ist ziemlich komplex und bis heute noch nicht in allen Einzelheiten verstanden. Im Wesentlichen gibt es zwei Phasen der Geschmacksbildung. Die erste Prägungsphase findet während der Embryonalzeit statt. Die zweite Prägungsphase während der Still-

---

[2] Hilbert A, Czaja J. Verhaltensmaße des Kontrollverlustes beim Essen: Bissgröße und Bissgeschwindigkeit [Behavioral indicators of loss of control over eating: bite size and bite velocity]. Prax Kinderpsychol Kinderpsychiatr. 2011;60(4):270–284. German. doi: 10.13109/prkk.2011.60.4.270. PMID: 21614840.

[3] Franke, K. (2023). Intervallfasten ab dem Nachmittag verbessert Gewichtsverlust, Blutdruck und Stimmung. Aktuelle Kardiologie, 12(01), 10–12. doi: 10.1055/a-1958-8516.

periode.[4] Genaugenommen hört die Prägung nie ganz auf, ist aber im späteren Leben nie mehr so ausgeprägt wie in diesen Lebensabschnitten.

In der Gebärmutter trinkt das heranwachsende Kind das Fruchtwasser, welches das Embryo umgibt. Je nachdem, was die Mutter isst, gelangen Nährstoffe, Aromen und Geschmacksstoffe in das Fruchtwasser. Damit lernt das heranwachsende Kind, das zu mögen, was die Mutter isst. In Versuchen konnte man zeigen, dass Kinder im späteren Leben genau solche Lebensmittel bevorzugten, welche die Mutter während der Schwangerschaft regelmäßig zu sich genommen hat.[5] In einer weiteren Studie wurde untersucht, ob die mütterliche Ernährung während der Schwangerschaft und das Stillen die Vorliebe von Säuglingen für Früchte und Gemüse beeinflussen könnten. Die Ergebnisse deuten darauf hin, dass Säuglinge von Müttern, die während der Schwangerschaft und während des Stillens viele Früchte und Gemüse gegessen haben, eher dazu neigen, diese Lebensmittel im späteren Leben zu mögen.[6] Offenbar haben die Menschen bemerkt, dass man Nahrungsmittel mit bekanntem Geschmack lieber isst als solche mit unbekanntem Geschmack. Die Redewendung **„was der Bauer nicht kennt, frisst er nicht"**[7] hat die Erkenntnis schon lange vorweggenommen, dass es eine Ablehnung von unbekannten Nahrungsmitteln gibt, die man heute auch als „Lebensmittel-Neophobie" (Englisch: *food neophobia*) bezeichnet.[8]

Die zweite Prägungsphase entsteht während der Stillzeit. Das von der Mutter gestillte Kind atmet während des Stillens ständig Duftstoffe ein, die von den sogenannten Montgomery-Drüsen abgesondert werden.[9] Die Montgomery sind kleine warzenartige Gebilde, welche die Brustwarzen (Mamillen) umgeben. Es sind talgproduzierende Drüsen, die auch Duftstoffe ausscheiden, die zur Mutter-Kind-Bindung beitragen.[10] Wahrscheinlich werden auch Aro-

[4] Podzimek Š, Dušková M, Broukal Z, Rácz B, Stárka L, Dušková J. The evolution of taste and perinatal programming of taste preferences. Physiol Res. 2018 Nov 28;67(Suppl 3):S421–S429. doi: 10.33549/physiolres.934026. PMID: 30484669.

[5] Sarnat HB, Flores-Sarnat L, Wei XC. Olfactory Development, Part 1: Function, From Fetal Perception to Adult Wine-Tasting. J Child Neurol. 2017 May;32(6):566–578. doi: 10.1177/0883073817690867. Epub 2017 Feb 19. PMID: 28424010.

[6] Forestell CA, Mennella JA. Early determinants of fruit and vegetable acceptance. Pediatrics. 2007 Dec;120(6):1247–54. doi: 10.1542/peds.2007-0858. PMID: 18055673; PMCID: PMC2268898.

[7] Niederländisch: *wat de boer niet kent, dat vreet hij niet.*

[8] Demattè ML, Endrizzi I, Gasperi F. Food neophobia and its relation with olfaction. Front Psychol. 2014 Feb 17;5:127. doi: 10.3389/fpsyg.2014.00127. PMID: 24596565; PMCID: PMC3925843.

[9] Forestell CA. Flavor Perception and Preference Development in Human Infants. Ann Nutr Metab. 2017;70 Suppl 3:17–25. doi: 10.1159/000478759. Epub 2017 Sep 14. PMID: 28903110.

[10] Doucet S, Soussignan R, Sagot P, Schaal B. The secretion of areolar (Montgomery's) glands from lactating women elicits selective, unconditional responses in neonates. PLoS One. 2009 Oct 23;4(10):e7579. doi: 10.1371/journal.pone.0007579. PMID: 19851461; PMCID: PMC2761488.

men, die aus der Nahrung stammen, welche die stillende Mutter zu sich genommen hat, dem Kind während des Stillens angeboten. Aber das ist noch Gegenstand laufender Forschung. Man kann sich also folgende Funktion vorstellen: Isst z. B. eine Griechin Fetakäse, so bietet sie die entsprechenden Aromen ihrem Kind an, während es gestillt wird. Damit lernt der Säugling die Duftnote von „Fetakäse" kennen. Das Kind lernt in der Folge, dass etwas, was wie Fetakäse riecht und schmeckt, ungefährlich ist und im späteren Leben gefahrlos gegessen werden kann. So dürften, je nach geografischen und kulturellen Gegebenheiten, eine griechische, italienische, französische oder deutsche Küche entstehen. Diese Gewohnheiten führen zu einer Esskultur, die genau auf die regional verfügbaren Nahrungsmittel abgestimmt ist. Darüber hinaus ist eine so entstandene regionale Esskultur an die jeweilige genetische Ausstattung der Bevölkerung angepasst. So findet man bei Völkern mit mehrheitlicher Laktoseintoleranz, z. B. im Mittelmeerraum, kaum Nahrungsmittel, die laktosehaltige Milchprodukte enthalten.

Die Beobachtung, dass Menschen Speisen, die sie nicht kennen, nicht oder nur ungern essen, wird seit langem durch sprachliche Redewendungen beschrieben. Moderne medizinische Erkenntnisse wurden so lange vorweggenommen. Sprachwissenschaftler interpretieren diese Redensart allerdings dahingehend, dass die Redewendung „was der Bauer nicht kennt, frisst er nicht" zum Ausdruck bringen soll, dass jemand gegenüber Neuem nicht aufgeschlossen ist bzw. dass jemand Angst hat, etwas Neues auszuprobieren oder sehr konservativ ist. Wahrscheinlicher ist es jedoch, dass diese Redewendung wörtlich zu verstehen ist und tatsächlich mit der während der Prägungsphase erlernten Auswahl von Nahrungsmitteln zu tun hat.

Im späteren Leben wird der Geschmack und die Nahrungsmittelauswahl noch weiter trainiert. So ist zu erklären, warum **jemand auf den Geschmack von etwas kommt**" und lernt etwas zu mögen, was er vorher nicht kannte. Dabei spielen auch soziale Interaktionen eine Rolle, und man kann „**jemanden auf den Geschmack bringen**", etwas Gewisses zu essen oder im übertragenen Sinn zu tun. Geschmack ist jedenfalls sehr starken interindividuellen Schwankungen unterworfen, zumal jeder Mensch eine andere Vergangenheit hat und andere Geschmäcker erlernt hat. Auch das wurde schon lange erkannt, wenn man sagt „**über Geschmack lässt sich nicht streiten**".

Redewendungen, mit Bezug auf die Geschmacksbildung
- Was der Bauer nicht kennt, frisst er nicht (wenn jemand nicht bereit ist, eine neue Speise zu probieren).
- Auf den Geschmack kommen, an etwas Geschmack finden (an etwas Gefallen finden).

- Nach jemandes Geschmack sein (jemandem gefallen).
- Jemanden auf den Geschmack bringen (jemanden Lust auf etwas erzeugen).
- Über Geschmäcker lässt sich nicht streiten (Geschmack ist subjektiv).

21.3 Quantitative Nahrungsmittelaufnahme („der Hunger kommt mit dem Essen")

In der Natur gibt es Steuerungsmechanismen, die immer wieder vorkommen. So haben die Menschen beobachtet, dass sich beim Essen eine zunehmende Gier entwickelt. Man beginnt langsam zu essen, wird dann immer schneller („**essen wie ein Holzhacker**") bis allmählich die Geschwindigkeit der Nahrungsaufnahme wieder abnimmt. Die Wissenschaft kennt solche Verhaltensweisen schon seit langem. Mathematiker bezeichnet dieses Phänomen als S-förmige Sättigungskurve oder logistische Funktion.[11] Bei solchen Funktionskurven gibt es einen Punkt ohne Umkehrmöglichkeit. Das „**gefundene Fressen**" muss verzehrt werden, bis Sättigung eintritt. Klinisch bezeichnen Ärzte solche Zustände als *Essattacken* oder *Binge-Eating*. Jedenfalls hat die Sprache solche Erkenntnisse schon seit langem vorweggenommen. Ausdrücke wie „**der Appetit kommt mit dem Essen**" gibt es in zahlreichen Sprachen.[12] Gemeint ist mit dieser Redewendung, dass die Lust nach etwas zunimmt, wenn man mit etwas begonnen hat. In der Natur hat sich das als bewährte Strategie gezeigt. Hat ein Rudel eine Beute gefunden, wird gefressen, übermäßig viel gegessen. Man „**frisst wie ein Scheunendrescher**". Manche Raubtiere schlingen ihre Beute so schnell hinunter, dass sie das Gefressene gar nicht mehr schnell genug verdauen können. Nach einer solchen „**Fressorgie**" suchen sie dann einen geschützten Platz auf, würgen das Gefressene wieder heraus, um es dann in Ruhe neu zu fressen. Damit hat sich dann jedes Tier im Rudel seinen Überlebensvorteil gesichert.

Es gibt auch Krankheiten, bei denen unkontrolliertes Essen ein wesentliches Merkmal ist. Dazu gehören Essstörungen mit Essanfällen (*Binge Eating*), nächtlichem Essen (*Night Eating*), Bulimie und Anorexie. In der Umgangssprache findet sich der Ausdruck „**über den Hunger essen**", wenn jemand isst, obwohl er nicht hungrig ist.

---

[11] Autoren der Wikimedia-Projekte. (2004, May 06). Logistische Funktion – Wikipedia. Retrieved from https://de.wikipedia.org/w/index.php?title=Logistische_Funktion&oldid=219146479.

[12] Französisch: *L'appétit vient en mangeant*; englisch: *appetite comes with eating*; spanisch: *comiendo viene el apetito, el apetito viene al comer*; italienisch: *l'appetito viene mangiando*; polnisch: *apetyt rośnie w miarę jedzenia*; russisch: *аппетит приходит во время еды*.

Beim Menschen wurde diese Gier durch eine hierarchische Essensversorgung geregelt. In manchen Bauernfamilien werden diese Regeln sogar heute noch praktiziert: Die Männer bekommen ihr Essen vor den Frauen und die Älteren vor den Jüngeren. Erstgeborene Jungen haben demnach mehr als die Geschwister bekommen und der Vater mehr als der Erstgeborene. Diese Regelung existiert schon seit so langer Zeit, dass Mädchen aufgrund des chronischen Nahrungsmangels besser überlebt haben, wenn sie kleiner waren. Es wird vermutet, dass die geringere Körpergröße von Frauen im Vergleich zu Männern auch auf die chronische Benachteiligung bei der Nahrungsbeschaffung zurückzuführen ist. Wenn sie klein bleiben, brauchen sie weniger Nahrung, um zu überleben. Männer hingegen konnten mit zunehmender Muskelmasse besser arbeiten und waren auch in Kampfsituationen stärker. Dies wiederum erhöhte die Überlebenschancen der gesamten Familie.

Redewendungen, die sich auf die Menge und Geschwindigkeit der Nahrungsaufnahme beziehen
- Der Hunger kommt mit dem Essen (wenn man zu essen beginnt, steigt der Appetit).
- Essen wie ein Scheunendrescher (ungeheuer viel essen).
- Essen wie ein Holzhacker (gierig essen).
- Ich sterbe vor Hunger (sehr hungrig sein).
- Hunger ist der beste Koch (wenn man Hunger hat, schmeckt jedes Essen).
- Einen Wolfshunger, einen Bärenhunger haben (sehr hungrig sein).
- Jemandem fällt das Essen aus dem Gesicht (jemand ist sehr verwundert, jemand erbricht).
- Über den Hunger essen (jemand isst, obwohl er nicht hungrig ist).

21.4 Süße Nahrungsmittel (wenn man „jemandem das Leben versüßt")

Kohlenhydrate sind für Menschen und Tiere lebensnotwendig. Um wertvolle Nahrungsquellen zu erkennen, haben wir im Laufe der Evolution den Geschmackssinn entwickelt. Den Kohlenhydraten wurde die Geschmacksrichtung süß zugeordnet. Je schneller die Energie der Kohlenhydrate zur Verfügung steht, desto süßer schmecken sie. Die Geschmackszuordnung süß bedeutete jedenfalls schon immer eine wertvolle Nahrungsquelle, zumindest so lange es noch keine Lebensmittelchemie gab.

Nachdem süße Nahrungsmittel für das Überleben eines Organismus so wichtig sind, hat es die Natur eingerichtet, dass mit dem Essen von süßen Kohlenhydraten automatisch eine Stimmungsaufhellung eintritt. So kommt es, dass die Bezeichnung **„süß"** auch mit den Bedeutungen nett, angenehm, herzig oder sogar mit Liebe in Zusammenhang gebracht wird. So spricht man von einem **„süßen Kind"** oder man **„versüßt jemandem das Leben"**. Die Stimmungsaufhellung durch süße Nahrungsmittel kann dazu führen, dass so manches Lebewesen eine richtige Gier danach entwickelt oder sogar Suchtverhalten entsteht. Vor allem Psychiater kennen das Symptom *Kohlenhydrathunger* oder *Süßhunger*. Ein Merkmal, das bei Menschen mit Depressionen vermehrt auftritt. Auch Sorgen führen zu vermehrtem Süßhunger und führen zum bekannten **„Kummerspeck"**. Aber nicht nur psychische Probleme haben einen Einfluss auf den Verzehr von Kohlenhydraten. Auch das Tageslicht hat einen Einfluss auf die Mengen an Kohlenhydraten, die wir zu uns nehmen. Nimmt die Tageslänge im Herbst ab, beginnen wir unwillkürlich mehr Kohlenhydrate zu essen und bereiten uns so auf den Winter vor. Man setzt **„Winterspeck"** an.

> **Exkurs „Wie kommt es zu Süßhunger bzw. Kohlenhydrathunger?"**
>
> Die Ursache für dieses Phänomen wurde von dem Ehepaar Wurtman eingehend untersucht.[13] Sie gingen der Frage nach, warum Menschen mit Depressionen Kohlenhydrathunger und Heißhunger auf Süßigkeiten haben. Dabei fanden sie heraus, dass die Aminosäure Tryptophan, welche für den Aufbau von Serotonin notwendig ist, nur sehr schwer ins Gehirn gelangen kann. Schuld daran ist die sogenannte Blut-Hirn-Schranke (BHS) des Gehirns. Die Blut-Hirn-Schranke ist eine biochemische „Schutzvorrichtung", die das Gehirn davor schützt, dass giftige Substanzen ins Gehirn gelangen. Damit lebenswichtige Nährstoffe dennoch ins Gehirn gelangen können, müssen diese aktiv ins Gehirn transportiert werden. Das geschieht durch verschiedenen Pumpen. Die Pumpe, die für den Transport von Tryptophan zuständig ist, wird aber auch von anderen Aminosäuren wie Valin, Leucin und Isoleucin benützt. Diese sogenannten BCAA (Branched Chain Amino Acids) sind aber in so großer Menge vorhanden, dass Tryptophan kaum eine Chance hat, ins Gehirn zu gelangen.
>
> Die Natur hat deshalb für eine trickreiche Einrichtung gesorgt. Wenn der Insulinspiegel ansteigt, wird nicht nur der Blutzucker gesenkt, sondern auch die im Blut zirkulierenden BCAA, indem diese Aminosäuren in die Muskulatur „gedrückt" werden. Die Insulinausschüttung führt also dazu, dass Tryptophan plötzlich sehr leicht ins Gehirn gelangt, weil es kaum noch konkurrierende BCAA gibt. Gelangt Tryptophan ins Gehirn, wird es sofort zu Serotonin verstoffwechselt und wirkt stimmungsaufhellend. Die stimmungsaufhellende Wirkung von

[13] Wurtman RJ, Wurtman JJ. Brain Serotonin, Carbohydrate-craving, obesity and depression. Adv Exp Med Biol. 1996;398:35–41. doi: 10.1007/978-1-4613-0381-7_4. PMID: 9045545.

Insulin ist vielen Ärzten nicht bekannt, aber jede Mutter kennt sie: Wenn ein Kind weint, gibt sie ihm etwas Süßes und innerhalb von Sekunden geht es dem Kind besser. Das Weinen hört auf und die Stimmung ist gerettet. Es gibt kein Antidepressivum, das schneller wirkt!

Bei Dunkelheit wird das vermehrt produzierte Serotonin relativ rasch in Melatonin umgewandelt. Melatonin ist eines der wirksamsten Schlafhormone und entsteht wie gesagt aus Serotonin. So haben Süßigkeiten am Abend nicht nur eine stimmungsaufhellende, sondern auch eine schlafanstoßende Wirkung. So ist der Brauch zu erklären, dass Kinder vor dem Schlafengehen noch eine kleine Süßigkeit als „**Betthupferl**" bekommen. Sehr zum Leidwesen der Zahnärzte, die diese Gewohnheit gar nicht gerne sehen.

Wie ausgeprägt Tageslänge, Stimmung und Kohlenhydrathunger zusammenhängen, kann man auch an Bräuchen in vielen Kulturen sehen. So gibt es in christlichen Ländern auf der Nordhalbkugel, den Brauch in der Adventszeit Kuchen und Plätzchen zu backen. Diese Gewohnheit besteht bei christlichen Gemeinden in Afrika oder anderen südlichen Ländern nicht. Sie brauchen auch keine stimmungsaufhellende Wirkung vor Weihnachten, haben sie doch zu dieser Zeit genügend Tageslicht.

Auch die Gewichtszunahme mit fortschreitendem Alter, oft auch als „**Jahresringe**" bezeichnet, ist auf diesen stimmungsaufhellenden Effekt durch süßigkeitinduzierte Insulinausschüttungen bedingt. Mit zunehmendem Alter nehmen nicht nur Sorgen zu, sondern vor allem die Resistenz von Insulinrezeptoren. Das bedeutet, die Menschen müssen immer mehr Kohlenhydrate zu sich nehmen, um eine Stimmungsaufhellung und ein Sättigungsgefühl zu erreichen. Ist diese Resistenz des Insulinrezeptors besonders stark ausgeprägt, spricht man auch vom „**Alterszucker**" heute eher von einem Diabetes Typ II.

Krankenkassen und Ernährungswissenschaftler haben den Zusammenhang zwischen Zuckerkonsum, Diabetes, Übergewicht und vielen anderen Wohlstandserkrankungen längst erkannt. Deshalb wollen sie Zucker verbieten. Einige Länder haben bereits eine Zuckersteuer eingeführt. Die EU plant die Einführung einer „Ernährungsampel", die den Verbrauchern zeigen soll, was sie essen und trinken dürfen (grün) und was nicht (rot). So lobenswert alle Bemühungen zur Verbesserung der Volksgesundheit sind, so erfolglos werden sie sein. Denn biochemische Prozesse lassen sich nicht durch politische oder „erzieherische" Maßnahmen aus der Welt schaffen. Bevor hier wieder Milliarden verschwendet werden, sollte man lieber dafür sorgen, dass es den Menschen einfach besser geht. Denn wenn es ihnen besser geht, werden sie ihr Essverhalten automatisch ändern, weil sie nicht mehr so oft auf die stimmungsaufhellende Wirkung von Süßigkeiten zurückgreifen müssen.

Redewendungen, die sich auf Süßes beziehen
- Jemandem das Leben versüßen (jemandem das Leben verschönern).
- Jemandem eine bittere Pille versüßen (jemandem etwas Unangenehmes abnehmen).
- Das ist doch Zucker (das ist doch bestens).
- Mit Zuckerbrot und Peitsche (mit Anreizen und Bestrafung).
- Nicht aus Zucker sein (abgehärtet sein, nicht zimperlich sein).
- Dem Affen Zucker geben (ausgelassen und übermütig sein).
- Etwas ist kein Zuckerschlecken (etwas ist mühselig).
- Liebe geht durch den Magen (seine Zuneigung durch gutes Essen zeigen).
- Jemand ist eine Zuckerpuppe oder ein Zuckerpüppchen (eine hübsche attraktive junge Frau).
- Ein Zuckermaul/Schleckermaul sein (jemand, der gerne Süßigkeiten nascht)
- Ein Zuckertäubchen sein (lieblich sein).
- Ein zuckersüßes Lächeln aufsetzen (ein liebliches Lächeln aufsetzen).
- Ein süßsaures Lächeln (ein gezwungenes, unehrliches Lächeln).

22

Notfallreaktionen (wenn man „in Panik gerät")

Es gibt eine Reihe von generalisierten körperlichen Reaktionen, die sich sowohl beim Menschen als auch bei höher entwickelten Tieren im Lauf der Evolution entwickelt haben. Ihre Funktionen bestehen darin, das Leben und Überleben zu sichern. Zu den bekanntesten systemischen Reaktionen des Körpers zählen:

- **Akute Notfallreaktionen:**
  - **Flucht** (noradrenerge Notfallreaktion, weiße Hautfarbe, „**vor Schrecken erbleichen**")
  - **Kampf** (adrenerge Notfallreaktion, rote Hautfarbe, „**es treibt einem die Zornesröte ins Gesicht**")
  - **Totstellreflex** (plötzliche maximale cholinerge Reaktion, cholinerge Krise, „**vor Schreck erstarren**")
- **Chronische Notfallreaktion:**
  - **Aufmerksamkeitsreaktion** (anticholinerger Zustand, „**jemandem auflauern**", „**jemanden stalken**")
  - **Chronische Belastungssituation** (längerer anticholinerger Zustand, „**jemand läuft auf Touren**")
- **Entspannungsreaktionen** (länger anhaltender cholinerger Zustand, wenn jemand „**abschaltet und chillt**")

Redewendungen, welche Notfall- und Entspannungsreaktionen beschreiben
- Jemand läuft auf Touren (jemand ist angespannt).
- Auf Touren kommen (In Fahrt kommen).

M. Ledochowski, *Redewendungen medizinisch erklärt*, https://doi.org/10.1007/978-3-662-68356-9_22

- Jemandem auflauern (auf jemanden heimlich warten, um ihn zu bedrohen).
- Jemanden stalken (jemanden verfolgen).
- Vor Schreck erbleichen (vor Schreck oder Angst eine blasse Gesichtsfarbe bekommen).
- Es treibt einem die Zornesröte ins Gesicht (so wütend werden, dass sich das Gesicht rot färbt).
- Vor Schreck erstarren (auf einen Schreck nicht reagieren können, wie gelähmt dastehen, auf den Schreck hin nicht reden können).
- Die Seele baumeln lassen (abschalten und sich vollkommen entspannen).

22.1   Akute Notfallreaktionen (Fight, Flight, Freeze; „Stress lass nach")

Stress ist eine Art des Körpers, auf Notfallsituationen zu reagieren. Es gibt verschiedene Arten von Stress. Er kann *akut* oder *chronisch* auftreten. Stress kann durch *innere Ursachen* (beispielsweise Krankheit) oder *äußere Ursachen* (beispielsweise Bedrohung) bedingt sein. Wenn man im alltäglichen Sprachgebrauch von Stress redet, denkt man meistens an eine Reizüberflutung. Diese Art von Stress wird von Medizinern als *Überforderungsstress bezeichnet*. Es gibt aber auch einen *Unterforderungsstress,* der durch Mangel an äußeren Reizen ausgelöst wird. So führt Einzelhaft in einem dunklen Zimmer, bei dem alle äußeren Reize ausgeschaltet werden, in der Regel zu einem *Dunkelzimmerdelir* und kann sogar tödlich enden. In der Praxis sieht man Unterforderungsstress bei Arbeitslosigkeit, sehr monotoner Arbeit oder einer Beschäftigung mit mangelnden sozialen Kontakten (Nachtportier). In solchen Fällen kann man den Ausdruck „**etwas ödet mich an**" hören. Die Schwelle für Überforderung und Unterforderung ist individuell sehr unterschiedlich. Manche Menschen scheuen eher die Überforderung und werden dann zum „**faulen Sack**".[1] Andere meiden wieder die Unterforderung und werden dann zum „**Workaholic**". Beide Verhaltensweisen können Suchtcharakter annehmen. Unangenehm erlebter Stress wird als **Disstress** bezeichnet. Bis zu einem gewissen Grad kann Stress auch als angenehm empfunden werden. In diesen Fällen spricht man von **Eustress**. Insgesamt stellt *Stress eine Anpassungsreaktion* an neu aufgetretene Lebensumstände dar. Die Funktion von Stress liegt darin, die Überlebenswahrscheinlichkeit zu verbessern. So gesehen ist Stress nicht unbedingt etwas Schlechtes. Spricht man davon,

---

[1] Englisch: *couch potato.*

dass „**sich jemand gestresst fühlt**", wird damit im allgemeinen Sprachgebrauch ein *unangenehmer Überforderungsstress* gemeint.

Akuter Stress ist meistens Folge einer *plötzlich* auftretenden Notfallsituation. Der Körper muss entscheiden, ob er mit Flucht oder Kampf oder gar einem Totstellreflex reagiert. Je nachdem, für welche Art der Notfallreaktion sich der Körper entscheidet, kommen andere Transmitter zum Einsatz. Adrenalin, Noradrenalin, Cortisol, Endorphine und Acetylcholin sind die bekanntesten Botenstoffe, die bei der Stressreaktion eine Rolle spielen.

Egal, ob ein Lebewesen dazu neigt zu kämpfen oder zu fliehen, in beiden Fällen besteht vorher eine Stresssituation. So kann Angst einerseits zu Fluchtverhalten führen, wenn „**jemand ein Angsthase ist**", aber auch aggressives Verhalten auslösen, wenn „**jemand ein Angstbeißer ist**". In beiden Fällen muss die Spannung der Muskulatur erhöht werden, um besser Fliehen oder Kämpfen zu können. In dieser Situation „**steht jemand unter Spannung**" und die ganze Situation ist „**spannungsgeladen**". Man sagt auch, „**jemand ist geladen**"

Redewendungen, die sich auf akute Notfallreaktionen beziehen
* Jemand läuft auf Touren (Jemand ist angespannt).
* Jemand ist ein Angstbeißer (jemand reagiert bei Angst mit Aggressionen).
* Jemand ist ein Angsthase (jemand hat leicht Angst und neigt zu Fluchtverhalten).
* Jemand steht unter Spannung (jemand ist sehr gestresst).
* Jemand ist spannungsgeladen oder jemand ist geladen (jemand steht unter Stress und steht kurz davor aggressiv zu werden).

22.1.1 Die Kampfreaktion (kämpfen, fighten; wenn man sich „in die Haare kommt")

Wenn man sich entschließt zu *kämpfen*, kommt es zunächst zu *Drohgebärden*: „**Man stellt die Haare auf**" und signalisiert damit Kampfbereitschaft, und es besteht die Möglichkeit, dass man „**sich in die Haare kommt**". Gleichzeitig macht man sich mit dem „**Sträuben der Haare**" größer, indem man sich *aufbläht*. Ein Mensch, der immer angibt, bezeichnet man auch als „**aufgeblähten Kerl**". Ist der Betroffene tatsächlich groß, kann man Ausdrücke wie „**ein Bulle von einem Kerl**" hören. Auch die Mimik und die Gesichtsfarbe verändern sich. „**Es treibt einem die Zornesröte ins Gesicht**". Nicht nur Tiere, sondern auch Menschen „**zeigen Zähne**", um ihre Kampfbereitschaft zu signalisieren.

In weitere Folge sendet der kampfbereite Körper Geruchssignale aus. Sein Gegenüber mag den Ausspruch tätigen „**der stinkt mich an**" und wird selbst üble Körpergerüche verbreiten. Ist er dazu nicht in der Lage, „**kann er nicht dagegen anstinken**", so ist das schon ein erstes Zeichen der Niederlage. Man hört diesen Ausdruck „**gegen etwas nicht anstinken können**", wenn man nicht mehr konkurrieren oder mithalten kann. Beide Rivalen „**machen Stunk**". Der Ausdruck „Stunk machen" bedeutet so viel, wie Ärger machen. Will jemand Streit vom Zaun brechen, „**stänkert er jemanden an**". Einen derartigen Streit bezeichnet man auch als „**Stänkerei**". Geruchssignale sind jedenfalls wichtige soziale Regulatoren.[2] In der Medizin spricht man von Chemosignalen, welche der nonverbalen Kommunikation dienen. Sie dienen auch der Fortpflanzung, wenn man beispielsweise einen Menschen „**dufte**" findet. Der Ausdruck „**immer der Nase nach**"[3] macht also durchaus Sinn und drückt aus, dass man einem bestimmten Geruch folgend meistens sein Ziel erreicht. Diese Geruchsorientierung oder chemotaktische Orientierung findet sich in der Biologie auch auf molekularer Ebene.

Redewendungen, die sich auf akuten Stress mit Kampfbereitschaft beziehen
- Stress mit jemandem haben (sich mit jemandem streiten oder mit jemandem Ärger haben).
- Jemand stellt die Haare auf (jemand empfindet etwas als ärgerlich).
- Jemandem die Zornesröte ins Gesicht treiben (jemanden sehr ärgerlich machen).
- Ein aufgeblähter Kerl (ein Angeber).
- Ein Bulle von Kerl (ein sehr starker Mann).
- Jemandem die Zähne zeigen (Widerstand gegenüber jemanden zeigen).
- Stunk machen (Ärger verbreiten).
- Jemanden anstänkern (Ärger vom Zaun brechen).
- Gegen jemanden nicht anstinken können (nicht konkurrieren können).

22.1.2 Die Fluchtreaktion (fliehen, Flight; wenn man „die Flucht ergreift")

Entschließt sich jemand nicht zu kämpfen, sondern zu fliehen, wird er „**sein Heil in der Flucht suchen**". Oder man flieht, weil man im Kampf besiegt

---

[2] Lübke KT, Pause BM. Always follow your nose: the functional significance of social chemosignals in human reproduction and survival. Horm Behav. 2015 Feb;68:134–44. doi: 10.1016/j.yhbeh.2014.10.001. PMID: 25637403.

[3] Englisch: *always follow your nose*.

wurde und „**in die Flucht geschlagen**" wurde. Interessanterweise verlassen in die Flucht geschlagene Personen den Ort des Kampfes in schimpfender Weise und „**fluchen**". Das Wort beinhaltet schon die Bezeichnung *Flucht*. Manche Berufsgruppen, wie z. B. Söldner in früheren Zeiten, müssen immer wieder eine Niederlage einstecken, daher mag der Ausdruck „**fluchen wie ein Landsknecht**" kommen. Wenn die Vorfahrt im Straßenverkehr genommen wurde, mag jemand „**wie ein Bierkutscher fluchen**". Alle diese Redewendungen sind Ausdrücke der Flucht bzw. Niederlage.

Im Tierreich gibt es Arten, die bei Bedrohung eher kämpfen oder eher fliehen. Letztere werden auch als Fluchttiere bezeichnet. Typische Fluchttiere sind beispielsweise Hasen und Rehe. Ist jemand ängstlich und lebt in ständiger Fluchtbereitschaft, so wird er auch, in Anlehnung an das häufig beobachtete Fluchtverhalten von Hasen als „**Angsthase**" bezeichnet. Oder man bezeichnet jemanden als „**scheu wie ein Reh**", wenn man ausdrücken will, dass jemand leicht verunsichert ist. Auch Pferde zählen zu den Fluchttieren und finden sich dementsprechend in Redewendungen wieder, wenn man sagt „**die Pferde scheu machen**" und meint, dass man jemanden verängstigt.

Wird ein Fluchttier „**in die Enge getrieben**" und „**gelangt es in eine ausweglose Situation**", wird es zum Kampftier und kann ziemlich gefährlich werden. Im Gegensatz zu Kampftieren, die im Kampf „gewisse Spielregeln einhalten" ist das bei kämpfenden Fluchttieren nicht der Fall: „**sie setzen sich mit allen Mitteln zur Wehr**". Der Wechsel zwischen Flucht- und Kampfverhalten ist in der Redewendung „**sich grün und blau ärgern**" enthalten. Bei Fluchtverhalten kommt es zunächst zu einer Verengung der Hautgefäße. Diese Gefäßverengung lässt die Haut zunächst blass erscheinen. Etwas später, wenn der letzte Sauerstoff der roten Blutkörperchen verbraucht ist, färbt sich die Haut leicht grünlich. Diese Reaktion ist auf die Wirkung von Noradrenalin zurückzuführen. Das „Grünwerden" entspricht also einer noradrenergen Fluchtreaktion. Blau wird die Haut, wenn die zuführenden Blutgefäße wieder weit gestellt sind, das Blut aber durch die abführenden Blutgefäße nicht gut abfließen kann. Dies führt zu einer vermehrten Sauerstoffabgabe, wodurch die Haut bläulich erscheint. Dieser Effekt ist auf die Wirkung von Adrenalin zurückzuführen. Die rasche Abfolge von Noradrenalin-Wirkung (Flucht) und Adrenalin-Wirkung (Kampf) führt zur „grün-blauen" Hautfärbung. Wenn der Blutabfluss sehr lange blockiert ist, färbt sich das Blut dunkelblau, da der Blutfarbstoff Hämoglobin seinen ganzen Sauerstoff verliert. Es kommt zum Phänomen, dass „**sich jemand schwarz ärgert**".

Der Ausdruck „**jemanden grün und blau schlagen**" ist dagegen nicht auf eine Gefäßreaktion zurückzuführen. Vielmehr können bei Schlägen Blutergüsse (Hämatome) entstehen. Zunächst entsteht ein „**blauer Fleck**", weil der Blutfarbstoff *Hämoglobin* seinen Sauerstoff an das umliegende Gewebe abgibt und sich dadurch bläulich verfärbt. In den folgenden Tagen wird das Häm als Bestandteil des Hämoglobins im Bluterguss zu Biliverdin abgebaut. Das *Biliverdin* hat eine grünliche Farbe. Der blaue Fleck verfärbt sich zunehmend grünlich und wird zum „**grünen Fleck**". Im weiteren Verlauf wird das Biliverdin in das gelbliche *Bilirubin* umgewandelt. Die Gelbfärbung der Haut nach einem Schlag ist jedoch nicht mehr Bestandteil der Redewendung „jemanden grün und blau schlagen". Schon seit langem werden jedoch die grundlegenden biochemischen Reaktionen beobachtet, die mit Farbveränderungen des roten Blutfarbstoffs einhergehen.

Redewendungen, die sich auf akuten Stress (mit Fluchtbereitschaft) beziehen
- Sein Heil in der Flucht suchen (fliehen, weglaufen).
- Jemanden in die Flucht schlagen (jemanden verjagen).
- Die Flucht nach vorne antreten (von Flucht in den Angriff übergehen).
- Fluchen wie ein Landsknecht (laut schimpfen).
- Wie ein Bierkutscher fluchen (schimpfen und dabei derbe Worte verwenden),
- Ein Angsthase sein (feige sein).
- Scheu wie ein Reh sein (sehr ängstlich sein).
- Die Pferde scheu machen (jemanden beunruhigen, für Aufregung sorgen).
- Sich mit allen Mitteln zur Wehr setzen (mit allen Mitteln kämpfen).
- Sich grün und blau ärgern (sich sehr ärgern).
- Jemanden grün und blau schlagen (jemanden verprügeln).
- Sich schwarz ärgern (sich besonders ärgern).

22.1.3 Der Totstellreflex (Fluchtstarre, Freeze; wenn „sich jemand totstellt")

Es gibt Tiere, die bei Gefahr weder kämpfen noch fliehen, sondern sich einfach totstellen. Opossums sind dafür bekannt, dass sie sich bei Bedrohung totstellen: Sie fallen auf die Seite, öffnen das Maul und lassen die Zunge heraushängen. Sie können sogar Verwesungsgeruch imitieren und damit den Eindruck erwecken, dass sie bereits verwest sind. Diese Art der Reaktion auf eine Notsituation wird auch als Thanatose oder Totstellreflex bezeichnet. Für manche Tiere stellt dieses Verhalten einen Überlebensvorteil dar, da potenzielle Fressfeinde getäuscht werden und von der nicht mehr „frisch" aussehenden Beute ablassen, insbesondere wenn gleichzeitig übel riechende Sekrete abgesondert werden.

Eine ähnliche Reaktion haben einige Arten von Kopffüßern, die bei Bedrohung Lähmungserscheinungen zeigen. Diese Reaktionsweise wird auch als Tintenfischlähmung oder Tintenfischstarre bezeichnet.

Auch bei anderen Tieren wie Reptilien, Vögeln und Fischen gibt es eine Schreckstarre, die mit einer vorübergehenden Lähmung der Muskulatur einhergeht. So einen Zustand würde man mit der Redewendung „**zu Stein erstarren**" beschreiben. Bei Menschen gibt es eine ähnliche Reaktion, die als „*tonische Immobilität*" bezeichnet wird. Sprachlich kann man Ausdrücke wie „**jemand wird starr vor Schreck**" oder „**jemand ist vor Schreck erstarrt**" hören. Oder „**jemandem fährt der Schreck in die Glieder**" und er erstarrt. In solchen Situationen der Bewegungsunfähigkeit, in der man „**zur Salzsäule erstarrt ist**", kann einem die Redewendung „**Schreck lass nach**" in den Sinn kommen. Jedenfalls gibt es auch beim Menschen rudimentäre Verhaltensweisen, die mit der Schreckstarre bei Tieren vergleichbar sind, indem bei Gefahr eine akute Muskelschwäche auftritt und plötzlich „**jemand wie gelähmt dasteht**".

Exkurs „Vogel Strauß"

Den Straußenvögeln wird fälschlicherweise nachgesagt, dass sie bei Gefahr „**den Kopf in den Sand stecken**". Die Redewendung wird verwendet, wenn man sagen will, dass jemand „**einer Gefahr nicht ins Auge sehen will**", oder unangenehme Situationen einfach nicht wahrhaben will. Dieses Verhalten wird auch als „**Vogel-Strauß-Politik**" bezeichnet, obwohl es mit dem Verhalten dieser Vögel gar nichts zu tun hat. Sie sind nämlich Fluchttiere und laufen bei Gefahr davon.

Die Veränderungen, die im Rahmen einer Fluchtstarre auftreten, werden durch das sogenannte cholinerge Nervensystem vermittelt. Cholinerge Nerven benützen Acetylcholin als Botenstoff und haben eigentlich die Funktion, den Körper auf eine Erholungssituation einzustimmen. So wird beispielsweise der Herzschlag verlangsamt, es stellt sich Müdigkeit und herrlich anmutende Entspannung ein. Ist die Entspannung aber zu ausgeprägt, kann das lebensbedrohlich werden. In einer solchen Situation spricht der Mediziner von einer *cholinergen Krise*. Dabei kann der Herzschlag so stark verlangsamt werden, dass Bewusstlosigkeit eintritt, es kann sogar ein Herzstillstand eintreten und tatsächlich zum Tod führen. Die muskuläre Entspannung kann so ausgeprägt sein, dass der Körper gelähmt ist usw. Ist die cholinerge Krise im Rahmen einer Gefahrensituation plötzlich einsetzend, so wird das als Fluchtstarre oder Totstellreflex bezeichnet.

Redewendungen, die sich auf Totstellreflex und Schreckstarre beziehen
- Sich totstellen (so tun, als ob man tot wäre).
- Wie gelähmt dastehen (vor Angst nicht bewegen können).
- Vor Schreck erstarren (Bewegungslosigkeit bei plötzlicher Gefahr).
- Jemandem fährt der Schreck in die Glieder (jemand erfährt intensive Angst).
- Zu Stein erstarren, zur Salzsäule erstarren (durch Schreck erstarren).
- Den Kopf in den Sand stecken (sich nicht einem Problem stellen, ein Problem nicht wahrhaben wollen).

22.2 Chronische Notfallreaktion Stress (wenn man „auf Touren läuft")

Es gibt auch *chronische Notfallreaktionen*. Von den Medizinern werden sie als *„persistierende Alarmreaktion"* bezeichnet, im alltäglichen Sprachgebrauch spricht man von *„chronischer Stressreaktion"*. Sie tritt auf, wenn eine Person über einen längeren Zeitraum hinweg wiederholtem oder anhaltendem Stress bzw. belastenden Lebensumständen ausgesetzt ist. Menschen, die chronischem Stress oder wiederholten Traumata ausgesetzt sind, können in ihrer ausweglosen Situation nicht andauernd kämpfen oder fliehen, aber sie müssen ständig flucht- oder kampfbereit sein. Dabei kommt es zu einer *„Bereitschaftsreaktion"* auf Flucht- oder Kampfverhalten. Wenn beispielsweise ein Jaguar auf seine Beute lauert, mag er zwar entspannt wirken, ist aber in Wirklichkeit hoch angespannt und „sprungbereit", um seine Beute zu erjagen. Die physiologischen Reaktionen, die dabei in Gang kommen, betreffen weniger die Hormone, welche die *akute* Stressreaktion vermitteln ,als vielmehr die Unterdrückung der Botenstoffe, welche normalerweise Entspannung vermitteln. Während die akuten Reaktionen auf Stress mit Adrenalin, Noradrenalin und Cortisol beantwortet werden, wird die Entspannungsphase über den Botenstoff Acetylcholin geregelt. Die Nerven, welche Acetylcholin enthalten, werden dementsprechend als „cholinerg" bezeichnet. Wird dieses cholinerge Nervensystem abgeschaltet oder blockiert, spricht man von einer *„anticholinergen Reaktion"*. Das ist die Voraussetzung, dass eine akute Notfallreaktion überhaupt gestartet werden kann. Wenn jemand unter Dauerstress, Angst, Schmerz, Mobbing, Leistungsdruck, Schlafmangel, Depressionen etc. steht, befindet sich diese Person in einem chronischen anticholinergen Zustand. Mediziner bezeichnen die Summe der Symptome, die dabei auftreten als *„anticholinerges Syndrom"*. Für viele der dabei auftretenden Symptome gibt es entsprechende Redewendungen (s. unten). Eine anticholinerge Reaktion betrifft fast alle Organe.

Redewendungen, die sich auf die anticholinerge Reaktion beziehen

- Die Verdauung kommt zum Erliegen (man hat „an Verdauungsproblemen zu knabbern"):
  - Die Speicheldrüsen stellen die Speichelproduktion ein, der Mund wird trocken (*„es bleibt einem die Spucke weg"*).
  - Der Mageneingangsmuskel erschlafft, die Magensäure rinnt zurück in die Speiseröhre (*„man wird sauer"*).
  - Die Magenentleerung wird gehemmt, man bekommt Völlegefühl (*„es liegt einem etwas im Magen"*).
  - Die Darmentleerung verändert sich, zunächst bekommt man Durchfall (*„man bekommt Schiss"*).
  - Später kommt es zu Verstopfung (*„im Darm herrscht Ebbe"*).
- Die Blase versagt ihre normale Funktion
  - Zunächst erschlafft der Blasenschließmuskel, es kommt zu unwillkürlichem Harnabgang (*„man macht aus Angst in die Hose"*).
  - Später wird der Harnstrahl schwächer und der Harndrang häufiger (*„man bekommt eine schwache Blase"*).
- Die Augenfunktion wird gestört
  - Die Pupillen vergrößern sich (*„man macht große Augen"*).
  - Durch die vergrößerten Pupillen kommt es zu vermehrten Lichteinfall, man wird lichtempfindlicher (man wird *„eine lichtscheue Person"*).
  - Die Einstellung der Sehschärfe ist gestört, man sieht verschwommen (*„man verliert den klaren Blick auf Dinge"*).
- Die Herz-Kreislauf-Funktion wird gestört
  - Der Herzschlag wird beschleunigt (*„das Herz schlägt bis zum Hals"*).
  - Der Herzschlag wird unregelmäßig (*„das Herz rumpelt"*).
  - Der Blutdruck steigt an (*„man steht unter Druck"*).
- Die Haut verändert sich
  - Durch die Hemmung der Schweißsekretion wird die Haut warm, rot und trocken (*„man ist erhitzt und reizbar"*).
  - Es kommt zu vermehrtem Haarausfall (*„jemand muss Haare lassen"*).
- Es kommt zu Schlafstörungen
  - Die REM-Schlafphasen werden verkürzt, es kommt zu traumlosem Schlaf (*„man erwacht am Morgen wie gerädert"*).
  - Der Atemantrieb nimmt während des Schlafes ab, man bekommt Schlafapnoen (*„man schnarcht, dass die Wände zittern"*).
- Die Muskelfunktionen sind verändert
  - Die Muskelspannung nimmt zu (*„man steht unter Spannung"*).
  - Man bekommt leichter Krämpfe (*„das Leben wird zum Krampf"*).
- Die Gehirnfunktionen verändern sich zum Teil beeindruckend
  - Es kommt zu Gedächtnislücken (*„man bekommt ein Hirn wie ein Sieb"*).
  - Kopfschmerzen treten häufiger auf (*„alles bereitet Kopfzerbrechen"*).
  - Es besteht innere Unruhe (*„es ist zum aus der Haut fahren"*).
  - Es kommt zu emotionaler Erschöpfung und führt zur Gereiztheit (*„man wird zum Heferl"*).
  - Man beginnt vermehrt zu essen (*„es kommt zum Frustessen"*) und legt Gewicht zu (*„man setzt Kummerspeck an"*).
- Die Sexualfunktionen verändern sich
  - Die sexuelle Erregbarkeit nimmt ab (*„die Leidenschaft ist auf Sparflamme"*).

22.3 Entspannungsreaktion („die Seele baumeln lassen")

Während die anticholinerge Reaktion auch als Vorbereitung für Notfallreaktionen gesehen werden kann, ist die cholinerge Reaktion mit Erholung verbunden. Nach der Anspannung kommt die Entspannung. Die Muskelspannung nimmt ab, die Verdauung setzt wieder ein. Es kommt Müdigkeit auf und der Schlaf wird verlängert. Auch die sexuellen Funktionen verändern sich in dem Sinn, dass die Erektion beim Mann und die Lubrikation bei der Frau zunimmt, und bei beiden Geschlechtern die Libido steigt. Herz-Kreislauf beruhigt sich, der Blutdruck sinkt und der Herzschlag verlangsamt sich.

Alle diese angenehm klingenden Erholungsreaktion des Körpers können jedoch auch überschießend vorkommen. Nimmt die Verdauung und die Schleimbildung zu stark zu, entsteht Übelkeit und die Situation wird „**zum Kotzen**". Überschießende Schleimbildung im letzten Darmabschnitt kann zu schleimigen Stühlen führen und „**man wird zum Schleimscheißer**". Zunahme der Erektion kann zu Priapismus, einer schmerzhaften Dauererektion, führen („**wenn ein Mann Holz kriegt**"). Zu ausgeprägte Entspannung der Muskulatur kann zu Muskelspasmen und Muskelkrämpfen führen, sodass „**das Leben zum Krampf wird**". Wird die cholinerge Reaktion zu ausgeprägt, kann sie sogar lebensbedrohliche Ausmaße annehmen. Der Mediziner spricht dann von „*cholinerger Krise*". Bei manchen Naturvölkern können Menschen willentlich auf diese Art ihren Tod induzieren.

Redewendungen, welche sich auf (zu ausgeprägte) Entspannung beziehen
- Auf der faulen Haut liegen (nichts tun).
- Es sich zu bequem machen (nachlässig werden)
- Ins Narrenkastl schauen (gedankenverloren ins Leere blicken).
- Die Seele baumeln lassen (sich vollkommen entspannen).
- Ein Schleimscheißer (übertrieben freundliche, aber falsche Person).

23

Seltene Krankheiten und Beobachtungen zur Genetik

Eine Krankheit wird in der EU als selten bezeichnet, wenn sie bei weniger als 5 Menschen pro 10.000 Einwohnern zu finden ist. In anderen Erdteilen kann die Definition einer seltenen Krankheit etwas anders sein. Normalerweise finden Redewendungen nur dann Einzug in die Alltagssprache, wenn eine Beobachtung regelmäßig gemacht werden kann. Es gibt jedoch einige Ausnahmen. So hat Albinismus Einzug in die Sprache gefunden. Während mir in der deutschen Sprache keine Redewendung bekannt ist, welche sich auf Albinos beziehen, gibt es in zahlreichen anderen Sprachen schon solche Bezüge. So sprechen Engländer von der weißen Krähe („**a white crow**"), Italiener von der „weißen Fliege", Bulgaren von der „weißen Schwalbe", Letten von einem „weißen Spatzen" und Spanier von der „weißen Amsel".[1] Tatsächlich kommt es bei sehr vielen Tieren vor, dass sie in ganz seltenen Fällen eine weiße Variante hervorbringen, die sich dann meistens nicht so gut vermehren kann und deshalb wieder „ausstirbt". Grund dafür ist eine Mutation im Gen, welches für die Produktion von Melanin in Haut, Haaren, oder Gefieder zuständig ist. Dadurch bleiben die Tiere weiß und die Augen rot, weil dort die Blutgefäße durch das fehlende Pigment in den Augen durchscheinen können.

Auch die Weitergabe von genetischen Eigenschaften wurde beobachtet und findet sich in Redewendungen wieder. So sagt man, ein Kind sei „**ganz der Vater**" oder „**ganz die Mutter**" und meint damit, dass Ähnlichkeiten zwischen Eltern und Kind beobachtet werden können. Oder man sagt, „**da schlägt der Vater/die Mutter durch**". Der Ausdruck „**jemand oder etwas ist**

---

[1] Rolf-Berhard Essig, Phönix aus der Asche.

nicht von schlechten Eltern" wird auch im übertragenen Sinn angewendet, wenn man sagen will, dass etwas besonders gut gelungen ist.

Redewendungen, die sich auf die Vererbung beziehen
- Ganz die Mutter (der Mutter sehr ähnlich sehen).
- Ganz der Vater (dem Vater sehr ähnlich sehen).
- Etwas ist nicht von schlechten Eltern (etwas ist ziemlich gut gelungen).

Epilog

Manche Leser mögen die Erklärung für die eine oder andere Redewendung als unzutreffend sehen. Es mag sogar so manche Interpretation einer Redewendung „schmerzen". Trifft so etwas zu, möge man Nachsicht walten lassen. Sprache ist lebendig und wird in vielen Familien unterschiedlich gehandhabt. Im Norden und im Süden des deutschen Sprachraums findet man unterschiedliche Redewendungen und unterschiedliche Interpretationen derselben Redewendung. In den Alpen unterscheiden sich Sprache und Sprachgefühl schon in den einzelnen Tälern und ich glaube, das ist auch gut so. In der Biologie haben wir bereits erkannt, dass die Artenvielfalt von großer Bedeutung ist. Vielleicht sollten wir diese Erkenntnis auch auf die Sprachenvielfalt übertragen und Sprache nicht mehr so oft als „richtig" und „falsch" oder als „korrekt" und „unkorrekt" einteilen. Das wird natürlich vielen Deutschlehrern und Deutschlehrerinnen gar nicht gefallen. Unter den Biologen hat man den Nutzen der Vielfalt erkannt. Wenn ein Webfehler der Natur auftritt, studieren sie diesen wie und warum es zu solchen „Webfehlern" kommen konnte und versuchen nicht, diesen „Fehler" zu korrigieren. Ähnliches Verhalten wäre auch unter Pädagogen wünschenswert.

Früher gab es so viele Dialekte, dass sich viele Deutsch sprechende Menschen gar nicht verstanden. Es war das Verdienst von Martin Luther, der die Bibel ins Deutsche übersetzte und damit eine „Schriftsprache" etablierte. Das führte nach und nach dazu, dass sich immer mehr Deutsch sprechende Menschen „verstanden". Das Niederdeutsche wurde immer mehr dem Hochdeutschen „geopfert". Nur wenige Menschen verstehen heute noch Plattdeutsch und im Süden hat sich nur noch das Schweizerdeutsch als regionale Sprachinsel erhalten.

So gut die Vereinheitlichung der deutschen Sprache war, sie hat auch Nachteile mit sich gebracht: Unterschiedliche Sprachen gehen mit unterschiedlichen Denkarten einher. Mit der Vereinheitlichung der Sprachen kommt es zwar zu einem „besseren Verständnis" anderen Menschen gegenüber. Durch das bessere Verstehen nehmen auch die Konflikte ab, das ist die positive Seite. Durch die Vereinheitlichung gehen aber auch ungewöhnliche Gedankengänge verloren und damit schöpferisches Denken. Je mehr man Menschen, und vor allem Kinder, in ein Sprech- und Gedankenkorsett zwängt, desto mehr gehen ungewöhnliche Gedanken verloren. Denkweisen, welche die Gesellschaft vielleicht vorangebracht hätten. Das „*korrekte*" Schreiben, das *korrekte* Gendern, das *korrekte* Denken und das *korrekte* Verhalten in der Gesamtheit, auch als „political correctness" bezeichnet, nimmt schon Ausmaße an, die an eine kollektive Zwangsstörung denken lassen. So etwas sollten wir als Gesellschaft unbedingt vermeiden. „Fehler" zuzulassen ist etwas, was uns Menschen im digitalen Zeitalter wesentlich von Computern und in Zukunft auch von Robotern unterscheidet. Entwickeln wir doch eine Kultur der Fehlertoleranz. Auch das kann Konflikte vermeiden.

Es hätte den Rahmen dieses Buches gesprengt, alle bekannten deutsche Redewendungen abzuhandeln. Es wurde aber der Versuch gemacht, Verknüpfungen zwischen biologisch-medizinischem Wissen und Beobachtungen der Sprache zu finden. Vielleicht mag daraus ein neues Forschungsgebiet entstehen, welches uns Auskunft über bisher noch wenig bekannte Vorgänge zu erschließen hilft.

Es wird kein Anspruch erhoben, dass die in diesem Buch gemachten Interpretationen alle richtig sind. Es soll aber mit diesem Buch angeregt werden, auch über die körperlichen, psychischen und sozialen Wurzeln von manchen Redewendungen nachzudenken. Dem Leser mögen ein paar freudige Aha-Erlebnisse geboten werden, wenn er in diesem Buch schmökert. Bei Biologen, Psychologen, Soziologen und Medizinern möchte ich „das Interesse wecken" auch auf die Sprache zu achten. So wie im Rahmen der Bionik, durch die Beobachtung der Natur, modernste Erfindungen gemacht werden konnten, so könnte man durch die Beobachtung der Sprache vermutlich auch auf bisher unbekannte physiologische und gruppendynamische Vorgänge kommen. Vorgänge, die zwar latent schon immer beobachtet, aber nie wirklich untersucht wurden.

Den Medizinern möchte ich „**ans Herz legen**" den Menschen besser zuzuhören. Die Patienten „**reden sich alles von der Seele**". Sie stellen sich oft selbst die Diagnose, indem sie schon sagen, was ihnen „**im Magen liegt**" oder was ihnen „**Kopfzerbrechen**" bereitet. Die Anamnese muss wieder zu einer ärztlichen Kunst werden. Eine Kunst, die jeder Arzt selbst erlernen muss, da sie kaum in Lehrbüchern zu finden ist.

Made in United States
Orlando, FL
22 March 2026

79555466R00142